古典文獻研究輯刊

三六編

潘美月・杜潔祥 主編

第41冊

姚培謙年譜研究（上）

高 磊 著

國家圖書館出版品預行編目資料

姚培謙年譜研究（上）／高磊 著 -- 初版 -- 新北市：花木蘭
文化事業有限公司，2023〔民 112〕
目 4+156 面；19×26 公分
（古典文獻研究輯刊 三六編；第 41 冊）
ISBN 978-626-344-299-3（精裝）
1.CST：（清）姚培謙 2.CST：年譜
011.08   111022066

ISBN-978-626-344-299-3

古典文獻研究輯刊
三六編　第四一冊　　　　　　　　　ISBN：978-626-344-299-3

姚培謙年譜研究（上）

作　　者　高 磊
主　　編　潘美月、杜潔祥
總 編 輯　杜潔祥
副總編輯　楊嘉樂
編輯主任　許郁翎
編　　輯　張雅淋、潘玟靜　美術編輯　陳逸婷
出　　版　花木蘭文化事業有限公司
發 行 人　高小娟
聯絡地址　235 新北市中和區中安街七二號十三樓
　　　　　電話：02-2923-1455／傳真：02-2923-1452
網　　址　http://www.huamulan.tw 信箱 service@huamulans.com
印　　刷　普羅文化出版廣告事業
初　　版　2023 年 3 月
定　　價　三六編 52 冊（精裝）新台幣 140,000 元
　　　　　　　　　　　　　　　　　　　　版權所有 · 請勿翻印

姚培謙年譜研究（上）

高磊 著

作者簡介

高磊，男，安徽蒙城人，文學博士，寧波工程學院人文與藝術學院教授，主要從事明清詩文和古典文獻學研究，已出版《清人選宋詩研究》《元詩別裁集研究》等專著，並在《山西大學學報》《甘肅社會科學》《湖北大學學報》《蘇州大學學報》《中南大學學報》《南通大學學報》等期刊發表論文二十餘篇；已主持完成省部級課題三項、市廳級課題四項；獲寧波市第四屆青年社科優秀成果獎、寧波市教育系統優秀黨務工作者等表彰。

提　　要

　　姚培謙（1693～1766），字平山，清初知名學者，世居浙西，六世祖姚璋始徙居松江之五保，詩禮相承，人文代興，遂為金山望族。其族自南宋始祖秀一，至清代之培謙，凡一十四世，其間以文章揚名、以事功顯著、以道德稱頌當時者，代不乏人。姚氏族人雖窮通有異，顯晦或殊，然向學尚志、明倫立德的家風未嘗懈怠，茲於姚培謙的立身處世、為文治學皆有影響。培謙躬逢康乾盛世，恪守家風，始終不渝，人品與文品俱高。其一生，四易其名：姚培本、周廷謙、姚廷謙、姚培謙，而以姚培謙之名最為世人所熟知。培謙早年思想以儒家為主導，以光振家業為己任，勤勉於事功，冀剛健有為。清雍正十一年，因科場案牽連，培謙無辜下獄。事白歸家，杜門謝絕世事，而皈依釋老，以著述為務，常思文章報國。培謙一生屢經憂患，而不失其素，以淡泊為懷；四遭名公舉薦，卻一再力辭，而不求聞達。其閱歷深而學問熟，道德文章為時所重。其居鄉常行善舉，邑人愛重之。培謙雖造詣崇高，德業並茂，卻沖乎自下，自甘平凡，堪為鄉邦式，為儒者光。

教育部人文社會科學研究規劃基金
項目「姚培謙年譜研究」
（批准號：20YJA751008）資助

坦率者其性疏墅者其窟伴。

陳編以白嘗忘休庶與窮通。

鱸魚之鄉一邱一壑雲水空

濛是童子時所釣遊远故自

呼曰鱸鄉老人而顧終老乎

其中。

乾隆壬午閏月

培謙自題 🔲🔲

目

次

前　言

　　姚培謙（1693～1766），字平山，一字迹齋，號松桂，晚號鱸香老人〔註1〕，或稱鱸香居士，金山（今屬上海市）人，少即聰穎，性耽書，自云「捨誦讀之外無好焉」〔註2〕、「誦詩讀書，陶然有以自樂」〔註3〕，清初名儒顧棟高乃以「讀書種子」（姚培謙撰《周甲錄》乾隆六年引述）〔註4〕譽之。即便身陷囹圄，亦是圖書翰墨紛陳几案，手披口吟，不曾懈怠。

　　姚培謙生值漢學、宋學逐步分化，並走向對立的清代前期，其為學卻能「以博聞多識為宗」（王嘉曾撰《姚平山先生傳》）〔註5〕，「知經史為學問之根柢，竊有志焉」（姚培謙《松桂讀書堂集·自序》）〔註6〕，努力振奮，融通經史，而成為「漢宋兼採經學家」〔註7〕、史學家。其《〈春秋左傳杜注〉補輯》、《〈楚辭〉節注》、《李義山詩箋注》、《經史臆見》、《朱子年譜》、《通鑑綱要》、《明史攬要》、《類腋》、《宋詩別裁集》、《元詩別裁集》、《元詩自攜集》、《古文斫》、《唐宋八家文》、《唐宋八家詩》、《詠物詩百一抄》、《陶謝詩集》、《松桂讀書堂

〔註1〕姚培謙《周甲錄》卷首載：「坦率者其性，疏野者其容，伴陳編以白首，忘休戚與窮通。鱸魚之鄉，一丘一壑，雲水空濛，是童子時所釣遊也。故自呼曰鱸香老人，而願終老乎其中。」按：鱸香老人，或作鱸鄉老人，取「鱸魚之鄉」意。
〔註2〕姚培謙《類腋》之《天部序》，清乾隆七年刻本。
〔註3〕姚培謙《松桂讀書堂集》，《四庫全書存目叢書》本，第2頁。
〔註4〕姚培謙《周甲錄》，北京：北京圖書館出版社1999年影印本，第141頁。
〔註5〕王嘉曾《聞音室遺文》，《續修四庫全書》本，第265頁。
〔註6〕姚培謙《松桂讀書堂集》，《四庫全書存目叢書》本，第2頁。
〔註7〕張之洞著、范希曾補正《書目答問補正》，揚州：廣陵書社，2007，第222頁《姓名略》。

—1—

集》等著述流傳至今，影響深廣。北平黃叔琳評價姚培謙云：「其所著述不脛而走，四方人士望之若盛世之景星、慶雲焉。」(《周甲錄跋》)〔註8〕平湖陸奎勳頌其詩讀其書，而欽慕培謙之學識人品，推崇姚氏之學為「儒者之學」(《松桂讀書堂集序》)〔註9〕。因學術成就斐然，節操過人，姚培謙深受方苞、焦袁熹、沈德潛、黃叔琳、陳世倌、張照、陸奎勳、紀昀、顧棟高、馮景夏、張鵬翀、顧嗣立、黃之雋等當世名流巨公之推重，連乾隆皇帝亦知其令名，嘉其德業，萬機之暇而多次垂問。

培謙雖以學者著名，其實他在文學創作、詩歌批評方面，亦卓有建樹。而立之年，即「敢向詞壇問鼓旗」(姚培謙《三十生朝》)〔註10〕，而被經學家焦袁熹推舉為松江文壇「執旗鼓者之首」(《周甲錄》康熙六十年引述)〔註11〕，「東南名士翕然從之」(《姚平山先生傳》)〔註12〕。培謙主持過「暮春」文會、「於野」詩會、原海文會等文學雅集〔註13〕，「名公都入社」(《述懷一百韻》)〔註14〕，而極一時之盛。

清乾隆八年（1743），江南學政劉藻致書姚培謙示好，其中有云：「每於花晨月夕諷詠（培謙）佳著，凡樂府古今諸體已卓然成家，登古作者之堂奧矣。其餘諸撰作搜羅博雅，校讎精詳，於表彰前哲之中寓嘉惠後學之意。自吳中澹園、吾鄉漁洋、中州綿津而外不多見也。至注楚三閭（按：指《〈楚辭〉節注》）、箋玉谿生（按：指《李義山詩箋注》），乃發王逸所未言，剖石林（按：葉夢得）之欲露，近日解疏家無論矣。」(《周甲錄》乾隆八年引述)〔註15〕表彰培謙之文學創作，足以媲美徐乾學、王士禎、宋犖等文壇鉅子。武陵柴世堂則推譽培謙：「文章海內空儕偶，聲氣雲間獨主持。」(《周甲錄》雍正二年載)〔註16〕劉、柴二公之論雖不免過譽，但至少說明姚培謙絕非等閒之輩。……就連一貫謙遜的培謙於自傳詩《述懷一百韻》中也不無自豪地宣稱：「篇章到處傳」〔註17〕。

〔註8〕姚培謙《周甲錄》，清乾隆二十七年刻本。
〔註9〕姚培謙《松桂讀書堂集》，《四庫全書存目叢書》本，集部：第 277 冊，第 1 頁。
〔註10〕姚培謙《松桂讀書堂集》，《四庫全書存目叢書》本，第 115 頁。
〔註11〕姚培謙《周甲錄》，清乾隆二十七年刻本。
〔註12〕王嘉曾《聞音室遺文》，《續修四庫全書》本，第 265 頁。
〔註13〕按：諸文會作品，匯刻為《暮春集》、《于野集》、《原海文會制藝》等。
〔註14〕姚培謙《松桂讀書堂集》，《四庫全書存目叢書》本，第 109 頁。
〔註15〕姚培謙《周甲錄》，北京：北京圖書館出版社 1999 年影印本，第 143 頁。
〔註16〕姚培謙《周甲錄》，北京：北京圖書館出版社 1999 年影印本，第 126 頁。
〔註17〕姚培謙《松桂讀書堂集》，《四庫全書存目叢書》本，第 109 頁。

　　姚培謙另有《詩話》〔註 18〕傳世，凡四十六則，縱論先秦以迄明代之名
家、名作，辨章學術，考鏡源流，是一部別具特色的詩歌批評小史。陸奎勳跋
之曰：「鱸香居士讀詩之餘，心有悟入，隨筆詮次，直能於漢魏六朝三唐宋元
諸家窮微闡奧，諸詩老（按：原文指毛奇齡、朱彝尊、王士禎）不得雄踞於前
矣。」〔註 19〕評價甚高。

　　培謙為人慷慨，任俠尚義，喜交遊，家中客座常滿，而名動一時。松江黃達
稱其「以世家子翩翩自好，遠近愛慕之。繼赴省門，亦無不競相投契，以是文名
大噪於江表。……又素好客，每當春華秋月，設筵肆席，徵歌選伎，以相娛樂。
非唯文章氣誼可聯結天下英雋，而聲色之移人亦云盛矣。」（《姚鱸香傳》）〔註 20〕

　　故而，於清代的學術史、文學史、詩歌史等研究而言，姚培謙是不容忽視
的對象，本應成為學界關注的熱點、重點之一，而事實上，其相關研究卻是不
折不扣的薄弱之點。除本書著者的相關前期成果之外，目前學界尚無姚培謙研
究的專門學術著作或碩博論文問世，散見的一點成果，則主要體現在以下幾個
方面：

一、關於其生平和變故的研究

　　首先，其生卒年的考證。姚培謙生於清康熙三十二年（1693），卒於清乾
隆三十一年（1766），其好友王嘉曾所撰《姚平山先生傳》〔註 21〕中有明確記
載。張慧劍《明清江蘇文人年表》〔註 22〕、李靈年等《清人別集總目》〔註 23〕、
江慶柏《清代人物生卒年表》〔註 24〕等書對此著錄正確。而柯愈春《清人詩文
集總目提要》〔註 25〕、杜怡順所撰博士學位論文《上海清代中前期著述研究》
〔註 26〕中，皆稱姚培謙卒於乾隆四十五年（1780），又米彥青所撰博士學位論
文《清代李商隱詩歌接受史稿》〔註 27〕中則稱姚培謙卒於乾隆二十五年

〔註 18〕姚培謙《松桂讀書堂集》第六卷收錄，原書即取名《詩話》。
〔註 19〕姚培謙《松桂讀書堂集》，《四庫全書存目叢書》本，第 54 頁。
〔註 20〕黃達《一樓集》，北京：北京出版社 1997 年影印清乾隆刻本，第 740 頁。
〔註 21〕見王嘉曾《聞音室遺文附刻》，《續修四庫全書》本。
〔註 22〕上海古籍出版社 1986 年版。
〔註 23〕安徽教育出版社 2000 年版。
〔註 24〕人民文學出版社 2005 年版。
〔註 25〕北京古籍出版社 2001 年版。
〔註 26〕復旦大學 2012 屆博士學位論文。
〔註 27〕蘇州大學 2006 屆博士學位論文。

（1760），實則皆誤。

其次，其人生變故的研究。段厚永所撰碩士學位論文《〈元詩別裁集〉研究》〔註28〕中對姚培謙喪親、遭薦舉、罹獄災等重大人生變故有簡要的考述，但對薦舉時間的釐定前後矛盾，繫獄時間的考定亦錯誤。而吳仁安《明清時期上海地區的著姓望族》〔註29〕、杜怡順《上海清代中前期著述研究》中對姚培謙遭薦舉時間的繫年亦誤。其實，這些重大變故的時間，姚培謙自撰年譜《周甲錄》和《松桂讀書堂集》中皆有明確的記載。

二、關於其姓名更易的研究

姚培謙，初名姚廷謙，清康熙五十三年（1714），曾因故冒名「周廷謙」入青浦縣學（《周甲錄》康熙五十三年載）。雍正八年（1730），改歸華亭縣學，復其姚姓（《周甲錄》雍正八年載）。雍正十年（1732），又「改名培謙，避祖諱也。」（《周甲錄》雍正十年載）其自撰年譜記載可謂一清二楚，而柯愈春《清人詩文集總目提要》、李靈年等《清人別集總目》二書中皆將「姚廷謙」與「姚培謙」誤作兩人，而分別著錄。

三、關於其家族譜系的研究

姚培謙祖父為姚廷聘，父親為姚宏度，其年譜、傳記當中均有詳切之記載，而杜怡順《上海清代中前期著述研究》中卻稱其祖、父姓名不可考；又培謙從祖姚廷瓚生於清順治十五年（1658），廷瓚之父則為姚甡，清人姚弘圖所編《姚氏世譜》對此亦有確切的記載，而柯愈春《清人詩文集總目提要》中卻將姚廷瓚生年係諸「天啟元年至五年」，將姚甡生年係諸「順治八年至十二年」，顯然未弄清二人的關係。

四、關於其著述時間的研究

姚培謙著述的成書時間，其於著述中自行交代者有之，見載於《周甲錄》《甲餘錄》者有之，皆確切不疑之事。而張慧劍《明清江蘇文人年表》卻時有誤載，如沈德潛以姚培謙所著《〈春秋左傳杜注〉補輯》進獻朝廷，時為乾隆十二年（1747），《明清江蘇文人年表》係諸乾隆八年（1743）；又如姚培謙校刻劉克莊《後村居士集》，時為康熙五十七年（1718），《明清江蘇文人年表》

〔註28〕華中師範大學 2012 屆碩士學位論文。
〔註29〕上海人民出版社 1997 年版。

則誤作康熙五十九年（1720）等。

　　綜上所述：諸如姚培謙的家族世系、生平事蹟、人生變故、社會活動、著述概貌等方面的基礎研究，或乏人問津，或語焉不詳，或錯訛頻出，就傳統學術研究講求「知人論世」的角度而言，這自然會影響到有關姚氏文學創作、學術思想、詩學批評等方面的深入研究，因而也就難以客觀公正地評估姚氏的貢獻和影響。職此之故，本人通過對《姚氏世譜》、《周甲錄》、《甲餘錄》以及清人別集、方志、史傳、筆記等文獻資料的全面爬梳，參互論證，著成小書，點校其世譜，詳注其年譜，梳理其世系，簡述其行實，考論其詩學淵源，繫年其詩文創作，如是拋磚以引玉，冀激起學界同仁對其人其學的研究興趣，是為所盼。

第一章　姚培謙宗族世系考

　　姚氏本籍河南，宋室南渡，由汴京（今河南省開封市）護蹕而南，遂家於浙西。爾後，姚氏里居亦多有變遷，對此，其第十三世孫姚弘緒撰有專文考述之：「居於廣陳，從始祖南山公始也。公由鹽官再遷，卜居於此，陶復陶穴，實兆發祥之基，故宗祠在焉。居於海上之全公亭，東橋、北湖父子二公是也。再傳而耕隱公，遂遷於黃圩矣。居於黃圩，從南山公五世冢孫耕隱公始也。公生三子，分怡然、怡清、怡善三支。怡善贅於五保，而怡然、怡清之子孫則世居黃圩焉。居於五保，從東橋公曾孫怡善公始也。公為耕隱公幼子，贅居南陸張氏，遂入籍華亭，生五子，兩登賢書，俱係南籍，猶從母姓。嗣後科第連綿，至今不絕，江浙兩地推為望族，實由此始。」〔註1〕一言以蔽之，則姚弘緒所謂「寒宗自汴護蹕而南，世居浙西，而通籍於松。」〔註2〕

　　關於姚氏科名之盛，姚弘緒撰《科名考》時，有過具體之統計：「自明弘治辛酉科至今雍正癸卯科，歷二百二十二年，科第二十人。」〔註3〕對此，姚氏第十四世孫姚培謙所撰《周甲錄》中亦有數計：「（寒族）前明及國朝（按：清朝）捷鄉會、登仕版者六十餘人。」〔註4〕弘緒、培謙二人僅統計明清兩朝

〔註1〕　姚弘圖《姚氏世譜》，清雍正三年平湖姚氏本，卷首姚弘緒《里居考》。
〔註2〕　姚弘緒《松風餘韻》卷首《凡例》，清乾隆九年寶善堂刻本。
〔註3〕　姚弘圖《姚氏世譜》，清雍正三年平湖姚氏本，卷首姚弘緒《科名考》。
〔註4〕　姚培謙《周甲錄》，北京圖書館出版社1999年影印本，第107頁。

而已，尚未溯及宋元，其科名已發達若此。舉凡姚士慎〔註5〕、姚士恒〔註6〕、姚弘緒、姚培和〔註7〕、姚培謙〔註8〕、姚體信〔註9〕、姚士同〔註10〕等皆顯名當時，而聲垂於後。故雍正初，姚氏第十三世孫姚弘圖編撰《姚氏世譜》時，於序文中不無自豪地宣稱：「我族自宋南渡後，距今數百餘年，代有傳人，科第蟬聯，子孫椒衍，江浙推為望族。」〔註11〕姚氏人文代興、科名鼎盛，究其原因，與「株守一經，登高而賦、擁戶而吟者代有其人」〔註12〕的尚學家風有關係，與「人生須立志」〔註13〕的勵志庭訓有關係。姚培謙自云：「生在世族，傳經傳笏。」〔註14〕經笏相傳，即追求詩禮簪纓、德業並重，這是姚氏家族的文化內核，也是其永續發達的重要動因。

據姚弘圖所編《姚氏世譜》可知，培謙一支，隸屬長房東橋公之後怡善公第四子東野公世系，該支由浙西徙居松江五保後，「詩禮相承，人文代出，子姓之蜚英庠序、振藻藝林者，前後不下數十人。」〔註15〕遂「世為金山望族」（《人物列傳》）〔註16〕。

〔註5〕 第五卷「南汀公支」載：士慎，字仲含，號岱芝，生於明萬曆六年（1578）二月初三日，卒於崇禎九年（1636）六月二十一日，平湖縣庠生，萬曆癸卯科（1603）浙江舉人，萬曆甲辰科（1604）進士，由翰林院庶吉士，仕至南京刑部尚書，賜祭葬。

〔註6〕 第五卷「南汀公支」載：士恒，字叔永，號澹楠，生於萬曆十三年（1585）五月初七日，卒於崇禎十四年（1641）二月十七日，華亭縣庠生，萬曆戊午科（1618）應天舉人，天啟壬戌科（1622）進士，仕至北京掌京畿道監察御史。

〔註7〕 第六卷「東野公支」載：培和，字鈞風，生於康熙二十年（1681）三月十一日，松江府學廩貢生，康熙癸巳科（1713）順天舉人，聯捷進士，武英殿纂修，太常寺博士，敕授文林郎。

〔註8〕 姚培謙，清初著名學者，詳見拙著《元詩別裁集研究》（浙江大學出版社2018年6月版）第一章第一節《姚培謙的家世生平》。

〔註9〕 第七卷「中山公支」載：體信，字汝達，號華陸，生於嘉靖七年（1528）九月初一日，卒於萬曆二十七年（1599）二月十九日，嘉興府庠生，嘉靖乙卯科（1555）舉人，丙辰科（1556）進士，仕至河南左參政。

〔註10〕 第九卷「錢塘支」載：士同，字仲文，號丹淵，生於萬曆九年（1581）七月廿六日，卒於萬曆四十二年（1614）六月廿五日，杭州府庠生，萬曆己酉科（1609）浙江舉人，庚戌科（1610）進士，授北京行人司行人。

〔註11〕 姚弘圖《姚氏世譜》，清雍正三年平湖姚氏本，卷首《姚弘圖序》。

〔註12〕 姚弘緒《松風餘韻》卷首《凡例》，清乾隆九年寶善堂刻本。

〔註13〕 姚弘圖《姚氏世譜》，清雍正三年平湖姚氏本，卷首《吳默序》引姚璋語。

〔註14〕 姚培謙《周甲錄》，清乾隆二十七年刻本，卷首《自序》。

〔註15〕 姚弘圖《姚氏世譜》，清雍正三年平湖姚氏本，卷首姚弘緒《科名考》。

〔註16〕 楊開第、姚光發《華亭縣志》卷十六，清光緒五年刻本。

古人著史，蓋遠略而近詳，文獻足徵與否故也。茲依史料之多寡〔註17〕，考述姚培謙直系宗親如次，以明其所由來。

第一世，姚秀一，合族世祖，字文祥，號南山，生於宋恭帝德祐元年（1275）十月初七日，卒於元元統二十一年〔註18〕四月十八日，娶趙氏，生一子思敬。由南宋世祖秀一至清代之培謙，凡一十四世，原原本本，著錄於姚弘圖所編《姚氏世譜》中。

第二世，姚思敬，字樸軒，號存中，生於元元貞九年〔註19〕七月十三日，卒於明洪武四年（1371）六月初四日。娶全氏，生三子：宗顯、宗達、宗正，宗達不傳，樸軒公墓在全公亭。按：一世至二世，為江浙合族同祖。三世分東橋、東洲兩宗，東橋之孫從全公亭遷黃圩，為黃圩五保之祖。東洲世居廣陳，為廣陳錢塘之祖。

第三世，姚宗顯，思敬長子，字汝明，號東橋，生於元泰定三年（1325）六月初一日，卒於明永樂二年（1404）二月十一日。娶宋氏，生二子：琛、琇。

第四世，姚琛，宗顯長子，字庭器，號北湖，生於元元統十四年〔註20〕九月初九日，卒於明宣德四年（1429）正月二十七日，國學生，娶陸氏，生一子：奇。

第五世，姚奇，琛子，字伯明，號耕隱，生於明洪武四年（1371）正月十五日，卒於明景泰三年（1452）正月十五日。湖州府庠生，娶沈氏、朱氏，生三子：琳、珪、璋。按：六世東橋公一宗，派分怡然、怡清、怡善三支。怡然為黃圩樓下新帶七保之祖，怡清為界河新港之祖，怡善為華亭五保之祖。總而計之，東橋公一宗，怡然則居於樓下新廟者多，怡清則居於界河新港者多，怡善則居於華亭五保者多。

第六世，姚璋，奇之季子，字公瓚，號怡善，生於明正統十年（1445）七

〔註17〕按：姚氏自宋室南渡開基於浙，分支於江蘇，迄清，數百年間，人才輩出，蜚聲騰茂，江浙推為望族，其族譜之修，卻極其落後，明末崇禎年間，大司寇岱芝公姚士慎曾創修族譜，並請吳默為之序，惜未及梓以行世。厥後，步仙、寧生、迴聞諸公相繼從事於茲，亦皆半途而廢，封翁鮑園伯獨力捐貲，亦刻而未竟。雍正初，太史聰岩公姚弘緒得姚弘圖之襄助，終編刻成家譜，是為雍正三年平湖姚氏刻本《姚氏世譜》，本書關於姚氏宗族世系的材料主要出於此書。

〔註18〕元統為元惠宗年號，凡三年，《姚氏世譜》此處言二十一年，應屬誤記。

〔註19〕元貞為元成宗年號，共四年，《姚氏世譜》此處應屬誤記。

〔註20〕元統為元惠宗年號，凡三年，此處言十四年誤。即便為元統三年，宗顯年方十歲，婚配生子於情理不合，《姚氏世譜》此處顯屬誤記。

月十一日，卒於明正德十五年（1520）六月二十七日，誥封承德郎，北京工部都水司主事，娶張氏，誥贈安人，生五子：奎、璧、參、軫、井。姚璋贅居南陸張氏，遂占籍松江華亭，其五子兩登賢書，俱係南籍，從母姓，嗣後科第連綿，江浙推為望族，蓋由怡善公庭訓有方奠基。璋向學尚志，言傳身教，開家族風氣之先，明季吳默評之曰：「怡善公隱居尚志，其於古帝王將相儒者之略無所不窺。嘗曰『人生須立志』。諸子恪遵庭訓，是用崛興，若怡善公者可為姚氏之一人也。」〔註21〕姚氏宗族，怡善公一支科名最盛，姚弘緒對此有專門的考述：「我族自明弘治辛酉科至今雍正癸卯科，歷二百二十二年，科第二十人，出自長房東橋公一宗者十有九，一為怡然公，後世居當湖之黃圩者也；其十八皆怡善公後，由黃圩遷於華亭之五保者也。」〔註22〕怡善公一支，七世分西坡、北田、南汀、東野、中山五支。

第七世，姚軫，璋之四子，字應吳，號東野，生於明成化十四年（1478），月日不詳，卒於明嘉靖三十四年（1555）七月初八日，恩賜壽官〔註23〕，娶張氏、徐氏，生二子：策、笋。

第八世，姚笋，軫次子，字聲之，號盧山，生於明正德十一年（1516）五月初六日，卒於明嘉靖三十四年（1555）七月初四日，與乃父卒於同年同月。平湖縣庠生，娶陸氏、楊氏，皆無子，楊氏壽享八十有四，其側室施氏生二子：體易、體修，體易嗣策。

第九世，姚體修，笋次子，字汝懋，號華山。生於明嘉靖三十三年（1554）正月初九日，卒於明萬曆四十二年（1614）三月十七日。國學生，娶王氏，側室張氏生五子：士選、士達、士遇、士鏜、士遜。

第十世，姚士鏜，體修第四子，字季玄，生於明萬曆七年（1579）六月二十八日，卒於清順治十一年（1654）六月初七日。嘉興府庠生，娶張氏。張氏享壽八十有一，生二子：世濟、世渼。

第十一世，姚世渼，士鏜次子，字觀濤，生於明萬曆二十九年（1601）八月二十三日，卒於清康熙六年（1667）四月初十日。嘉興府庠生，娶金氏，生五子：廷聘、朝陽、廷柱、廷楨、之烌。

第十二世，姚廷聘，世渼長子，培謙祖父，字洲貢，生於明天啟四年（1624）

〔註21〕姚弘圖《姚氏世譜》，清雍正三年平湖姚氏本，卷首《吳默序》。
〔註22〕姚弘圖《姚氏世譜》，清雍正三年平湖姚氏本，卷首姚弘緒《科名考》。
〔註23〕按：授予「德行著聞，為鄉里所敬服」的長者。

四月十七日，卒於清康熙十七年（1678）八月十二日，婁縣庠生，敕贈文林郎、內閣中書舍人，娶葉氏、陸氏、張氏，敕贈孺人，生一子弘度。廷聘與諸父昆弟猶聚族而居，其子弘度始遷居郡城。

　　第十三世，姚弘度，字宗裵，號息園，培謙之父，生於清康熙六年（1667）七月三十日，婁縣貢生，候選儒學訓導，康熙五十二年（1713）冬，敕授文林郎。康熙五十三年（1714）十月，以明經晉階中書科中書舍人。康熙五十五年（1716）二月抱病還鄉，八月十七日卒於家。培謙於敘情長詩《述懷一百韻》中追懷先父云：「正爾歡情愜，誰知厄運遭。家君溘厭世，閬苑去遊仙。冷月悽椿樹，酸風哭杜鵑。從茲心惻惻，況復禍綿綿。杌隉居三徙，漂搖屋一椽。」〔註24〕弘度工於詩畫，居鄉明倫，力行善事，深受邑人愛戴，著有《一隅山房吟稿》，已佚。培謙祖、父二人之事蹟，王嘉曾撰《姚平山先生傳》中亦有簡述：「（姚氏）世居雲間，今之金山縣五保。王父諱廷聘，邑庠生。父諱宏度，內閣中書。中書公始遷居於郡城之北。姚氏由前明入國朝，子姓多以科第起家，遂蔚為我鄉之望族。」〔註25〕

　　弘度妻張氏，內閣中書松江梅岩公之女，敕封孺人，卒於雍正五年（1727）九月十八日，生二子一女。二子：培枝、培本〔註26〕；其女名不詳，生卒年亦無考，序齒則為培謙之姊，《周甲錄》康熙四十八年所載即有「姊」之明言；又因培枝長培謙七歲，依古人生育常理，此女當為培枝之妹。姚培謙《述懷一百韻》有云：「有妹〔註27〕詩能好，長愁病哪痊。」〔註28〕可想見其大概，此女出嫁楊錫恒。錫恒，字涵貞〔註29〕，號查岑，華亭人，楊瑄次子，好古博學。清康熙四十四年（1705）舉人，康熙四十八年（1709）進士〔註30〕。錫恒至孝，其父謫戍東北，隨侍，父卒歸里，著有《冰天草》、《生還草》、《聽雨軒詩草》等。

〔註24〕姚培謙《松桂讀書堂集》，《四庫全書存目叢書》本，第 109 頁。
〔註25〕王嘉曾《閩音室遺文》，《續修四庫全書》本，第 265 頁。
〔註26〕培本即培謙，此初名僅見載於《姚氏世譜》，姚培謙文集及其自撰年譜亦絕口不提，據培枝名可推知培本為初名無疑。
〔註27〕按：當為姊，疑手民之誤。
〔註28〕姚培謙《松桂讀書堂集》，《四庫全書存目叢書》本，第 110 頁。
〔註29〕按：《周甲錄》作：含貞。
〔註30〕按：此及第時間，係據姚培謙《周甲錄》載，是年培謙十七歲，《周甲錄》中稱楊氏為「姊婿」。陸錫熊編《婁縣志》卷十八載楊氏係康熙五十一年進士，則誤。

　　第十四世，姚培枝，弘度長子，字霱扶，生於清康熙二十五年（1686）九月十三日，卒於乾隆四年（1739）前後〔註31〕，青浦縣學歲貢生，能詩文，現存清康熙遂安堂刻本《于野集》（青浦王原編）收錄有培枝作品。培謙《周甲錄》康熙六十年（1721）載有《于野集》本事，文云：「春，與朱初晴霞、陸圃玉昆曾、陳咸京崿、董弘輔杏燧、張玉田琳起詩會齋集，小齋一月三舉，分題拈韻即日成篇。給事王西亭先生原遴選付梓，名曰《于野集》，焦南浦先生袁熹札云：『《于野集》詩皆工妙，吾鄉文學之盛其在是乎！然而執旗鼓之首者庸捨足下莫屬也。』」〔註32〕培枝娶汪氏、姜氏，生九子：光熙、光照、光然、光煦、光烘、光烋、光燕、光熊、光蒸。光熙，培枝長子，生於清康熙五十一年（1712）七月二十日，聘張氏；光照，培枝次子，生於清康熙五十六年（1717）正月十六日，聘張氏；光然，培枝第三子，生於清康熙五十六年（1717）三月二十五日；光煦，培枝第四子，生於清康熙五十七年（1718）五月初十日；光烘，培枝第五子，生於清康熙五十九年（1720）二月二十日；光烋，培枝第六子，生於清康熙五十九年（1720）八月十八日；光燕，培枝第七子，生於清雍正元年（1723）二月二十八日，聘許氏；光熊，培枝第八子，生於清雍正二年（1724）九月初十日；光蒸，培枝第九子，生於清雍正二年（1724）正月初九日。

　　按：清康熙三十二年（1693）中秋節前一日，姚氏族人於後樂臺家集，商酌匯輯族譜遺稿的事宜，「慮後世字輩錯亂，序次難查，從十五世以後，共擬一十六字云：『光大前業，垂裕後昆，積善餘慶，百葉長新』以名其首，下字則各自酌取，庶族繁派遠，不至前後溷淆。」（姚弘圖撰《姚氏世譜序》）〔註33〕第十五世即「光」字輩。

　　又姚培本（即姚培謙），弘度次子，生於清康熙三十二年（1693）十一月十八日，卒於清乾隆三十一年（1766）春，生平事蹟詳其自撰年譜《周甲錄》、《甲餘錄》以及松江黃達所撰《姚鱸香傳》、青浦王嘉曾所撰《姚平山

〔註31〕　按：《周甲錄》康熙五十五年載：「二月，弘度抱病歸里，八月十七日卒，遠近弔唁者雲集。料理喪事，不致失禮，俱賴先母先兄，謙茫然無知。惟守制讀禮而已。比時一切家務亦俱先母主持，先兄奉行。」及《周甲錄》乾隆六年載：「十一月，江西張真人昭麟送伊妹與任崧完姻。先兄故後，家道中落。」三次提及「先兄」，據此數條記載及《周甲錄》撰寫時間（乾隆十七年）可推知培枝卒年。

〔註32〕　姚培謙《周甲錄》，北京：北京圖書館出版社 1999 年影印本，第 122 頁。

〔註33〕　姚弘圖《姚氏世譜》卷首，清雍正三年平湖姚氏本。

先生傳》等。

　　清乾隆十七年（1752），培謙時年六十歲，首次自編年譜，取名《周甲錄》，編述其一歲至六十歲之主要事蹟，該年譜目前有兩個版本，一是上海圖書館所藏清代乾隆刻本，一是國家圖書館所藏清代乾隆刻本。比照兩館所藏，二書版式完全一致，皆半葉十行，行十九字，左右雙欄，雙魚尾，版心刻有「松桂讀書堂集　周甲錄」小字；年譜正文亦一致，可知兩館所藏出自同一底本。二書的編輯內容則略有區別，上海圖書館所藏，首北平黃叔琳序，次清人呂起鳳手繪之「鱸鄉老人小照」，次姚培謙自題小照文，次「松桂讀書堂集　華亭姚培謙平山」之題署，次書名《周甲錄》，次正文，正文則以姚培謙《周甲錄・自序》冠首。而國家圖書館所藏，首清人余麗元跋，次黃叔琳序，次「松桂讀書堂集　華亭姚培謙平山」之題署，次書名，次正文，正文同樣以姚培謙《周甲錄・自序》冠首，餘下皆同。簡言之，國家圖書館所藏《周甲錄》較上海圖書館所藏，多出一余麗元跋，而少了呂起鳳手繪之「鱸鄉老人小照」及姚培謙自題小照文，這是二者的區別。

　　乾隆二十七年（1762），培謙時年七十歲，又編撰《甲餘錄》，編述其六十一至七十歲的十年事蹟。此年譜，著者僅見上海圖書館有收藏，其版式一如《周甲錄》。本書《周甲錄》、《甲餘錄》的注釋工作，年譜原文即以兩館所藏版本為底本。

　　姚氏南渡以來，世居浙西，第六世姚璋始徙居金山之五保，而開培謙一支。其間以文章顯名、以事功知著、以道德稱揚者代不乏人，而蔚為江浙望族。姚氏族人雖窮通各異，顯晦或殊，但向學、尚志、崇德的家風未嘗稍怠，這些對姚培謙的立身處世、為文治學皆有影響。

第二章 《周甲錄》注釋

一、序跋

黃叔琳序：往余棲止吳中，華亭姚子平山以世好相見，年方盛壯，文章氣
誼已有以〔1〕過人者。未幾別去，郵筒往來，歲時不絕。會承乏〔2〕山左，平
山過余於濟南藩廨，復得銜杯話舊如吳中。時距今又十五年於茲矣，學日益富，
文日益高，名聲日益噪。其所著述，不脛而走四方。四方人士望之若盛世之景
星慶雲焉，此可羨也。頃坐養素堂〔3〕，林園雪霽，松柏蒼然，正有伊人之想
〔4〕，忽南客踵門，致一椷，發視之，則平山所寄《周甲錄》也。自敘平生行
止甚詳，一言以蔽之，則：屢更憂患而不失其素者。平山之所以為平山也，此
意惟余知之。平山猶以德不加進、業不加修，無以承先志、啟後昆，著其語於
小序中。蓋古之君子，雖造詣已崇，而沖乎自下，其用心有如此者，是以德業
與年並進，如松柏之老而彌茂，經霜雪而不為之榮悴也。《記》曰：「竹箭有筠，
松柏有心。」〔5〕蓋言文質並至、內外交輝，故松柏可以為君子之喻。而一切前
塵窮通得喪，若寒暑晝夜，自為運行。當局者既不以此少動其心，而旁觀又奚
必為之慨息哉？平山閱歷深，而學問熟，自此而耄耋期頤，德業為鄉邦式、為
儒者光，所以詳之《周甲續錄》者，正未有艾，此特可以粗見六十年來梗概爾。
乾隆壬申臘月北平黃叔琳〔6〕題，時年八十有一。

姚培謙自序：謙幼而多病，長亦羸弱。日月如馳，倏忽六十年，花甲一周
矣。生在世族，傳經傳笏，不能奮發有為，以仰承先志。蒲柳之質，望秋先零，
皤然老矣。追憶平山閱歷，信筆書之，不覺感慨並集。所自幸者，多病而不致
短折，亦彌用自愧其不材云。其間瑣屑，尚有遺忘，以俟他日補綴爾。

　　余麗元跋：言之信哉！年譜之輯，誠不可緩也。元〔7〕風塵鞅掌〔8〕，此事久荒，承黼山丈見屬之意，且慚且感，爰綴鄙言於簡末，亦以志平昔宗仰之私云爾。是歲二月中旬，邑後學余麗元敬跋。

【注釋】

〔1〕案：「以」字，疑衍。

〔2〕承乏，古時任官之謙詞，語出《左傳》（成公二年）：「敢告不敏，攝官承乏。」杜預注曰：「言欲以己不敏，攝承空乏。」

〔3〕養素堂，為黃叔琳藏書處，黃氏另有萬卷樓藏書處，乾隆修《四庫全書》，獲益於黃氏甚多。

〔4〕案：「伊人」典出《詩‧秦風‧蒹葭》：「蒹葭蒼蒼，白露為霜；所謂伊人，在水一方。」後以「伊人之想」，代指對景懷人。

〔5〕案：《記》即《禮記》，此條引文出自《禮器》篇，原文云：「其在人也，如竹箭有筠也，如松柏之有心也。」筠，竹子的青皮。

〔6〕黃叔琳（1672～1756），字昆圃，號金墩，直隸宛平（今屬北京市）人。清代著名學者、藏書家，早年曾師從王士禎，清康熙三十年（1691）進士，授編修。雍正元年（1723），除浙江巡撫。乾隆元年（1736），除山東按察使。次年，遷布政使，傳詳《黃侍郎公年譜》。黃氏喜提攜後進，沈德潛評之曰：「昆圃先生愛才如渴，聞人一長必稱揚之。使之成名，蓋宰相心事也。」〔註1〕姚培謙與黃氏為忘年交，其《少宰北平黃年伯手札相慰，賦謝二首》其一云：「八載依晨夕，三秋歎索居。瞻雲懷昔款，烹鯉得來書。湖海氣猶在，風塵跡已疏。瑤華能不吝，讀罷重歔歔。」其二云：「雅望傾朝野，龍門水正深。傳天仍鳳羽，向日有葵心。翰墨供多病，星河照苦吟。此生終濩落，何以答知音。」〔註2〕可知二人關係極為親密。雍正九年（1731），黃叔琳編刻《周禮節訓》，培謙校訂並為之序。另《周甲錄》雍正十三年（1735）載：「少宰黃昆圃先生叔琳以所注《文心雕龍》屬校訂付梓。」〔註3〕乾隆三年（1738），黃叔琳《文心雕龍輯注》成，姚培謙時客濟南，助之卒業，事見《黃侍郎公年譜》乾隆三年（1738）載：「九月，刻《文心雕龍輯注》，時陳祖範來署，因將校定《雕龍》本復與論訂，

〔註1〕沈德潛《清詩別裁集》，上海：上海古籍出版社，1984，第689頁。

〔註2〕姚培謙《松桂讀書堂集》，《四庫全書存目叢書》集部：第277冊，第106頁。

〔註3〕姚培謙《周甲錄》，北京圖書館出版社1999年影印本，第136頁。

而雲間姚平山廷謙適至，請付諸梓。」〔註4〕姚氏《周甲錄》乾隆三年（1738）
亦載此事：「七月，遊江寧。八月，張子古愚秉植偕往揚州，逗留數日。乘興遊
泰山。時昆圃先生為山東方伯。在署盤桓，堅留過歲。」〔註5〕培謙《濟南藩
署侍北平黃年伯夜話有感賦呈》亦記述此事，詩云：「不信齊吳道阻修，官齋夜
話值深秋。……公今依舊登雲路，猶自心閒對白鷗。」〔註6〕乾隆四年（1739），
黃叔琳為姚培謙《李義山詩集箋注》作序，序云：「以吾觀於唐人李義山之詩，
抑何寓意深而託興遠也。往往一篇之中，猝求其指歸所在而不得。奧隱幽豔，
於詩外別開一洞天。前賢摸索，亦有不到處。元裕之已有『無人作鄭箋』之歎
矣。自石林禪師創為注，而朱長孺氏繼成之，馳譽藝林數十年於茲。顧釋其詞，
未盡釋其意。間有指稱，僅十之二三，則讀者猶不能無遺憾焉。雲間姚平山氏
熟觀朱注，惜其未備也，乃更為箋注。援引出處大半仍朱，至於逐首之後必加
梳櫛，脈理分明，精神開發，讀之覺作者之用心湧現楮上，洵乎能補石林、長
孺之所未備也。……蓋平山此書本以釋意為主，發軔於七律，而後乃及其全，
然於援引出處亦多糾正。……平山向有《離騷》《九歌》《招魂》解，又所著經
說，於《毛詩小序》《集注》之兩歧者確能定其從違，蓋非直窮年用力於義山詩
者也，而於義山詩亦可見其博雅該通之大略焉。」〔註7〕客觀評價了姚培謙箋
注李義山詩的貢獻。黃氏曾為培謙《增輯左傳杜注》作序，事見《周甲錄》乾
隆九年（1744）載：「九月，《增輯左傳杜注》成。昆圃先生作序，闇亭太守刻
於家塾。」〔註8〕清乾隆十一年（1746）陸氏小鬱林刻本《春秋左傳杜注》，卷
首有乾隆十一年（1746）黃叔琳序，其文云：「華亭姚平山氏研精《左傳》，得
其要領。其為書也，以左氏《經傳集解》為主，而兼引孔疏，旁及各傳注，元
元本本，疏通證明，不遺餘力。平山蓋不惟杜氏一家之學而已。據經以讀傳，
因傳以放經，是非異同之際，三致意焉。凡他說之有裨杜氏而可以並參者，必
與《集解》兩存，以俟後人採擇，其詳且慎如此，不可為著書法歟？」〔註9〕
亦是平情之論。

〔註4〕顧鎮編《黃侍郎公年譜》，陳祖武選《乾嘉名儒年譜》第1冊，北京圖書館出
版社2006，第223頁。
〔註5〕姚培謙《周甲錄》，北京圖書館出版社1999年影印本，第138頁。
〔註6〕姚培謙《松桂讀書堂集》，《四庫全書存目叢書》集部：第277冊，第121頁。
〔註7〕姚培謙《李義山詩集箋注》卷首，清乾隆五年姚氏松桂讀書堂刻本。
〔註8〕姚培謙《周甲錄》，北京圖書館出版社1999年影印本，第144～145頁。
〔註9〕姚培謙《春秋左傳杜注》卷首《黃叔琳序》，清乾隆十一年陸氏小鬱林刻本。

〔7〕案：元，即余麗元，刻本中做小字，低一格，為余麗元之自我省稱。

〔8〕鞅掌，公務繁忙之意，語出《詩經・小雅・北山》，詩云：「或棲遲偃仰，或王事鞅掌。」漢代毛氏《傳》曰：「鞅掌，失容也。」唐代孔穎達疏曰：「《傳》以鞅掌為煩勞之狀，故云『失容』，言事煩鞅掌然，不暇為容也。今俗語以職繁為鞅掌，其言出於此《傳》也。」

二、正文

寒族本浙籍，一徙平湖縣之廣陳鎮，再徙松江金山縣之五保，歷經數世。前明及國朝，捷鄉會、登仕版者六十餘人。大父〔1〕，庠生，贈文林郎，州貢公與諸父昆弟猶聚族而居。先父〔2〕，敕授文林郎、內閣中書舍人，息園公始遷居郡城。

【注釋】

〔1〕案：大父，即姚培謙祖父廷聘，字洲貢，生於明天啟四年（1624）四月十七日，卒於清康熙十七年（1678）八月十二日，婁縣庠生，敕贈文林郎、內閣中書舍人，娶葉氏、陸氏、張氏，敕贈孺人，生一子弘度，生平事蹟見載於《姚氏世譜》。

〔2〕先父，即姚培謙之父姚弘度，字宗襃，生於清康熙六年（1667）七月三十日，卒於康熙五十五年（1716）八月十七日。婁縣貢生，候選儒學訓導，加授中書科舍人，敕授文林郎、內閣中書，娶張氏，敕封孺人，生二子：培枝、培本（即培謙），事見《姚氏世譜》所載。姚培謙撰《松桂讀書堂集》中《讀經》《讀史》，遇到「弘」「度」二字，多缺末筆，以避父諱，如卷三《讀經》「後人說制度，只信周禮，而不信孟子。」〔註10〕卷五《讀史》「黃勉齋曰『士君子立身行己，自有法度。』」〔註11〕「度」字皆缺末筆；卷五《讀史》「睦弘因石柳之異言，當有從匹夫為天子者。」〔註12〕「宋弘薦桓譚為議郎給事中，帝令譚鼓琴，愛其繁聲，弘不悅。」〔註13〕「弘」字皆缺末筆等。

歲在癸酉，康熙三十二年。

十一月十八日，先母敕封孺人張，生培謙。

〔註10〕姚培謙《松桂讀書堂集》，《四庫全書存目叢書》集部：第 277 冊，第 29 頁。
〔註11〕姚培謙《松桂讀書堂集》，《四庫全書存目叢書》集部：第 277 冊，第 43 頁。
〔註12〕姚培謙《松桂讀書堂集》，《四庫全書存目叢書》集部：第 277 冊，第 41 頁。
〔註13〕姚培謙《松桂讀書堂集》，《四庫全書存目叢書》集部：第 277 冊，第 43 頁。

甲戌，三十三年，二歲。

　　隨父母入城，居外祖中翰梅岩公春介堂。未幾，移居於觀察許鶴沙〔1〕先生之墨池。

【注釋】

　〔1〕許鶴沙，即許纘曾。纘曾，生於明天啟七年（1627），卒年不詳，字孝修，號鶴沙，華亭（今屬上海市）人，清順治六年（1649）進士，歷官江西驛傳道副使、四川布政使司上下川東道參政、河南按察使、雲南按察使等，著有《寶綸堂集》，其外曾祖父為徐光啟。纘曾自幼受洗入天主教，終身服膺。其生平事蹟及思想，詳見延經蘋撰《清初天主教文人許纘曾的研究》（上海師範大學 2009 屆碩士學位論文）。

乙亥，三十四年，三歲。痘疹。

丙子，三十五年，四歲。

丁丑，三十六年，五歲。

戊寅，三十七年，六歲。

　　受句讀於張友仙先生。時同塾者：孝廉曹賢符充周〔1〕、秀才錢思魯三省〔2〕及兄明經霑扶培枝〔3〕。

【注釋】

　〔1〕曹充周，字賢符，松江人，與培謙為塾學同學。
　〔2〕錢三省，字思魯，松江人，與培謙為塾學同學。
　〔3〕姚培枝，弘度長子，培謙胞兄，字霑扶，生於清康熙二十五年（1686）九月十三日，卒年不詳，青浦縣學歲貢生，娶汪氏、姜氏，生九子：光熙、光照、光然、光煦、光烑、光烋、光燕、光熊、光蒸。事見《姚氏世譜》所載。

己卯，三十八年，七歲。

庚辰，三十九年，八歲。羸疾幾殆。

辛巳，四十年，九歲。

　　春，病甚，兩目若將盲者。鼻衄不止，骨立如柴。時幼科〔1〕潘連雲進以人參劑，服之轉劇。乃依表姑夫曹宗素所定方，大進川連，晨服雞肺散，漸得

生機。先母欲從事於禱，先父不許。強之再四，計所費投水中，曰：「宜費錢，禱無益也」。忽一夕，先母夢關聖帝君〔2〕曰：「汝子病無害」。喜而告先父，並密助銀，裝飾帝君像，以為謙祈福。

【注釋】

〔1〕幼科：中醫指兒科。

〔2〕案：關聖帝君，即三國名將關羽，因明神宗將其神位晉封為「三界伏魔大帝神威遠鎮天尊關聖帝君」而得名。

壬午，四十一年，十歲。

癸未，四十二年，十一歲。

甲申，四十三年，十二歲。

先父建造採花涇住房，秋遷居焉。

乙酉，四十四年，十三歲。

受業於陸端士先生，《四子書》〔1〕草草讀畢，授以《詩經》。時病未愈，誦讀之日少，嬉遊之日多。

【注釋】

〔1〕《四子書》，即《四書》：《大學》、《中庸》、《論語》、《孟子》。

丙戌，四十五年，十四歲。

五月，讀《詩經》畢，次及《尚書》白文，歲終卒業，粗能上口而已。

丁亥，四十六年，十五歲。

讀坊選《古文》〔1〕，未竟。

【注釋】

〔1〕《古文》，即《古文觀止》，吳楚材、吳調侯於清康熙三十三年（1694）編定的散文選本，次年印行，主要供塾學使用，風靡一時，影響迄今不衰。

戊子，四十七年，十六歲。

是年病漸愈，與兄霱扶仍歸五保祖居，受業於莊安汝先生。時伯父太史聽岩公〔1〕因金華守魏公男〔2〕與蘭溪令施公維訥〔3〕互揭事涉及赴杭州。同學者：五兄巽齋培益〔4〕、亡侄秀才欽〔5〕。先父謂莊師曰：「此子幼多病，今年

已長大。賴先生訓誨，得略識字，粗通文理。將來不至茫然無知，已為萬幸，無他望也。」莊師旋為謙講解《明文小題》，奈質極庸下，讀至六十餘遍，尚未能精熟。讀文三十餘篇，即令作破承題，頗有思路，莊師喜謂先父與諸兄輩曰：「此生悟性頗佳，尚可冀其有成。」至四月，作開講，五月對股，旋即完篇。莊師教法最為綿密，晨起令背誦昨日所授文，辰刻講授生文一篇。飯後作一開講，講《四書》三葉，必令復講，申刻溫習。所讀經書八股文，必令背誦，燈下又為講《史》、《漢》〔6〕小學。三六九日作文二篇，日長則增經文一篇。夏，五兄就試江陰，華、婁二縣俱招復〔7〕，謙不勝欣羨，自恨文理未通，不能應試。連日不飲食。先伯父諭曰：「臨淵羨魚，不如退而結網，汝能刻苦讀書，取科第如拾芥耳。一領青衫，何足言邪！」謙退而勤讀，不敢稍自懈怠。至冬，學業頗有進境焉。

【注釋】

〔1〕姚弘緒，字起陶，號聽岩，金山（今屬上海）人，生於清順治十五年（1658）七月初九日，婁縣例監生，清康熙二十年（1681）舉人，三十年（1691）成進士，翰林院庶吉士，編修，敕授文林郎，康熙四十九年（1710），參修《淵鑒類函》。雍正元年（1723），入明史館，充纂修官，後乞假歸里，不復出，著有《寶善堂集》。娶張氏，敕封孺人，生八子：培厚、培仁（嗣弘炯）、培和、培衷、培益，余夭，姚弘圖編《姚氏世譜》有載。姚弘緒編有《松風餘韻》，輯錄六朝至明代的松江詩文，「是編試手於己丑（1709），輟筆於甲辰（1724）。盡發先世藏書，兼借親朋秘籍，風晨雨夕，檢閱百千，稿成而易者至再。」（《凡例》）〔註14〕是書初刻於清乾隆八年（1743），嘉慶十年（1805）其曾孫姚湘覆刻之，共五十一卷，卷十九為姚氏族人詩選。姚培謙也參與了《松風餘韻》的編撰工作，乾隆九年（1744），培謙撰文回憶：「先伯父手輯是書，未及開雕，旋捐館舍。一亭兄從漢興解組回，感念遺編，恐年久散失，命培謙與宅安、坳堂、巽齋兄校訂付梓。中間歷寒暑數載，一亭先逝，宅安、坳堂繼之。勝事不常，雁行零落，此足悲矣。嗟嗟！先伯父闡揚風雅，具有盛心。諸兄克承先志，殫力鳩工，今剞劂告成。……而伯父與三兄俱不及見矣，能不與巽齋兄同為撫卷悽愴也哉！」〔註15〕培謙《松桂讀書堂集》卷七載有《一

〔註14〕姚弘緒《松風餘韻》卷首，清乾隆九年寶善堂刻本。
〔註15〕姚弘緒《松風餘韻》，清乾隆九年寶善堂刻本。

亭三兄奉使沙州，音信隔絕者半載，頃得家書並紀恩雜詩。伯父喜而有作，
敬次元韻」。姚弘緒歿後，姚培和主持了《松風餘韻》的校刊工作，姚培謙《周
甲錄》雍正八年（1730）載：「與諸兄及侄輩校訂先伯父所輯《松風遺韻》，三
兄調圩獨力鐫版。」〔註16〕培和歿後，編輯重擔轉落到培益、培謙身上，《松
風餘韻》嘉慶十年（1805）姚湘（培和嫡孫）記云：「曾王父聽岩公……慮夫
鄉先生之嘉言懿行久而湮沒，爰是旁搜博採，上自晉唐，下訖明季，閱十六
寒暑，成《松風餘韻》若干卷。未謀梨棗，而曾王父捐館。時先祖官漢興觀
察，奉諱歸，心傷手澤，獨力開雕，迨予祖歿後二年而剞劂甫竣。從祖輩先已
相繼殂謝，校讎之役獨五叔祖及族祖平山先生任焉，是可哀已！」〔註17〕平
山，即姚培謙。

〔2〕魏男，清康熙二十四年乙丑科進士，選庶吉士，歷官刑部郎中、廣東高州知府，
調浙江金華知府。

〔3〕施維訥，時為蘭溪知縣。

〔4〕姚培益，字苞延，號巽齋，姚弘緒第五子，生於清康熙二十九年（1690）七月
初三日，婁縣庠生，康熙五十三年（1714）舉人，南榜第八十六名，時年二十
五，揀選知縣，娶汪氏，生三子：儆祖、懌曾、念曾。《姚氏世譜》有載。

〔5〕姚欽，字洛耆，生於清康熙四十一年（1702）二月初九日，培仁長子，母陸氏，
《姚氏世譜》有載。

〔6〕案：《史》、《漢》，即《史記》、《漢書》。

〔7〕招復，古代科舉考試術語。清制，童生參加院試初選之優等者，由學政再行面
試，以定其去留，稱「招復」，亦名「提復」。

己丑，四十八年，十七歲。

春，莊師移帳郡中住居。姊婿楊含貞錫恒〔1〕成進士。捷音至，先伯父、先
父以兄輩官卷屢試不中，深責諸兄。謙前曰：「無妨，待時耳。」先伯父、先父
曰：「人患不能有志加功，汝為兄輩寬解則可，若自存此心，必致偷惰日甚。」
後三兄調圩培和〔2〕癸巳聯捷〔3〕，五兄甲午中式〔4〕，四兄心求培衷〔5〕丁酉中
式，二兄宅安培仁〔6〕癸卯中式，謙竟老大無成，先人早已決之矣。夏，隨莊師
讀書於中舍吳南林先生之梅溪草廬〔7〕。

〔註16〕姚培謙《周甲錄》，北京：北京圖書館出版社，1999年影印本，第131頁。
〔註17〕姚弘緒《松風餘韻》書末，清乾隆九年寶善堂刻本。

【注釋】

〔1〕楊錫恒，字涵貞，一字含貞，號查岑，華亭人，楊瑄次子，好古博學。清康熙四十四年（1705）舉人，康熙四十八年（1709）進士，著有《冰天草》、《生還草》、《聽雨軒詩草》等。

〔2〕姚培和，字鈞風，號一亭，生於清康熙二十年（1681）三月十一日，松江府學廩貢生，康熙五十二年（1713）順天舉人，聯捷進士，武英殿纂修，太常寺博士，敕授文林郎，歷兵部郎官、河東鹺使、漢興副使等，著有《敦信堂詩集》九卷：卷一《調圩舊稿》、卷二《椿莊殘稿》、卷三至卷五《出關稿》、卷六及卷七《酒泉寓稿》、卷八《漢南勝稿》、卷九《一亭存稿》。娶王氏，敕封孺人，生子惟邁。姚培和與培謙來往密切，其《椿莊殘稿》有《平山弟以「柳絮池塘」筆相寄，緘之以詩，即取「池塘春草」之意，率和四首，聊志遠懷》，中云：「北垞慣開文字飲，一樽常擬共流連。」又有《平山弟以藕蘇詩湖穎並梅花詩畫扇見寄，辭意纏綿，殊以旅人為念。良月三日，二兄兩弟南歸，次原韻二首，以代手信》；《出關稿》有《平山弟以家大人前韻和詩寄沙，率筆酬之》、《次平山弟除夕元旦韻各一首》；《漢南勝稿》則有《和平山弟寄懷韻》詩云：「兄弟多時音問隔，春來喜見墨花新。詩懷空洞原無物，賢路宏開好著身（詩中自注：今歲開科，廣額）。山水怡情辜夙願，簿書鞅掌悟前因。舉頭三復天高句，端擬歸家醉十旬。」據其自注：是年為乾隆元年（1736），朝廷開博學鴻詞科，培和鼓勵培謙應徵；又《一亭存稿》有《丁巳十月，平山弟到鄉敘話，夜半而返，計相違二十六年矣。次日，以舟中得詩二首緘寄，因次原韻》，丁巳為乾隆二年（1737）；《一亭存稿》又有《寄平山弟》，可見二人關係之大概。姚培和歿後，培謙曾為其《敦信堂詩集》索序於海寧陳世倌，事見陳序：「余昔有事吳閶，羈留久之。雲間姚君平山聞相過訪，得悉其群從昆季皆博雅能詩，人人有集以行世，而漢興副使一亭則其一也。時一亭方以文章政事洊歷仕版，聲名播滿於士大夫之口，而余顧未嘗一識其人，以為憾。閱十餘年，聞一亭已游道山，偶得其詩篇讀之，卓犖其至，想見其為人。比有客從雲間來京師，出書函並新刻見示，則平山所寄一亭全集也，辱使為之序。余雖未識一亭而讀其詩，則已知一亭之性情學問矣，又況平山稱說之詳。凡其文章政事早已耳熟於十餘年前乎。茲幸讀全集，剪燭諷詠，益復流連擊節而不能已。大抵其詩之卓犖真至，本乎性情，充以學問，而從容於浩然自得之域。故格律變化，寄託深遠，探風騷之

源流,躋唐宋之閫奧。」〔註18〕

〔3〕聯捷:古代科舉考試時,兩科或三科接連考中。

〔4〕中式,古代科舉術語,指考試合格,《明史‧選舉志二》云:「三年大比,以諸生試之直省,曰鄉試,中式者為舉人。」

〔5〕姚培衷,弘緒第四子,字心求,生於清康熙二十二年(1683)十一月二十一日,松江府學廩貢生,鑲白旗教習,康熙五十六年(1717)順天舉人,候選知縣,娶曹氏,生三子:圭璋、式曾、慕曾,事見《姚氏世譜》所載。

〔6〕姚培仁,弘緒次子,嗣弘炯,字宅安,生於清康熙十八年(1679)正月二十四日,華亭縣學增廣生,雍正元年(1723)癸卯恩科江南舉人,娶陸氏,生子:欽、鍾,《姚氏世譜》有載。康熙六十一年(1722),培仁為培謙《元詩自攜集》作序,示以共鳴,其序云:「詩之作也,自風雅頌以來,有樂府、古選、歌行、絕句諸體,而律最晚出,五之四十言、七之五十六言而止。諸體縱橫由人,律則為體所拘束。故詩不易工者律,而尤不易工者七律。七律始盛於唐,沿派於宋。若溯流而窮源,則元人具備焉。元人格調諧而摹擬善,以故諸體中七律為多。雖一變而為中統、至元,再變而為元貞、大德,三變而為至大、延佑,四變而為泰定、天曆,五變而為至正,屢變遞進,而詩家三尺悉取則於唐,以承宋而啟明,渢渢乎一代之音也!余弟平山雅善詩,於古人詩無不瀏覽。謂『近體七言,歷代皆有選,何元獨闕如?』爰採摭名集洎諸選本與夫山經地志之所傳者商榷論次,芟其繁蕪,錄其雅正,編為一集。薦摏於唐宋之後,而期無失乎風雅頌之旨。曰《自攜》,志所好也。不以為笥珍枕秘,而與天下之同好者共之。則是編也,獨《自攜》云乎哉!康熙壬寅上巳,姚培仁宅安氏書。」〔註19〕

〔7〕案:姚培謙《松桂讀書堂集》卷七有《過吳舍人南林梅溪草廬遺址》七律,詩云:「忽過吳家舊草堂,剎那興廢感滄桑。高低半墮臨溪石,曲折還餘繞屋牆。黃卷當窗頻映雪,素心到座即飛觴。舍人情重真堪憶,更為梅花一斷腸。」詩中小字自注云:余嘗讀書於此。〔註20〕

庚寅,四十九年,十八歲。

集《學》《庸》〔1〕諸家講解,請正莊師。

〔註18〕姚培和《敦信堂詩集》卷首《陳世倌序》,清乾隆二十七年刻本。

〔註19〕姚培謙編《元詩自攜集》卷首,清康熙六十一年刻本。

〔註20〕姚培謙《松桂讀書堂集》,《四庫全書存目叢書》集部:第277冊,第117頁。

【注釋】

〔1〕案：《學》《庸》，即《大學》《中庸》。

辛卯，五十年，十九歲。

受業於陸南村先生，習時文外，兼讀詩賦，學作詩。

壬辰，五十一年，二十歲。

三月，同人作暮春文會，取《論語》「暮春者」七句〔1〕分題作文，會成百篇，名《暮春集》。與兄霑扶及明經蔣荷溪培谷〔2〕昆季編次付梓，鼎元〔3〕戴瓏巖〔4〕先生與南村師選定而為之序。

【注釋】

〔1〕案：「暮春者」云云，語出《論語‧先進》之「子路、曾晳、冉有、公西華侍坐」章，曾點（晳，其字）曰：「暮春者，春服既成，冠者五六人，童子六七人，浴乎沂，風乎舞雩，詠而歸。」凡七句。

〔2〕蔣培谷，字詒九，一作詒久，號荷溪，華亭（今屬上海）人。貢生，嘗任東流訓導，王豫《江蘇詩徵》卷一百十四有載。姚培謙有《送蔣大荷溪之江右》詩云：「半世窮經未救貧，依人還別白頭親。此行莫謂他鄉縣，千里仍然舊主賓。」〔註21〕蔣氏迫於生計，辭親外赴，姚培謙深表同情。姚培謙編輯《元詩自攜集》時，蔣氏參閱，是書卷六即題署：「華亭姚廷謙平山選輯，無錫華縷飛翮、同里蔣培谷詒久參閱。」〔註22〕

〔3〕鼎元：科舉制度中，狀元之別稱，因其居於「鼎甲」之首而得名。案：鼎有三足，一甲進士亦僅三名，即狀元、榜眼、探花，故有「鼎甲」之稱。

〔4〕戴瓏巖：即戴有祺（？～1711），字丙章，瓏巖其號，清休寧瑤溪（今屬安徽省休寧縣）人，寄籍江蘇金山衛（今上海市金山縣），嘉慶《松江府志》稱其「婁縣人，原籍休寧，居錢涇橋，以金山衛學生領鄉薦。」秉性孤介，翛然出塵，清康熙三十年（1691）狀元及第，授翰林院修撰，掌修國史，充日講起居注之職。不久，丁憂還鄉，不復出仕。著有《慵齋文集》《尋樂齋詩集》。乾隆《江南通志》、嘉慶《松江府志》、道光《休寧縣志》、《中國歷代名人大辭典》等有傳。

〔註21〕姚培謙《松桂讀書堂集》，《四庫全書存目叢書》集部：第277冊，第118頁。
〔註22〕姚培謙《元詩自攜集》，清康熙六十一年刻本。

癸巳，五十二年，二十一歲。

讀書於南村師築野堂。春開科，三兄中式，秋成進士，先伯父集諸兄弟，謂曰：「諸子中，和〔1〕質最魯，讀文非百遍不成誦，今連得雋者，以其平日之攻苦也。汝輩慎勿專恃聰穎，不加學問。」謙聞言，益知自警。由是每朝課文，以粥至文成為限。是年，華亭縣試及府試俱第一名培本〔2〕。冬，先父需次〔3〕京師，授內閣中書舍人。

【注釋】

〔1〕案：和，為姚培和之省稱。所謂「今連得雋者」，即前文所謂「後三兄調圩培和癸巳聯捷」。連得雋，即聯捷。

〔2〕培本，培謙之初名，《姚氏世譜》有載。

〔3〕需次，舊指官吏授職以後，按照資歷，依次補缺。

甲午，五十三年，二十二歲。

正月院試，入青浦縣學，首題「約我以禮」〔1〕，次題「蹴爾而與之」〔2〕二句。學使胡公潤〔3〕，湖廣京蒙人，與伯父同榜相好。臨試時，外論疑公於年誼或有周旋，且府縣試俱領案〔4〕無不入學者。胡公微聞之，謙卷竟以避嫌不閱。同學陳子慕甫庭光〔5〕以青浦縣「周廷謙」童生名，勸謙進試，得入學。二月，與姜子條本立、自芸耕〔6〕、秦龍光宮璧〔7〕、金軼東門詔〔8〕、王漢階步青〔9〕、任翼聖啟運〔10〕、吳方來紱〔11〕、元起煜立〔12〕、荊其章琢〔13〕、周紹濂欽〔14〕、儲之盤又銘〔15〕、束聚五昌霖〔16〕、楊簡在名寧〔17〕、葉召南棠〔18〕、龔植岩麟玉〔19〕諸先生及一時名宿，訂交於澄江朱君淡中沖〔20〕飲香亭上，作古詩一章以紀其事。八月，應江寧鄉試，房考官〔21〕同知陳公學良〔22〕首薦謙卷，因三場策文不合式被黜。十月，先父晉階中書科中書舍人。

【注釋】

〔1〕「約我以禮」，語出《論語‧子罕》篇，顏淵喟然歎曰：「仰之彌高，鑽之彌堅。瞻之在前，忽焉在後。夫子循循然善誘人，博我以文，約我以禮，欲罷不能。既竭吾才，如有所立卓爾。雖欲從之，末由也已。」

〔2〕「蹴爾而與之」，語出《孟子‧告子上》（魚，我所欲也），文云：「一簞食，一豆羹，得之則生，弗得則死。呼爾而與之，行道之人弗受；蹴爾而與之，乞人不屑也。」

〔3〕胡潤，字河九，號艮園，江夏（今屬武漢市）人。清康熙三十年（1691）進士，

　　與姚弘緒同榜，改庶吉士，散館授編修，歷官庶子，著有《懷蘇堂集》。

〔4〕案：領案，指古代考試成績居首者。

〔5〕陳庭光，字慕甫，青浦（今屬上海）人。

〔6〕姜耕（1676～1751），字自芸，晚號退耕，清康熙五十九年（1720）舉人，康熙六十年（1721）進士，嘗官清苑知縣。清初著名學者，精書畫弈算，著有《讀易輒書》《讀玄輒書》《莊子輒書》《讀詩小箋》《楚辭繹》《漢魏六朝詩繹》《白雪青蓮詩繹》《唐五七律繹》《姜自芸時文》《白蒲子尺牘》《白蒲子古文》《白蒲子詩編》等。沈德潛撰《姜自芸太史詩序》云：「康熙歲壬辰，予與自芸姜先生相遇於義門書塾。時先生負高才，抱碩學，而又當壯盛之歲，發為詩歌，一往縱逸，牢籠萬態。相與酬答，自顧如滕、薛、蓼六之遇齊楚，無能為役也。不數年，先生掇巍科，入辭館，元本雅頌，登歌廟朝，而先生之詩一變。既天子重理民才，簡畀劇邑，先生執法守官，得罪大吏。大吏加以橫逆，禍幾不測，賴天子神聖，察其無辜，而大吏以冰山傾崩，斃於詔獄，先生冤抑始白。維時託諸詠吟，每有感憤結轖、磊落不平之辭，而先生之詩又一變。既而脫然歸里，偕山農野老，談討枌榆，較量晴雨，隨所感觸，無非自得，尤有純乎天趣者焉。而先生之年亦已老矣。昔韓退之以言事得謗，斥守揭陽；蘇子瞻以觸忤權臣，竄逐海外。兩賢詩格較勝於前，大抵遭放逐、處逆境，有足以激發其性情，而使之怪偉特絕，縱慾自掩其芒角，而不能者也。使先生為達官於朝，出其文辭，非不足推為一時之巨麗，而性情或幾於隱矣。惟顛跌撼頓，視古人更有加焉。其所成就，有於幽憂抑鬱之中，磨礪乎安命俟時之學者，則大吏之戕虐先生，適以玉成先生，而使之可傳於後也。小人之謀，正為君子之福，不信然哉！予於先生為後進，而年差長於先生。向處於無能為役者，益以齒髮日衰，殖業頹落，而先生道味充腴，詩境與年俱老，更有不能追望其後塵者也。回憶義門書塾相遇時，行及三紀，兩人之聚散離合，蹤跡變幻，電光鳥影，輕塵短夢，不有悁悁而莫能為懷者耶？」〔註23〕康熙壬辰，為康熙五十一年（1712），時沈德潛與姜氏結交。義門，指清初著名學者何焯，其先世曾以「義門」旌，因以為號，學者稱義門先生。

〔7〕秦宮璧（1661～1742），字龍光，號一舟，亦號潛齋，秦之鑑孫，宋代著名詞人秦觀後裔，江蘇武進人。清雍正二年（1724）舉人，例授文林郎，候選知縣。

〔註23〕沈德潛《歸愚文抄》卷十二，《沈德潛詩文集》第 3 冊，北京：人民文學出版社，2011，第 1324～1325 頁。

秦氏幼即穎悟，長則績學，崇尚實學，博通經史，天文地理靡不究心。亦工詩古文詞，而名重一時。康熙時，秦氏於京邸開壇授經，名流趨附其門。其操履謹嚴，生平無干謁之舉，為士林所重，著有《愛蓮堂稿》《學庸文稿》《四書講義》《崇正集》《發謅集》《章句大全》等，傳詳《武進縣志・文學》。姚培謙作有《舟次錫山，寄毗陵秦丈龍光》詩二首，其一云：「傲兀詞壇四十年，名山誰許得真傳。退之自不榮科舉，學者人知法古先。月窟天心元獨契，金鐘玉律儼高懸。慚余蠡測難窮海，每一趨風輒惘然。」其二云：「憶昔沖泥接塵談，玄珠不惜與同參。蓬心哪敢希酬唱，宿學方能道苦甘。自別寒江徒渺渺，相思春柳又參參。惠山山畔帆空落，悵望雲亭未一探。」〔註24〕希慕之意溢於言表。姚培謙編《元詩自攜集》時，秦氏參閱，是書卷十一即題署：「華亭姚廷謙平山選輯，武進秦宮璧龍光、仁和柴潮生禹明參閱。」〔註25〕

〔8〕金門詔（1673～1751），字軼東〔註26〕，號易東，又號東山，江都（今屬江蘇省揚州市）人。清乾隆元年（1736）進士，散館，充三禮纂修官，嘗官壽陽知縣，家有二酉山房，藏書宏富，海內稱羨，著有《金東山文集》十二卷、《蓮西集》等。金氏為人坦蕩，杭世駿《送金東山歸維揚序》評之曰：「東山善談笑，喜賓客，圍棋賭酒酣嬉，累日夕而不厭。……心無毒螫，胸無柴棘，稱心肆口，屢尤於人而不以為悔，性情通倪。……東山負承明著作之才，與修勝國之史，直而不阿，簡質而當理。」〔註27〕金氏有史才，一生勤於治史，沈德潛有五言古詩《簡金東山》贊之曰：「聖代重明史，纂修自夙昔。康熙己未年，史臣各分職。鴻辭眾耆儒（詩中小字注云：湯潛庵、汪鈍翁、毛西河、尤悔庵、朱竹垞、潘次耕諸公），鄭重操徽纆。晨星漸零落，繼起踵其跡（詩中小字注云：萬季野、姜西溟諸公）。茸城王司農，史稿匯鐫刻。群材搜擇富，四紀歲月曆。至尊勞睿覽，煌煌下令敕。史裁粗可觀，未殫才學識。詔令重纂修，諸臣秉正直。君雖鄉貢士，公卿並側席。延訪入史局，眾指推巨擘。……君本嗜學人，食雞欲千蹠。素聞南董良，紀事能核實。為語諸同館，要須慎筆墨。野乘防虛無，實錄更抉擇。一語違寸心，人禍連鬼責。努力報聖明，千秋光載籍。」〔註28〕

〔註24〕姚培謙《松桂讀書堂集》，《四庫全書存目叢書》集部：第 277 冊，第 111 頁。

〔註25〕姚培謙《元詩自攜集》，清康熙六十一年刻本。

〔註26〕案：《詞林輯略》載作「東軼」。

〔註27〕杭世駿《道古堂文集》卷十五，《續修四庫全書》集部：第 1426 冊，第 350 頁。

〔註28〕沈德潛《歸愚詩抄》卷六，《沈德潛詩文集》第 1 冊，北京：人民文學出版社，2011，第 99～100 頁。

〔9〕王步青（1672～1751），字漢階，一作罕皆，號己山，金壇（今屬江蘇常州）人。性沖澹，長身玉立，覃心正學，以制藝名世。清雍正元年（1723）進士，改庶吉士，授檢討，以病乞歸。嘗執掌揚州安定書院，黜浮華，崇雅正，學子以為楷模，著有《己山文集》十卷。所著四十五卷《朱子四書本義匯參》能「抉經之心，擘傳之脈，擇精語詳，學者爭奉為圭臬。」〔註29〕暮年猶勤學不倦，其書齋曰「無逸所」，傳詳陳祖範撰《墓誌銘》。

〔10〕任啟運（1670～1744），字翼聖，號乾若，世稱釣臺先生，荊溪（今江蘇宜興）人。清雍正元年（1723）舉人，雍正十一年（1733）進士，授翰林院檢討，阿哥書房行走。高宗即位，充日講起居注官，旋擢中允，晉侍讀學士。乾隆四年（1739）擢侍講學士。乾隆七年（1742），擢都察院左僉都御史。乾隆八年（1743），充三禮館副總裁，旋晉宗人府丞。乾隆九年（1744）卒。任啟運「學綜漢宋，而以朱子為歸」〔註30〕，「尤深於三禮」〔註31〕，著有《禮記章句》《周易洗心》《四書約指》《孝經章記》《夏小正注》《竹書紀年考》《逸書補》《孟子時事考》《清芬樓文集》等。姚培謙編選《唐宋八家詩》，任啟運參與校訂。

〔11〕吳紱，字方來，江蘇宜興人。少承家學，敏悟好學。清雍正二年（1724），鄉試第一。清乾隆二年（1737）進士，選庶吉士，散館授編修。任啟運薦吳紱淹通三禮，而充三禮館纂修官。清乾隆九年（1744），主湖南鄉試，得士頗多。吳紱熟精性理之學，著有《雞肋集》《四書大義》《易學便蒙》《儒術源流》《南華纂注》《碻庵詩文》《周官考證》《儀禮考證》《周禮臆擬》《儀禮臆擬》《學禮識小錄》《箚記小箋》《字學審聲》《字學訂形》《詩文雜稿》《纂修三禮稿》等。

〔12〕元起，字煜立，生卒年不詳。

〔13〕荊琢，字其章。清康熙五十六年（1717），沈德潛赴省試，遍交名流，其中不乏姚培謙好友，荊琢與焉，事見《沈歸愚自訂年譜》同年所載：「七月，赴省試，時金陵文會，與會者：儲六雅、王耘渠、王罕皆、曹諤庭、束聚五、荊其章、蔡芳三、顧天山、顧嗣宗諸公。時藝、詩、古文各一場，後補送，猶有前代《壬申文選》之風也。」〔註32〕案：《壬申文選》，杜麟徵、徐鳳彩編，又稱《幾社壬申文選》《幾社壬申合稿》《幾社合稿》，凡二十卷，為詩文合集。《四庫禁燬

〔註29〕徐世昌《清儒學案小傳》，臺北：明文書局，1985，學林類5，第828頁。
〔註30〕徐世昌《清儒學案小傳》，臺北：明文書局，1985，學林類5，第827頁。
〔註31〕徐世昌《清儒學案小傳》，臺北：明文書局，1985，學林類6，第17頁。
〔註32〕潘務正、李言校點《沈德潛詩文集》第4冊，附錄二，北京：人民文學出版社，2011，第2105頁。

書叢刊》收錄。書前有張溥、姚希孟序，徐鳳彩、楊肅題詞，陳子龍所撰《凡例》。此書收錄陳子龍、李雯、徐孚遠、夏允彝、周立勳、彭賓、朱灝、顧開雍、宋存楠、宋存標、王元玄十一人作品，代表了幾社的文學實績。

〔14〕周欽，字紹濂，取繼承濂溪先生（周敦頤）思想之意，江蘇宜興人。清雍正二年（1724）舉人。生於寒素之家，少即篤志向學。學貫經史，嘗與張朱銓、吳瑞升結社，有《荊南三子文》行世，清嘉慶《宜興縣志》卷三《人物志》有載。

〔15〕儲又銘，字之盤，號苣洲，江蘇宜興人。清康熙五十年（1711）舉人，候選知縣。雍正三年（1725）七月，調補川陝任。同年九月，補陝西平涼府乎涼知縣。雍正四年（1726）十月，甘肅按察使李元英保舉赴部。雍正五年（1727）正月，奉旨補授雲南楚雄知府。松江黃達《懷儲苣洲孝廉》詩云：「五雲溪畔水如煙，十畝閒耕陽羨田。舊事已隨鷗鳥夢，新詩還賦木瓜篇（詩中小字注云：曾以木瓜、水仙等詠見貽）。談心官閣猶前夕，分手河干又判年。見說金鵝山色好，秋風常枕石床眠。」〔註33〕可想見其性情。

〔16〕束昌霖，字聚五，江蘇丹陽人，人稱怡先公，著有《怡先堂文稿》，與王步青交契，生平事蹟，詳吉夢熊《束聚五傳》。束氏與沈德潛亦為朋友，事見《沈歸愚自訂年譜》康熙五十六年（1717）所載：「七月，赴省試，時金陵文會，與會者：儲六雅、王耘渠、王罕皆、曹諤庭、束聚五、荊其章、蔡芳三、顧天山、顧嗣宗諸公。」〔註34〕

〔17〕楊名寧，字簡在，江陰人，清雍正元年（1723）拔貢，嘗官山西徐溝、福建侯官、山東陵縣等地知縣，學貫經史諸子，長於考證，為凝齋學派領袖楊名時從弟，論學宗程朱，以誠為本，持躬為政，著有《砕錄》《水輯類音》《雜靜》等，傳詳徐世昌《清儒學案》。

〔18〕葉棠，字召南。其名與字，取自《詩經·召南》「甘棠」篇。

〔19〕龔麟玉，字植岩。

〔20〕朱沖，字淡中。

〔21〕房考官，簡稱「房官」，又稱「同考官」。舊指科舉時代，鄉試、會試中，協同主考或總裁閱卷的官員，因在闈各居一房，故稱。

〔22〕陳學良，清康熙五十三年（1714），任嘉定（今屬上海市）知縣。上海地方志辦

〔註33〕黃達《一樓集》卷九，北京出版社 1997 年影印本，第 652～653 頁。
〔註34〕潘務正、李言校點《沈德潛詩文集》第 4 冊，附錄二，北京：人民文學出版社，2011，第 2105 頁。

公室官網有載（首頁→專業志→上海舊政權建置志→第六章人物→第二節清代
人物之三）。

乙未，五十四年，二十三歲。

正月，就婚平湖陸氏。妻祖，前江西方伯筠修公之祺〔1〕；父，青田廣文
〔2〕，赤城公嫌昌〔3〕。家教極整肅，室人性溫慎，喜文墨，燈窗伴讀，頗得琴
瑟之樂。妻父時時以讀書作文相勗。時寧波蔣子季眉拭之〔4〕館徐氏，與謙善。
親串中，胡進士聞衣紹高〔5〕、陸秀才德三邦傑〔6〕、檢討坡星奎勳〔7〕及方外
借山元璟〔8〕尤相好。詩文就正諸公，受益良多。涉獵諸經，兼讀《文選》、李
杜詩，有疑義，輒質諸坡星。十二月，先祖父母、父母受封誥。

【注釋】

〔1〕陸之祺，平湖（今屬浙江嘉興）人，明萬曆四十七年（1619）進士，累官陝西
　　布政使，人稱筠修公。明季甲申巨變，歸順李自成政權，授戶部尚書，後告病
　　還鄉，不復出。

〔2〕案：唐玄宗天寶九年（750），朝廷創置廣文館，內設博士、助教等職，主持國
　　學。又《新唐書·百官志三》載：「（祭酒、司業）掌儒學訓導之政，總國子、
　　太學、廣文、四門、律、書、算，凡七學。」泛指清苦閒散的儒學教官。杜甫
　　即有詩云：「諸公袞袞登臺省，廣文先生官獨冷。甲第紛紛厭粱肉，廣文先生飯
　　不足。」（《醉時歌贈廣文館學士鄭虔》）明清時，因稱教官為「廣文」，亦作「廣
　　文先生」。

〔3〕陸嫌昌，曾任青田（今屬浙江麗水）縣學儒學教員，人稱赤城公。姚培謙深得
　　岳父嫌昌之鍾愛，其《述懷一百韻》詩中自云：「東床憑嘯傲，甥館久流連。外
　　舅憐如子，師資喜得賢。」〔註35〕培謙婚姻之和美，其《述懷一百韻》中也有
　　描述：「旭日鳴離雁，當湖刺畫船。綠油春漲滑，雕玉霽雲鮮。琴韻中閨葉，蟾
　　輝天上圓。」〔註36〕當湖即平湖。

〔4〕蔣拭之，字季眉，號蓼崖，鄞縣（今浙江寧波市鄞州區）人。清乾隆元年（1736）
　　進士，與甥男全祖望同年。乾隆七年（1742），與全祖望等成立真率社，著有《荻
　　貽堂集》《暮耕齋偶存》等。其子學鏞、學鏡亦一時之名士。學鏞，為全祖望入
　　室弟子，著有《鄞志稿》《讀經偶鈔》《三禮補箋》等。《學鏞小傳》載：「蔣學

〔註35〕姚培謙《松桂讀書堂集》，《四庫全書存目叢書》集部：第277冊，第109頁。
〔註36〕姚培謙《松桂讀書堂集》，《四庫全書存目叢書》集部：第277冊，第109頁。

鏞，字聲始，乾隆三十六年舉人，從祖望得聞黃萬學派，學鏞尤得史學之傳。」〔註37〕姚培謙編《元詩自攜集》時，蔣氏參閱，是書卷八即題署云：「華亭姚廷謙平山選輯，甬上蔣拭之季眉、同里顧思孝綏成參閱。」〔註38〕

〔5〕胡紹高，字聞衣，平湖人，清康熙四十八年（1709）進士。

〔6〕陸邦傑，字德三，諸生，平湖人。

〔7〕陸奎勳（1663～1738），字聚緱，號坡星，平湖人，世楷子。清康熙六十年（1721）進士，改庶吉士，散館授編修，充《明史》纂修官。後因病還鄉，開館講學，朱彝尊題額曰「陸堂」，學者稱陸堂先生。陸奎勳淡榮利，生平誦法朱熹，晚年專意說經，其「與楊次也副使、沈厚餘榜眼、柯進士南陔唱和城南，有『浙西四子』之譽。」（《陸奎勳傳》）〔註39〕其弱冠時，詩文已播眾口，沈德潛稱：「陸堂穿穴五經，皆有述作，今人中井大春也。詩獨風流明麗，『廣平賦梅花，不礙心似鐵。』洵然！」〔註40〕徐世昌《晚晴簃詩匯・詩話》卷六十一稱其：「詩工贍明麗，蓋自《西崑》出，而益之以疏宕。視歸愚（案：即沈德潛）、子才（案：即袁枚）行輩較前，故不受其範圍也。」〔註41〕著有《陸堂易學》《今文尚書說》《戴禮緒言》《陸堂文集》《陸堂詩集》等，《清史列傳》卷六十七有傳。姚、陸二人訂交於清康熙五十四年（1715），陸奎勳敘培謙《自知集》時對此也有記述：「平山為中舍息園先生仲子，就婚來湖，余以中表僚婿披袵論交。」〔註42〕陸奎勳長培謙三十歲，乾隆二年（1737）十二月，其為姚培謙《樂府》作序，謙稱「襟弟」（《樂府序》）〔註43〕。乾隆五年（1740）夏，其為培謙《松桂讀書堂集》作序，稱讚：「姚子之學，其儒者之學矣乎。」〔註44〕陸奎勳推崇姚培謙詩學，並將其與毛奇齡、朱彝尊、王士禛相提並論，稱：「國朝詩話，我浙如毛西河、朱竹垞兩太史徵事既博，持論極工。而新城王司寇則取材尤富，觀者蔑不心醉焉。鑪香居士（案：即姚培謙）讀詩之餘，心有悟入，隨筆詮次，

〔註37〕朱鑄禹《全祖望集匯校集注》之《全祖望傳》附錄，上海：上海古籍出版社，2000，第 2716 頁。

〔註38〕姚培謙《元詩自攜集》，清康熙六十一年刻本。

〔註39〕陳金林等編《清代碑傳全集》，上海：上海古籍出版社，1987，上冊，第 255 頁。

〔註40〕姚培謙《松桂讀書堂集》，《四庫全書存目叢書》集部：第 277 冊，第 432 頁。

〔註41〕徐世昌編《晚晴簃詩匯》，北京：中華書局，1990，第 2491 頁。

〔註42〕姚培謙《松桂讀書堂集》，《四庫全書存目叢書》集部：第 277 冊，第 61 頁。

〔註43〕姚培謙《松桂讀書堂集》，《四庫全書存目叢書》集部：第 277 冊，第 62 頁。

〔註44〕陸奎勳《松桂讀書堂集序》，《四庫全書存目叢書》集部：第 277 冊，第 1 頁。

直能於漢魏六朝三唐宋元諸家窮微闡奧，諸詩老不得雄踞於前矣。」（《詩話跋》）
〔註45〕姚培謙《松桂讀書堂集》有三首詩詠及奎勳，對陸氏亦不吝讚美之辭，
如《送陸五坡星計偕北上》云：「平原有才子，英華世所詑。學問窮根柢，著書
常滿架。膏馥所沾溉，往往得高價。世罕得其真，用之材苦大。科名是底物，
羽翮不可借。文章老更成，遠近徒膾炙。」〔註46〕陸氏客粵三年，剛從廣西修
省志回，培謙即作《寄平湖陸編修坡星》致意，其一贊道：「大手推前輩，雄文
壓上才。書成高一代，振策賦歸來。」〔註47〕其二稱：「往日追隨慣，而今契
闊深。盈盈一湖水，脈脈兩人心。相見期新歲，相思託素琴。名山傳盛業，珍
重碧雲岑（詩中小字自注：所著經說俱已刻成）。」〔註48〕姚培謙編輯《元詩
自攜》時，陸氏審閱了卷二，該書卷二即題署：「華亭姚廷謙平山選輯，平湖陸
奎勳聚緱、上海曹一士諤廷參閱。」〔註49〕兩人互動堪謂頻繁。

〔8〕元璟，字借山，號晚香老人，平湖人。喜遊歷，有《完玉堂詩集》，今存清初刻
本，卷首有汪琬、毛奇齡、朱彝尊、王士禎、張棠等人題辭，《清詩別裁集》卷
三十二有傳。汪琬謂其：「體格清整，詞旨亦高雅，有雲中白鶴天半朱霞之妙。」
〔註50〕王士禎評：「借公從儒入釋，勇猛精進，早歲聞道，又能親炙作家，虛
懷訪問，善於運化。自會稽入都，以詩來贄。讀其詩，如其人，信乎！鈍翁稱
許為不謬。其筆秀骨清，造境閒而遠，悟性空而靈，蓋有得於蒲團竹箆之工，
沃以煙霞神韻，此真禪河香象也。」〔註51〕朱彝尊評：「向於秋岳先生處閱《東
湖六子倡和集》，乃知王柘湖、陸叔度、趙退之、錢稈拙之後，其風流逸韻猶有
存者。借公英年好學，才情清俊，能標舉頡頏其間。壬午過餘梅裏，索題《廬
山畫卷》，長歌見贈。沉雄頓挫，有草蛇灰線之妙。即陳屈見此，亦當割席遜坐，
故酬以絕句云『方外誰傳正始音，誦師長句一披襟。試看碧海掣鯨手，已覺年
來苦用心。』」〔註52〕張棠評：「讀晚香先生詠菊詩，可補騷經之佚。」〔註53〕
姚培謙《松桂讀書堂集》有《贈借山上人》詩，云：「生平倦投足，幽意與僧宜。

〔註45〕姚培謙《松桂讀書堂集》，《四庫全書存目叢書》集部：第 277 冊，第 54 頁。
〔註46〕姚培謙《松桂讀書堂集》，《四庫全書存目叢書》集部：第 277 冊，第 76 頁。
〔註47〕姚培謙《松桂讀書堂集》，《四庫全書存目叢書》集部：第 277 冊，第 107 頁。
〔註48〕姚培謙《松桂讀書堂集》，《四庫全書存目叢書》集部：第 277 冊，第 107 頁。
〔註49〕姚培謙《元詩自攜集》，清康熙六十一年刻本。
〔註50〕釋元璟《完玉堂詩集》，《清代詩文集彙編》第 195 冊，影清初刻本，第 2 頁。
〔註51〕釋元璟《完玉堂詩集》，《清代詩文集彙編》第 195 冊，影清初刻本，第 3 頁。
〔註52〕釋元璟《完玉堂詩集》，《清代詩文集彙編》第 195 冊，影清初刻本，第 4 頁。
〔註53〕釋元璟《完玉堂詩集》，《清代詩文集彙編》第 195 冊，影清初刻本，第 6 頁。

避俗真難事，能閒許論詩。莽香浮紙帳，竹影淡軍持。落葉虛窗外，朝朝醒夢思。」〔註54〕又《白蘋花分供借山上人》云：「亦是杜蘅族，盈盈碧水隈。蔓憐波互弱，花愛午前開。靚影晶簾入，幽香羽扇回。分栽方丈室，終不近塵埃。」〔註55〕元璟《完玉堂詩集》卷五則載有《白蘋花姚平山分贈》詩：「白蘋香且潔，皎皎布汀洲。宜與風人採，洵堪俎豆羞。雨餘明雪鏡，日落隱沙鷗。好友能分贈，玩之散百憂。」〔註56〕可知與姚培謙交篤。

丙申，五十五年，二十四歲。

二月，先父抱病歸里。八月十七日遭變，遠近弔唁者雲集。料理喪事，不致失禮，俱賴先母先兄，謙茫然無知，惟守制讀《禮》而已。比時一切家務，亦俱先母主持，先兄奉行。

丁酉，五十六年，二十五歲。

冬，奉母張孺人遷居華亭通波門外。

戊戌，五十七年，二十六歲。

秋，校刻《劉後村詩集》並《詩餘》《詩話》〔1〕。十二月初六日，室人陸氏亡。

【注釋】

〔1〕案：劉後村，即劉克莊（1187～1269），初名灼，字潛夫，後村其號，吏部侍郎劉彌正之子，福建莆田人，南宋江湖詩派的代表人物。

己亥，五十八年，二十七歲。

選刻元人七律，名《自攜》〔1〕。十月二十三日，姜呂氏生子鐘鳴〔2〕。

【注釋】

〔1〕案：《自攜》，即姚培謙自編選本《元詩自攜集》。

〔2〕案：《周甲錄》雍正五年載：「九月十八日，遭先母張孺人變。遺田七百餘畝及金珠衣飾等物，謙不願分受，先兄強之再四，取字畫及玩物數種。非謙之矯情，見兄兒女多，而謙止一子也。」又據雍正三年姚弘圖所修《姚氏世譜》卷六「第

〔註54〕姚培謙《松桂讀書堂集》，《四庫全書存目叢書》集部：第 277 冊，第 102 頁。
〔註55〕姚培謙《松桂讀書堂集》，《四庫全書存目叢書》集部：第 277 冊，第 105 頁。
〔註56〕釋元璟《完玉堂詩集》，《清代詩文集彙編》第 195 冊，影清初刻本，第 50 頁。

十四世」載：「培本，弘度次子，庠名周廷謙，字平山，生於康熙癸酉十一月十八日，青浦縣庠生，娶平湖陸氏，生一子燾。」又《姚氏世譜》卷六「第十五世」載：「燾，培本子，生於康熙己亥十月二十四日，娶李氏。」《周甲錄》載鐘鳴生日為康熙己亥「十月二十三日」，當以《周甲錄》為是。又《周甲錄》乾隆元年載：「（冬）與鐘鳴完婚，媳李氏，總理兩淮鹽政繹山公陳常孫女、明經乾三宗仁次女，極賢淑，侍翁事夫俱得體，惜乎年之不永也，止生一女，許字雲南督學師序張公學庠孫、國學錦瀾曾楷子。」〔註57〕綜上所述，此處「燾」，即呂氏所生鐘鳴，《姚氏世譜》卷六「第十四世」載其為陸氏所生實誤。

庚子，五十九年，二十八歲。

二月，探梅鄧尉，遊錫山，常州別駕趙淵如弘本〔1〕署錫邑事。招閱試卷，盤桓兩月而返，得詩數十首，長洲顧編修俠君嗣立〔2〕作序，題曰《春帆集》。夏，錫山華君豫原希閔〔3〕過訪。相得甚歡，隨偕至錫山，下榻劍光閣數日。是秋，華君舉於鄉。選江浙考卷《能事集》，明經陳履萬先生宏謨〔4〕研精製義〔5〕，至老不倦，是選得陳先生之助居多。秋，應試金陵，與李茝林東樸〔6〕、程得莘之銘〔7〕、郭秋浦泓〔8〕、沈確士德潛〔9〕、儲定伯思淳〔10〕、王鶴書之醇〔11〕諸先生訂交於方氏齋中。

【注釋】

〔1〕趙弘本，字淵如，遼寧錦州人，清初名臣。清康熙五十九年（1720）招閱試卷事，姚培謙撰有《錫山客舍，奉寄總戎趙額駙》詩二首以記之，其一云：「戟門春日正遲遲，海宇風清此一時。自愧薄遊仍拜貺，更叨雅誼許論詩。麒麟圖畫誰先者，裘帶風流信有之。遙想繡旗披拂處，三眠細柳已成絲。」其二云：「九龍山憶九峰青，幕府春來幾吐萱。地望舊傳詩禮將，天文原接羽林星。凝香燕寢應飛藻，簪筆書生未勒銘。最喜魚鱗三十六，心隨江水過郵亭。」〔註58〕姚培謙編《元詩自攜集》七言絕句時，趙氏亦參閱，是書卷三題署：「華亭姚廷謙平山選輯，靜海勵宗萬滋大、錦州趙弘本淵如參閱。」〔註59〕

〔2〕顧嗣立（1669～1722），字俠君，號秀野，長洲（今屬蘇州市）人。清康熙五十一年（1712）進士，改庶吉士，散館，任教習。康熙五十三年（1714），入值武

〔註57〕姚培謙《周甲錄》，北京：北京圖書館出版社，1999年影印本，第137頁。
〔註58〕姚培謙《松桂讀書堂集》，《四庫全書存目叢書》集部：第277冊，第111頁。
〔註59〕姚培謙《元詩自攜集》，清雍正刻本。

英殿，例授中書，不就。康熙五十四年（1715），改知縣，移疾歸。康熙六十一年（1722）卒，年五十四。著有《秀野集》《闔邱集》《寒廳詩話》等，生平事蹟見載於《秀野公自訂年譜》、《清史列傳》卷七一、《國朝先正事略》卷四十等。顧詩出入韓蘇，古體紀遊詩最為擅場。沈德潛評其：「詩品初仿金元，繼躋昌黎，後臻王孟韋柳，垂老以未能步趨李杜為憾事。蓋其詩得江山之助，遊歷愈廣，風格愈上，《桂林》《嵩岱》二集尤為生平之冠。」〔註60〕《清史列傳》卷七十一《文苑傳二》稱其「善詩，始得力於遺山、虞、楊諸家，而其後漸近於雄偉變化，有昌黎、眉山之勝。」〔註61〕顧氏輯有《元詩選》，網羅浩博；又箋注韓愈、溫庭筠二家詩，皆稱賅洽。清康熙五十九年（1720），姚培謙自刻《春帆集》，請顧嗣立作序，顧氏盛讚姚氏：「坐千人，而才如海湧；步九龍，則思與泉通。嚼徵含宮，不啻郢中奏曲；敲銅刻燭，何殊漢上題襟。」（《春帆集序》）〔註62〕培謙有《顧編修俠君招飲秀野草堂賦贈》七言古詩，贊顧氏：「吳閶有堂名秀野，珠盤玉敦走天下。天為斯文出異人，先生豈是悠悠者。先生少年賈董從，鳳毛麟角一代無。雄才壯氣凌京都，余子愕眙順風趨。讀盡中秘未見書，卿雲爛漫隨卷舒。衣被草木分華勝，龍門蘭臺望久孚。願為霖雨心猶紆，翩翩逸思不可拘。等身著述計未迂，坐擁百城陋三車。博綜六藝味其腴，西山宛委簡策殊。編劚抉剔惠世儒，縱橫千載搜奧區。眼明寶月胸慧珠，豐神奕奕照五湖。齒頰所及榮朽枯，余也款啟守菰蘆。駑駘安敢追龍駒，傳家絺裘愁荒蕪。十年作賦徒呫唔，春風若肯分喣於，振奮或得希修途。」〔註63〕以漢代賈誼、董仲舒二氏擬顧氏，足見姚顧二人惺惺相惜。

〔3〕華希閔（1672～1751），字豫原，號劍光，無錫人。清康熙五十九年（1720）舉人，乾隆元年（1736）舉博學鴻詞，不赴。乾隆十六年（1751），迎聖駕於惠山，賜知縣，不久病逝。希閔嗜學，工古文，尚氣節，尊正學，興義舉。鄂爾泰設春風亭招賢納俊，華希閔與沈德潛同以耆德見重。著有《大學約言》《中庸勝語》《論孟講義》《延綠閣集》等，《清史列傳》卷六十七、《清代畫史》有傳。姚培謙與華氏相知最深，其《余與錫山華孝廉豫原交契最深，別十餘年，邂逅金陵，幾不相識，因成三截句》詩歌題目即有明言，三絕句其二推崇華氏「萬

〔註60〕沈德潛《清詩別裁集》，上海：上海古籍出版社，1984，第916頁。
〔註61〕王鍾翰點校《清史列傳》，北京：中華書局，1990，第5828頁。
〔註62〕姚培謙《松桂讀書堂集》，《四庫全書存目叢書》集部：第277冊，第61頁。
〔註63〕姚培謙《松桂讀書堂集》，《四庫全書存目叢書》集部：第277冊，第92～93頁。

卷文章壓選樓，虛懷商榷每相留。往時意氣猶堪說，我愧無聞君白頭。」〔註64〕其三則云：「未得談心在客廬，君留我去又離居。臨歧不惜殷勤贈，一幅王郎得意書（詩中自注云：以王吏部虛舟字幅見貽）。」〔註65〕姚培謙編《唐宋八家詩》，華氏參與校訂。

〔4〕陳宏謨，字履萬，華亭人。姚培謙編《元詩自攜集》時，陳氏參閱，是書卷三題署：「華亭姚廷謙平山選輯，無錫華希閔豫原、同里陳宏謨履萬參閱。」〔註66〕

〔5〕案：制義，一作制藝，即八股文。《明史‧選舉志二》載：「其文略仿宋經義，然代古人語氣為之，體用排偶，謂之八股，通謂之制義。」

〔6〕李東樓，字芷林，清雍正元年（1723）舉人。時黃叔琳典江南鄉試，得人多，其中即有李東樓、陳祖範、任啟運、程之銘、張鵬翀、唐管、胡寶瑔、潘偉、王庭諍諸名士。

〔7〕程之銘，字得莘，白下（今屬南京市）人，清雍正元年（1723）舉人。

〔8〕郭泓，字秋浦。

〔9〕沈德潛（1673～1769），字確士，號歸愚，長洲（今屬蘇州市）人，清乾隆四年（1739）進士，清詩「格調派」領袖，倡言詩教，有《沈歸愚詩文集》，編有《古詩源》《唐詩別裁》《明詩別裁》《清詩別裁》等。清康熙五十九年（1720），沈、姚二人訂交於金陵鄉試，沈德潛時年四十八歲，長培謙二十歲。乾隆十二年（1747），沈德潛向朝廷舉薦培謙，事見《周甲錄》是年所載：「夏，閣學沈公德潛假滿還朝，六月十七日陛見，皇上問及江南文風士習，沈公奏謙閉戶著書不求聞達。上云：『不求聞達就難得了』。十九日，傳旨進謙所著書籍。沈公呈《樂善堂賦注》四卷、《增輯左傳杜注》三十卷、《讀經史》二冊。」〔註67〕《松江府志》所載「姚培謙，字平山，松江府婁縣人，諸生。好交遊，名滿江左。雍正七年保舉，以居喪不赴。後數年，尚書沈德潛還朝，奏培謙閉戶讀書不求聞達，以其所著《〈御製樂善堂賦〉注》四卷、《增輯〈左傳〉杜注》三十卷、《經史臆見》二卷代為進呈」〔註68〕之說即本此。姚培謙編《元詩自攜》時，

〔註64〕姚培謙《松桂讀書堂集》，《四庫全書存目叢書》集部：第277冊，第129頁。
〔註65〕姚培謙《松桂讀書堂集》，《四庫全書存目叢書》集部：第277冊，第129頁。
〔註66〕姚培謙《元詩自攜集》，清康熙六十一年刻本。
〔註67〕姚培謙《周甲錄》，北京圖書館出版社1999年影印乾隆刻本，第146～147頁。
〔註68〕宋如林修；孫星衍，莫晉等纂《松江府志》卷五十九《古今人傳十一》，清嘉慶二十二年刻本。

沈氏參閱，是書卷十四題署：「華亭姚廷謙平山選輯，長洲沈德潛確士、同里廖昆晹麗中參閱。」〔註69〕

〔10〕儲思淳，字定伯。沈德潛與定伯亦為朋友，其《歸愚詩抄》卷九有《集九賢堂，贈任翼聖、高濤文、儲定伯、於爾嗜、向之主人蔡方山，兼以志別》詩云「我乘白黿溯荒江，江流浩浩山蒼蒼。暨陽城邊一長嘯，天地容我羈人狂。故交別離已三載，訪舊驚看鬢鬢改。高堂置酒會眾賓，屈指坐間某某在。任子老手文章雄，醞釀六籍光熊熊。高子儲子氣相伉，位置欲闖西京上。二於擲筆鏗有聲，左顧右盼縱復橫。主人蔡子富文藻，朱鳳摧隤羽毛好。相逢大笑披襟懷，酣呼跌宕傾尊罍。感君意氣與君友，笙匏異器聲相諧。男兒窮達自有命，但須胸次空織埃。江湖無用五石瓠，廟堂有待千尋材。誰能低眉折腰向權貴？舉動齪齪令人哀。日晚霜風動江口，當筵忽聽蛟龍吼。醉來起舞鐵如意，仰看高天燦星斗。欲別惜別難分手，為君更盡樽中酒。明日伯勞燕子東西飛，千里江雲重回首。」〔註70〕

〔11〕王之醇，字鶴書，號松筠，江蘇崑山（今屬上海市）人，著有《水生集》一卷，上海圖書館藏。

辛丑，六十年，二十九歲。

春，與朱初晴霞〔1〕、陸圃玉昆曾〔2〕、陳咸京崿〔3〕、董弘輔杏燧〔4〕、張玉田琳〔5〕起詩會齋集。小齋一月三舉，分題拈韻，即日成篇。給事王西亭先生原〔6〕遴選付梓，名《于野集》。焦南浦先生袁熹〔7〕箚云：「《于野集》，詩皆工妙，吾鄉文學之盛，其在是乎！然而執旗鼓者之首，庸捨足下莫屬也。此事似緩而實急，似輕而實重，唯賈豎婦人乃以為不若銅錢之為緊要耳，今日大病正在於此。此乃斯文關係，非細故也。不知者或以熹為戲言，是豈然哉！是豈然哉！願諸君子益復為之，即此便不是白吃了飯，作天地一蠹蟲，此義定非賈豎婦人所能知。因來札有『冷淡生活』一語，似猶以熹為不識此義，故發憤一道之。」選《唐宋八家詩》以次付梓，至雍正五年秋告竣。東坡詩先成，西亭先生勸準茅氏鹿門《文抄》〔8〕例，並及七家，因取唐韓昌黎、柳柳州；宋蘇老泉、欒城、歐陽廬陵、曾南豐、王半山全集去取成帙。冬，錫山杜太史云川詔〔9〕艤舟相訪，商刻顧梁汾先生〔10〕《彈指詞》。

〔註69〕姚培謙《元詩自攜集》，清康熙六十一年刻本。
〔註70〕沈德潛《歸愚詩抄》卷九，《沈德潛詩文集》第1冊，北京：人民文學出版社，2011，第174頁。

【注釋】

〔1〕朱霞，字耕方，一作更芳，號初晴，婁縣人，歲貢生。清雍正三年（1725），江蘇布政使鄂爾泰編《南邦黎獻集》，聘請朱霞審定。朱霞工詩文書畫，著有《鶴墅堂集》《一拂樓集》《星研齋吟草》等。其生平事蹟，《國朝畫識》《婁縣志》《松江詩徵》《清畫家詩史》等有載。姚培謙對朱霞的文學主張深以為然，其《周甲錄》雍正七年（1729）載：「白沙中表尊行，而與謙年相若，契好無間，詩文同折衷於初晴先生。」〔註71〕白沙中表，為華亭吳潛。朱霞曾任高郵訓導，後以老乞歸，培謙有《寄朱丈初晴，時司鐸高郵》詩，稱頌朱氏：「磊落襟期傲昔賢，性情陶冶託詩篇。暮雲春樹思千里，雪案螢窗共幾年。妙筆有神能越俗，靈臺無染為逃禪。一官未展平生學，且自悠悠裘社邊。」〔註72〕清康熙六十一年（1722），姚氏刻《元詩自攜》，朱霞參與審閱，卷一即題署「華亭姚廷謙平山選輯，錢塘張琳玉田、同里朱霞初晴參閱。」〔註73〕朱霞亦曾幫助培謙箋審《李義山七律會意》，事見姚培謙《周甲錄》乾隆四年（1739）載：「箋注《李義山詩集》。往年有《義山七律會意》一刻，大半出自初晴手筆，茲刻賴同學王子延之永祺相助。」〔註74〕雍正元年（1723），姚培謙刻所評注《古文研》，朱霞又參與審閱，其《前集》卷端即題署「華亭姚廷謙平山評注，同里朱霞初晴、錢唐張琳玉田參閱。」由上可知：姚、朱二人互動之頻繁。

〔2〕陸昆曾，字圃玉，號臨雲，華亭人。清康熙五十年（1711）舉人，官宿州學政。雍正朝，遊幕於廣德、武進、揚州、北京等地，曾館於王鴻緒之賜金園，助修《明史》，王鴻緒《谷口續集》載有《中秋微雨，水繪軒小集，次陸圃玉原韻二首》。陸氏工詩文，著有《臨雲樓稿》，其亦為李商隱研究專家，雍正二年（1724），曾在揚州刊行《李義山詩解》。姚培謙七絕《懷陸孝廉圃玉》中有云：「最是日長翻舊篋，無人解說孟郊詩。」〔註75〕以孟東野方之，可想見陸氏詩風。又培謙《飲臨雲書屋贈主人》詩云：「幾載相思我共君，一尊今夕肯辭醺。草堂憶昔當人日，奇字頻來問子雲。兩世交遊張範合，半生落拓阮嵇群。干霄碧樹依然在，又見階前蘭桂芬。」〔註76〕依次用了杜甫、高適交往典；揚雄「載酒問字」

〔註71〕姚培謙《周甲錄》，北京圖書館出版社 1999 年影清乾隆刻本，第 131 頁。
〔註72〕姚培謙《松桂讀書堂集》，《四庫全書存目叢書》集部：第 277 冊，第 117 頁。
〔註73〕姚培謙《元詩自攜集》，清康熙六十一年遂安堂刻本。
〔註74〕姚培謙《周甲錄》，北京圖書館出版社 1999 年影清乾隆刻本，第 139 頁。
〔註75〕姚培謙《松桂讀書堂集》，《四庫全書存目叢書》集部第 277 冊，第 125 頁。
〔註76〕姚培謙《松桂讀書堂集》，《四庫全書存目叢書》集部第 277 冊，第 121 頁。

典；範式、張劭典；阮籍、嵇康典；足見兩人知己之深。姚培謙編《元詩自攜集》，陸氏參閱，是書卷四即題署：「華亭姚廷謙平山選輯，同里徐是儆景予、陸昆曾圃玉參閱。」〔註77〕沈德潛與陸氏也有交往，其《歸愚詩抄》卷二十載《花朝飲王千里寓樓，同雲間陸圃玉》，自注「千里、圃玉，皆徹候張氏故客，是日述張氏盛衰事。」〔註78〕唱酬、出版《于野集》之雅事，清人法式善所輯《陶廬雜錄》卷三亦有記載：「《于野集》十卷，青浦王原選而序之，朱霞、姚廷謙、陸昆曾、陳嶧、董杏燧、張琳、徐是儆、姚翱、姚培枝、朱奕、何默⋯⋯所作，刻於康熙六十年。」姚廷謙即培謙，姚培枝即培謙胞兄。

〔3〕陳嶧，字咸京，號岞嵐，晚號慧香，華亭人。貢生，曾以薦充詩經館纂修分校，議敘知縣，乞歸，杜門著述，不復出，著有《祖硯堂集》《呵壁詞》，為清初陽羨詞派成員，龍榆生所編《近三百年名家詞選》中有其小傳〔註79〕，並錄其詞一首。陳嶧曾為姚培謙《覽古詩》作序。

〔4〕董杏燧，字弘輔，一作宏輔，著有《貫齋詩集》。

〔5〕張琳，字佩嘉，號玉田。本籍錢塘，徙居華亭。清康熙朝舉人，任教官，好交遊，性豪爽，曾與同里張漢颺、朱霞、張志京等結消夏詩社〔註80〕。工畫梅，全祖望《題張琳前輩萬梅圖》（題目自注：上有王靖遠詩，今藏馬氏）云：「枝南枝北無算枝，想見下筆淋漓時。花光醉倒王靖遠，筆力俯視楊補之。寒碧亭前風信動，龍城夢中美人思。《四明畫史》增遺佚，題詩為報邱郎知。」（詩末自注：張廣文之繪事，吾鄉後輩莫有知者，邱玉冊《四明畫史》亦失之）〔註81〕其生平事蹟，詳《國朝畫識》《清代畫史增編》《江蘇詩徵》卷五十八等。張琳詩宗陸游，著有《秋葉軒詩》四卷，《四庫全書總目》卷一百八十四《秋葉軒詩提要》云：「是集乃康熙丙戌其友趙炎所選定。集中近體多於古體，而七言律詩一種又多於諸體。大抵圓熟流利，篇篇如一，蓋其瓣香惟在《劍南》一集耳。」〔註82〕中國科學院圖書館藏有清康熙四十一年（1702）

〔註77〕姚培謙《元詩自攜集》，清康熙六十一年刻本。

〔註78〕潘務正、李言點校《沈德潛詩文集》，北京：人民文學出版社，2011，第1冊，第397頁。

〔註79〕龍榆生《近三百年名家詞選》，上海：上海古籍出版社，1979，第79頁。

〔註80〕王豫輯《江蘇詩徵》卷五十八，清道光元年焦山海西庵詩徵閣刻本。

〔註81〕全祖望《鮚埼亭詩集》卷五，朱鑄禹《全祖望集匯校集注》，上海：上海古籍出版社，2000，第2164頁。

〔註82〕永瑢《欽定四庫全書總目》（整理本），北京：中華書局，1997，第2572頁。

刻本《秋葉軒詩》。姚培謙作有《讀皮陸張處士詩，憶亡友張玉田》詩二首，
其二云：「平生嗜好逐煙霞，不戀西湖是舊家（詩中自注：玉田本籍錢唐）。綠
酒醉餘常獨醒，黃金揮盡豈為奢。一編塵架殘秋葉（詩中自注：著有《秋葉軒
集》），六尺荒墳對落花。自古詩人元少達，長天搔首不勝嗟。」〔註83〕清雍
正元年（1723）刻本，姚培謙所評注《古文斫》，《前集》卷端題署「華亭姚廷
謙平山評注，同里朱霞初晴、錢唐張麟玉田參閱」。「麟」為「琳」之訛。雍正
四年（1726），姚氏輯《元詩自攜集》時，亦得張琳襄助，既有總體研討，如
《發凡》中所云：「是集手抄時，與玉田張子、家孟宅安心求霱扶，丹黃各歷
數次，仍細加評騭。」〔註84〕也有單章之審閱，是書卷一即題署：「華亭姚廷
謙平山選輯，錢塘張琳玉田、同里朱霞初晴參閱。」

〔6〕王原（1646～1729），字仲深，一字令詒，號西亭，青浦人。清康熙二十七年
　　（1688）進士，康熙四十一年（1702）授工科給事中，嘗從徐乾學修《一統
　　志》。王原受業於陸隴其、湯斌等理學名家，精研名理，宗奉濂洛之學，著有
　　《學庵類稿》《西亭文抄》《學庸正偽》《論孟釋義》《春秋咫聞》等，生平事蹟
　　詳王昶《春融堂集》卷六十四《王原傳》。王原所編《于野集》七卷，刻於康
　　熙五十九年（1720），乃姚培謙、朱霞等三十二人唱和之作，書名「於野」，取
　　《易經》「同人於野」之義。姚培謙作有《過青浦，柬王給諫西亭先生》七律，
　　詩云：「向晚滄江宅外過，春帆細雨奈愁何。直聲西掖封章在，歸計南山種豆
　　多。當日問奇曾往復，茲晨載酒竟蹉跎。欲知不斷相思意，碧草如煙水綠波。」
　　〔註85〕姚培謙編選唐宋八家詩，即為王原之建議，其《唐宋八家詩‧例言》
　　有交代：「往余有《東坡分體詩抄》一刻，給事王西亭先生見之，寓書勸余準
　　毛（案：應為茅）氏《文抄》之例並及諸家。暇日因各摭全集遴選付梓，遵前
　　輩之教也。」〔註86〕可見培謙對王氏相當敬重。姚培謙箋注《李義山詩集》，
　　亦請王原審閱。

〔7〕焦袁熹（1661～1736），字廣期，號南浦，華亭人，清康熙三十五年（1696）舉
　　人，清初名儒，《清史列傳》卷六十七《儒林傳》稱其「穿穴經傳與諸經注疏，
　　皆有筆記。其說《易》，專主義理；說《禮》，推言《禮》意；而於《春秋》尤

〔註83〕姚培謙《松桂讀書堂集》，《四庫全書存目叢書》集部：第 277 冊，第 120 頁。
〔註84〕姚培謙《元詩自攜集》卷首，清康熙六十一年遂安堂刻本。
〔註85〕姚培謙《松桂讀書堂集》，《四庫全書存目叢書》集部：第 277 冊，第 116 頁。
〔註86〕姚培謙《唐宋八家詩》卷首，清雍正五年遂安堂刻本。

邃，著《春秋闕如編》八卷。……袁熹獨酌情理之平，立褒貶之準，謹持大義，刊削煩苛。……尤大義凜然，非陋儒所及。……性至孝，事親著書，不求聞達。鄉薦後，自以非用世才，遂不會試。五十二年，李光地、王頊齡俱以實學通經薦，以親老固辭。後銓授山陽教諭，仍乞終養，不赴。生平心師陸隴其，不名不字，而不走其門。……雍正十三年卒，年七十六。」門人私諡「孝文」，著有《此木軒文集》十卷、《此木軒直寄詞》二卷，焦袁熹「詩亦孑孑獨造，不儕流俗。」〔註87〕中國國家圖書館藏焦以恕編《焦南浦先生年譜》，為清光緒二十三年（1897）雲間木活字本，首附焦袁熹小像一幅。以恕，字心如，袁熹第四子，諸生，承家學，中年後肆力《儀禮》，有《儀禮匯說》十七卷、《經說彙編》六卷。焦袁熹對培謙極為賞識，清康熙六十一年（1722），又札寄培謙云：「足下所刻《于野集》《房書考卷》並《分體東坡詩》，披尋數日，未能遂窺突奧。《於野》諸君子鼓吹風雅，鏦洋金石，豈直吾鄉盛事，抑將使海內人士望之若景星卿雲。謂此為不急之務者，非知言也。已於前札中道之矣。《房書考卷》所收皆清卓一種，甚有益於初學，恨其太少耳。」〔註88〕姚培謙於清雍正十一年（1733）無辜繫獄，焦袁熹以詩相慰，詩云：「人間定可哀，此事復何來。杯盞成蛇影，文章豈雉媒。飲爻占悔吝，遁甲向驚開。聽取枝頭說，饎羊未是災。」〔註89〕姚培謙則作《焦孝廉南浦先生以詩相慰卻寄》相謝，詩云：「風動高枝鵲噪清，驪珠忽捧眼增明。廿年不到滄江上，一葦空思載酒行。秋雨芙蓉頻下淚，嚴霜鴻雁不成聲。自聞長者從容語，寵辱尋常底用驚。」〔註90〕姚培謙無端遭誣陷，別人避之，唯恐不及，焦袁熹貽書相慰，令其感動。清乾隆二十七年（1762），姚培謙、王永祺、金耐亭校刻焦袁熹《讀學庸論語注疏》，事見《甲餘錄》乾隆二十七年（1762）載。

〔8〕茅坤（1512～1601），字順甫，號鹿門，歸安（今屬浙江吳興）人，明嘉靖十七年（1538）進士，明代散文「唐宋派」的代表人物，編有《唐宋八大家文鈔》，風靡一時，影響至今，著有《茅鹿門集》。

〔9〕杜詔（1666～1736），字紫綸，號雲川，亦號蓉湖詞隱，學者稱半樓先生，無錫人。少從嚴繩孫、顧貞觀遊，得其指授，工填詞。清康熙五十一年（1712）

〔註87〕沈德潛《清詩別裁集》，上海：上海古籍出版社，1984，第716頁。

〔註88〕姚培謙《周甲錄》，北京圖書館出版社1999年據乾隆刻本影印，第124～125頁。

〔註89〕姚培謙《周甲錄》，北京圖書館出版社1999年據乾隆刻本影印，第135頁。

〔註90〕姚培謙《松桂讀書堂集》，《四庫全書存目叢書》集部：第277冊，第120頁。

進士，改庶吉士。雍正十三年（1735），薦舉博學鴻詞，不就。性嗜山水，喜獎掖後進，晚年與道士榮漣、釋天鈞結九龍三逸社〔註91〕，有東林遺風。著有《雲川閣集》《蓉湖漁笛譜》，傳詳《清史列傳》卷七十一《文苑傳》。杜詔「論詩專主性靈，緣情綺靡，出入溫、李（案：即溫庭筠、李商隱）之間。嘗選《唐詩叩彈集》十二卷、《續集》三卷，皆中晚之作，故生平得力亦在大曆以後。詞格近草窗（案：即吳文英）、玉田（案：即張炎）。……古文得廬陵（案：即歐陽修）神髓。」〔註92〕杜氏與培謙以詩文交，彼此敬重。清雍正二年（1724）夏四月，杜詔敘《彈指詞》云：「華亭姚子平山於書無所不窺，平時採擷詩文甚夥。偶與予論次當代詞人，予以梁汾師所著《彈指詞》示之，因重加校刊行世。……今平山之服膺《彈指》不減於予，因屬予序而傳之。夫予固窮且老矣，何足以傳吾師，而能大其傳者，庶幾其在平山也哉！」〔註93〕而早在清康熙六十年（1721），姚培謙刻所著《自知集》，即拜請杜詔賜序，杜氏云：「吾友姚子平山以名家子沉潛嗜古，年富而才麗，學博而志專。庚寅仲冬偶遇雲間，下塌於其北垞別墅，因出所著近詩《自知集》若干卷，殷勤商榷，且屬序之。」「庚寅」為清康熙四十九年（1710），應為「壬寅」（1721）之誤〔註94〕。姚氏《自知集》刻於清雍正二年（1724），事見《周甲錄》是年所載：「刻近詩《自知集》，適雲川來，選定並作序。」〔註95〕雍正二年（1724）春，杜詔「過茸城，信宿平山之北垞。因出所著近詩曰《自知集》若干卷，屬予點次，而並為之序。……有明前後七子軒然，自號成家，炼世烜俗，正錢虞山所謂『聚聲導聾，言之不慚；問影循聲，承而滋繆。』揆厥所由，皆不自知之故耳。今吾平山以名家子，年富而才嚴，特妙集中諸詩可見一斑。其所至固足以雄示今人而有餘，然一章之成、一字之下，反覆沉吟，常焰然不自足。其以《自知》名集，蓋深有得乎少陵家法矣。予何以測平山所詣也哉。」

〔註91〕沈德潛《為杜雲川太史題九峰三逸圖》（題注：一道士榮漣，一僧妙復，連雲川為三）：云「鳳鳥虞廷歸，蕭然侶海鶴。雅慕方外蹤，淨心脫纏縛。考玄挦陵陽，談空契無著。道合情豈疏，形超理不隔。至樂難強名，林臥忘所適。緬爾出世風，展圖知寄託。想像九龍山，松雲靄綿邈。」（沈德潛《竹嘯軒詩抄》卷十五，《沈德潛詩文集》第 2 冊，北京：人民文學出版社 2011，第 837 頁）。

〔註92〕王鍾翰點校《清史列傳》，北京：中華書局，1990，第 5826 頁。

〔註93〕顧貞觀《顧梁汾先生詩詞集》，臺北：廣文書局，1970，第 147～148 頁。

〔註94〕杜怡順《上海清代中前期著述研究》，復旦大學 2012 屆博士論文，第 202 頁引。

〔註95〕姚培謙《周甲錄》，北京圖書館出版社 1999 年據乾隆刻本影印，第 126 頁。

（《自知集序》）〔註96〕杜詔《贈姚徵士平山三首》（存一）云：「子豈蓬蒿士，功名未是遲。傷心緣喪母，挾策肯逢時。要路憑誰據，孤吟只自知（詩中自注：著有《自知集》）。素衣曾不染，為賦白華詩。」〔註97〕清康熙六十一年（1722），杜詔過華亭，宿姚培謙之遂安堂，應姚氏之請和其三十自壽詩，杜詔有《姚平山留宿遂安堂，次韻奉酬令兄心求暨朱耕方、董弘輔、張玉田、徐景予諸君見和之作》云：「半生空染素衣塵，歸隱多慚賀季真。每到貧來思作客，劇憐老去怕依人。夜闌擁絮寒尤重，兩隙窺簾月又新。才子雲間驚絕豔，況教三十少年春（詩末自注：平山時以三十自壽詩索和）。」〔註98〕姚培謙有《錫山杜太史雲川過訪贈詩依韻奉答》二首，其一云：「素心那肯混浮塵，風雨相期意最真。何日忘之能顧我，深慚壯也不如人。寒催冰雪回舟懶，晴獻溪山發興新。濁酒尚能為地主，未須遠憶玉堂春。」其二云：「敢向青雲步後塵，聊從吐屬見清真。天教水色山光秀，總付班香宋豔人。不獨懸書千遍讀，曾參疑義幾番新。留賓卻喜連宵雨，斗室居然日日春。」〔註99〕

〔10〕顧貞觀（1637～1714），字遠平，號梁汾，無錫人。明末東林黨領袖顧憲成四世孫。清康熙五年（1666）舉人，擢秘書院典籍。曾館於明珠家，與納蘭性德交契。顧貞觀工詩文，詞名尤著，著有《彈指詞》《積書岩集》等。與陳維崧、朱彝尊為江南詞壇三大家，又與納蘭性德、曹貞吉並稱「京華三絕」。

壬寅，六十一年，三十歲。

批選《左》《國》《史》《漢》《文》〔1〕，至冬告竣，相國高安朱公軾〔2〕作敘。秋，錫山鄒泰和學士升恒〔3〕攜其所著文就謙商榷。歸後，復以靖海勵滋大太史宗萬〔4〕四書時藝屬選。買倪園故址〔5〕，築北垞。園為朱氏世業，相傳前明董思翁〔6〕、陳眉公〔7〕皆曾居此。一切水石咸二公布置，後歸潘姓。榛莽坵毀，重加修葺，頗費經營。每於夏秋二季，與二三知己，樽酒論文其中。冬，從坊人請，選歷科小題房書〔8〕，名《豹斑》，以天蓋樓〔9〕選本為宗，亦得陳先生之助。南浦先生與書曰：「足下所刻《于野集》《房書考卷》並《分體東坡

〔註96〕姚培謙《松桂讀書堂集》，《四庫全書存目叢書》集部：第277冊，第61頁。

〔註97〕杜詔《雲川閣集》，《清代詩文集彙編》第218冊，影雍正九年刻本，第641頁。

〔註98〕杜詔《雲川閣集》，《清代詩文集彙編》第218冊，影雍正九年刻本，第588頁。

〔註99〕姚培謙《松桂讀書堂集》，《四庫全書存目叢書》集部：第277冊，第115頁。

詩》，披尋數日，未能遂窺突奧〔10〕。《於野》諸君子鼓吹風雅，鏘洋金石，豈直吾鄉盛事，抑將使海內人士望之若景星卿雲。謂此為不急之務者，非知言也。已於前札中道之矣。《房書考卷》所收皆清卓一種，甚有益於初學，恨其太少耳。」同四兄心求選《六科小題》房書，自己亥至辛丑。

【注釋】

〔1〕案：《左》《國》《史》《漢》《文》，即《左傳》《國語》《史記》《漢書》《文選》。

〔2〕朱軾（1665～1736），字若瞻，一字伯蘇，號可亭，江西高安人。清康熙三十二年（1693），舉鄉試第一。康熙三十三年（1694）進士，改庶吉士，散館，授湖北潛江知縣。康熙四十八年（1709），任陝西學政。康熙五十二年（1713），擢光祿寺少卿。康熙六十一年（1722），乞假歸鄉。清世宗即位，詣京師，充《聖祖實錄》總裁。清雍正元年（1723），入值南書房。雍正二年（1724），兼吏部尚書。乾隆元年（1736），充《世宗實錄》總裁。同年九月，病卒。朱氏為官清正剛直，有政聲，贈太傅，謚文端，乾隆帝御賜「帝師元老」稱號，生平詳《清史稿·朱軾傳》。

〔3〕鄒升恒，字泰和，號慎齋，無錫人。清康熙五十七年（1718）進士，散館授編修，官至侍講學士，著有《借柳軒詩集》，《詞林輯略》卷二有載。《周甲錄》雍正三年（1725）載：「秋，於居室左偏葺書屋數椽，庭中有松有桂，泰和學士題額曰：松桂讀書堂。」〔註100〕黃達有《呈梁溪鄒學士座主》贊云：「梁溪夫子舊清華，年老懸車樂未涯。內苑夜歸曾撤燭，禁庭朝謁亦籠紗。文章手筆推燕國，書畫船篷識米家。不分忝居門下士，春風杖履共看花。」〔註101〕

〔4〕勵宗萬（1705～1759），字滋大，號衣園，又號竹溪，直隸靜海（今屬天津市）人。清康熙六十年（1721）進士，年方十七，歷官刑部侍郎。工書畫，與松江張照齊名，稱「南張北勵」。

〔5〕倪園，為明人倪邦彥所築私園，故名，園位於松江城北門外，即今茸北鎮一帶。清嘉慶《松江府志》載：「邦彥自石莙裏，遷都之北郊，累石鑿池。其孫百朋猶居之。」倪園以山池為勝，並借郊野之風光，為一時名勝。清康熙六十一年（1722），園歸姚培謙，改稱「北垞」。乾隆年間，又為太學生江南巨富沈虞揚所有，改稱「古倪園」。太平天國時，毀於戰火。

〔註100〕姚培謙《周甲錄》，北京圖書館出版社 1999 年據乾隆刻本影印，第 127 頁。
〔註101〕黃達《一樓集》卷五，北京出版社 1997 年影印本，第 618 頁。

〔6〕董其昌（1555～1636），明代著名書畫家，字玄宰，號思白，亦號思翁，華亭人。明萬曆七年（1589）進士，歷任編修、湖廣副使、太常寺卿、禮部侍郎、南京禮部尚書等職，天啟六年（1626）辭官歸鄉，著有《畫禪室隨筆》《容臺集》《畫旨》《畫眼》等，卒諡文敏，世稱董文敏。

〔7〕陳繼儒（1558～1639），明代文學家、畫家，字仲醇，號眉公，華亭人。諸生，二十九歲即隱居，工詩書文兼能繪事，尤擅長墨梅、山水畫，倡導文人畫，主張書畫畫同源，有《梅花冊》《雲山卷》傳世，著有《陳眉公全集》《小窗幽記》等。

〔8〕房書，即明清進士平日所作的八股文選集，清人戴名世云：「新進士平居之文章，書賈購得之，悉以致於選家為抉擇之，而付之雕刻，以行於世，謂之房書。」

〔9〕天蓋樓，為明末清初著名學者呂留良藏書、刻書、售書之所，所刻以精善著稱於世。

〔10〕突奧，屋東南角謂之突，西南角謂之奧，常用來比喻隱暗之處，或事物奧秘所在。《漢書・敘傳上》云：「守突奧之熒燭，未仰天庭而睹白日也。」

癸卯，雍正元年，三十一歲。

批選《唐宋八家文》，七月告竣。夏，學寫梅花於童素文錦〔1〕。選《明文小題筏》。

【注釋】

〔1〕童錦，字天孫，一字素文，華亭人，童愷之子。工畫，尤善畫花鳥和墨梅。

甲辰，二年，三十二歲。

春，富陽董君孚臣邦達〔1〕過訪，下榻寒齋。李君坤四宗潮〔2〕與董君同年選拔，招遊細林山，舟中相對，董君善風鑒，向謙諦視，曰：「君相若多須，則前程必遠大。」去後復有書來，謙作書報之曰：「敬聞命矣」，並繫以詩，末句云：「他時重把臂，面目得無差。」今董已官至侍郎，而謙霜雪盈腮，猶然故吾。相國三韓高公其位〔3〕屬批閱《考古類編》，數月而訖。選元人七絕，亦名《自攜》。刻近詩《自知集》，適雲川來，選定並作序。十月初二日，葬先父於金山縣五保位字圩之胥浦鄉。即墓之西，築丙舍數十椽，顏曰：白雲莊。十二月，武陵柴胥山世堂〔4〕來訪。攜其尊人虎臣先生〔5〕文集，屬批選。臨別贈句云：「文章海內空儔偶，聲氣雲間獨主持。」謙滋愧焉。閱校閩中闈卷，張大司寇草云照〔6〕所屬也。

【注釋】

〔1〕董邦達（1699～1774），字孚臣，一字孚聞，號東山，浙江富陽人，清雍正十一年（1733）進士，乾隆二年（1737）散館，授編修，歷官禮部尚書、都察院左都御史，工書畫，與董源、董其昌並稱「三董」，卒諡文恪。

〔2〕李宗潮，字坤四，號蕉窗，秀水（今浙江嘉興）人，清乾隆元年（1736）舉人，舉鴻博未中，嘗官廣西灌陽知縣，雲間黃達有《寄送李坤四赴灌陽任》詩云：「漢代零陵今灌陽，縣城流水入清湘。看君鼓棹天南去，萬里蠻煙弔粵王。」〔註102〕坤四著有《秦蜀遊草》《二守齋詩鈔》等。坤四善歌，黃達有詩可證，其《哭友絕句三十首》之《李坤四宗潮》云：「才情倜儻志飛揚，籠鶴囊琴赴灌陽。棧道秋風歸不得，幾回顧曲失周郎。」（詩中小字注：「君善歌」）〔註103〕又《張西圃招集鏡漣檻醉賦》中云：「中有客善歌，聲清變徵羽（詩中小字注：「李坤四善歌」）。和者按節求，學語比鸚鵡。同是高陽徒，歡情狎賓客。」〔註104〕

〔3〕高其位，字宜之，號蘊園，遼寧鐵嶺人，父天爵，本漢軍鑲白旗，因軍功，雍正帝賜改漢軍鑲黃旗。清康熙十二年（1673），隨軍征討吳三桂，駐防襄陽。康熙四十年（1701），任襄陽總兵。康熙五十二年（1713），擢湖廣江南提督，署兩江總督。雍正三年（1725），授文淵閣大學士，兼禮部尚書，加太子少傅。雍正五年（1727）卒，諡文恪，入祀賢良祠，著有《蘊園遺詩》。高其位賞識姚培謙品學，據《周甲錄》雍正六年（1728）載：「高相國還朝招謙為西賓，自揣學淺，不足為人師，兼正在廬居，遂薦同學曹諤廷一士以往。」〔註105〕姚培謙有《高相國蘊園先生貽雙鶴》詩云：「敢忘乘軒寵，蕭閒性所欣。林園雖鎩羽，意氣尚凌雲。相國移籠贈，荒池靜影分。清霄一聲唳，應憶九皋群。」〔註106〕

〔4〕柴世堂，字陞升，浙江仁和（今屬杭州）人，清雍正元年（1723），舉孝廉方正，著有《胥山詩鈔》。與陳琰、柴升、吳朝鼎合刻《浙西四子詩鈔》，參修《寧波

〔註102〕黃達《一樓集》卷八，北京出版社1997年影印本，第645頁。
〔註103〕黃達《一樓集》卷十，北京出版社1997年影印本，第664頁。案：《哭友絕句三十首》有序云「余《懷人絕句》詩，平昔知交略存梗概。其餘半登鬼錄矣。名位顯赫者，不待揚扢。至若懷才勿遇、抑鬱以死與夫既遇於時，而壽命不永，又得三十人，每人各繫以絕句，用志悲悼云。」（同上，第663頁。）
〔註104〕黃達《一樓集》卷四，北京出版社1997年影印本，第599頁。
〔註105〕姚培謙《周甲錄》，北京圖書館出版社1999年影印本，第129頁。
〔註106〕姚培謙《松桂讀書堂集》，《四庫全書存目叢書》集部：第277冊，第102頁。

府志》。

〔5〕柴紹炳（1616～1670），字虎臣，號省軒，工詩文，「西泠十子」之一，而名聲
最著。清康熙八年（1669），詔舉山林隱逸之士，巡撫范承謨薦之，力辭不就，
著有《省軒文鈔》《省軒詩鈔》《白石軒雜稿》《考古類編》等。

〔6〕張照（1691～1744），字得天，號涇南，婁縣（今屬上海）人，清康熙四十八年
（1709）進士，改庶吉士。雍正十一年（1733），授刑部尚書。乾隆七年（1742），
官刑部尚書。乾隆九年（1744）十二月，奔喪至徐州卒，贈太子太保，諡文敏，
有《古香亭稿》《得天居士集》等。張照擅長書法，精通佛典，嫻音律、作曲，
深受朝廷倚重。

乙巳，三年，三十三歲。

輯《男女姓譜》，與張子含光鋒〔1〕彙集諸書考訂。秋，於居室左偏葺書
屋數椽，庭中有松有桂，泰和學士題額曰：松桂讀書堂。落成時，適鵝水曹六
圃庭棟〔2〕過訪，為大書「真率齋」銘，以榜客位。六圃深於古學，著述不倦，
人與文俱高。雖希闊聚首，而郵筒往來，商榷今古，時得其益焉。

【注釋】

〔1〕張鋒，字含光，諸生，華亭人，《江蘇詩徵》卷五十八有載。姚培謙作有《張子
含光以詠騷詩索序，戲題》二首，其一云：「怪底文園多病身，詠騷筆力健無倫。
宮商是處成淫濫，卻向新篇見古人。」其二云：「問余憔悴近何如？悔讀《離騷》
失意書。羨子閒閒十畝外，滋蘭樹蕙學三閭。」〔註107〕《江蘇詩徵》卷五十
二收錄有王永祺《寄張含光》詩，云：「吾愛張夫子，清風溢素襟。秋來一片月，
相憶幾回吟。秔稻登場熟，芙蓉繞屋樑。田園足幽勝，底用羨華簪。」曹庭棟
有《題張含光環洲圖小照》詩二首，稱讚張鋒「腹有詩書老不衰」〔註108〕。

〔2〕曹庭棟（1699～1785），字楷人，號六圃，又號慈山居士，諸生，浙江嘉善人，
著有《產鶴亭詩集》，編有宋詩選本《宋百家詩存》。曹氏與姚培謙相識甚早，
其自撰年譜《永宇溪莊識略》康熙五十七年（1718）載：「同妻弟檢亭過陸清獻
公三魚堂，晤公長子直方，叩所藏遺著，出雜錄一冊，檢亭欲付梓，商所以名
是書，余擬以《三魚堂勝言》。遲數年，託雲間姚鱸香校刻之。」姚鱸香即培謙。
檢亭，為陳濟其字。

〔註107〕姚培謙《松桂讀書堂集》，《四庫全書存目叢書》集部：第 277 冊，第 130 頁。
〔註108〕曹庭棟《產鶴亭詩五稿》，《四庫全書存目叢書》集部：第 282 冊，第 222 頁。

－48－

丙午，四年，三十四歲。

　　校刻顧見山先生大申〔1〕《堪齋詩存》。先生前輩宗匠，歷官副使。經史子集俱有手錄定本。更精八法〔2〕，片紙貴重。文孫綏成思孝〔3〕行完而學富，與謙友善。子光裕年十三便能吟詩作畫，不意一月之內，父子俱物故，僅存一妾一女，家藏古玩字畫散失殆盡。是集印不滿百部，板本不可問矣，念之慨然。

【注釋】

〔1〕顧大申，本名鏞，字震雉，號見山，又號堪齋，華亭人。清順治九年（1652）
　　進士，授工部主事。順治十四年（1657），分司夏鎮河道，曾捐俸創設兩湖書院。
　　順治十八年（1661），因奏銷案牽連，遷順天府通判，後丁憂歸里，服滿，詔復
　　其官。清康熙二年（1663），參修《松江府志》。康熙十二年（1673），任陝西洮
　　岷道僉事，卒於任。顧大申為水利專家，工詩文，善畫山水，有《堪齋詩存》
　　八卷、《詩原》二十五卷。

〔2〕案：八法，本指楷書的八種基本筆勢「側、勒、弩、趯、策、掠、啄、磔」，即
　　俗傳為晉人王羲之所創的「永字八法」，後為書法的代稱。

〔3〕顧思孝，字綏成，大申曾孫，華亭人，與姚培謙交契，據《周甲錄》雍正十
　　年（1732）載：「讀酈道元《水經注》，此書多偽字。得吳綏眉先生校閱全部，
　　又於綏成處得伊祖見山先生批閱本。讀之，幾忘寒暑。終亦不能一一記憶。」
　　〔註109〕培謙有《顧大綏成招飲花前，余以他往，不赴，有詩和答》二首。其
　　一中云：「博得新詩數篇在，終朝倚枕自微吟。」其二云：「每向花前惜寸陰，
　　況逢勝侶倍情深。感生潘鬢雖非昔，比盡紅兒豈似今。綠酒難邀春去路，彩
　　雲偏繫夢迴心。新詩莫向欄邊奏，銷損芳魂在一吟。」〔註110〕又《甲餘錄》
　　乾隆二十三年（1758）載：「陸明經岳祥芝浙遊歸，得敷文院長傅探花玉笥王
　　露先生詩信。余與玉笥訂交三十餘年，憶昔來遊雲間，會於廖明府浩前賡軒
　　半村園中。朱學博初晴霞、陳徵君慧香崿、徐明經今吾是傲、董上舍宏輔杏
　　燧、陸孝廉圃玉昆曾、顧上舍綏成思孝、家四兄坳堂培衷，暨錫山杜太史云
　　川詔、竟陵唐庶常赤子建中、泰興沈孝廉興之默、錢唐張高士玉田琳相與論
　　文，酌酒曜靈，匽景繼以華燈，極友朋之樂。曾幾何時，半村園已為雪中鴻
　　爪，諸公亦相繼下世，惟玉笥與余尚在。」姚培謙編《元詩自攜集》時，顧氏

〔註109〕姚培謙《周甲錄》，北京：北京圖書館出版社1999年據乾隆刻本影印本，第
　　132～133頁。
〔註110〕姚培謙《松桂讀書堂集》，《四庫全書存目叢書》集部：第277冊，第116頁。

參閱，是書卷八即題署：「華亭姚廷謙平山選輯，甬上蔣拭之季眉、同里顧思孝綏成參閱。」〔註111〕

丁未，五年，三十五歲。

九月十八日，遭先母張孺人變。遺田七百餘畝及金珠衣飾等物，謙不願分受，先兄強之再四，取字畫及玩物數種。非謙之矯情，見兄兒女多，而謙止一子〔1〕也。

【注釋】

〔1〕案：此子，即妾呂氏所生鐘鳴。

戊申，六年，三十六歲。

春，今相國海寧陳公世倌〔1〕督理水利南來，以節抄前明呂司寇〔2〕《呻吟語》屬訂付梓。高相國還朝，招謙為西賓〔3〕，自揣學淺，不足為人師，兼正在盧居〔4〕，遂薦同學曹諤廷一士〔5〕以往。曹以選拔入都，北闈中式，庚戌成進士，入翰林，官至給事。竟陵唐太史赤子建中〔6〕攜近作《梅花詩》索序，假館北垞，匝月而別。督學鄧公鍾岳〔7〕保舉行憂謟部。坊人請選三科墨卷，四兄心求主其事，謙列名焉。自癸卯開科起，至丁未止。十月二十二日，祔葬先母張孺人於位字圩。

【注釋】

〔1〕陳世倌（1680～1758），字秉之，號蓮宇，浙江海寧人。清康熙四十二年（1703）進士，選庶吉士，散館，授編修。清雍正二年（1724），官山東巡撫。雍正十三年（1735），遷工部尚書。乾隆六年（1741），授文淵閣大學士。乾隆十年（1745），加太子太保。乾隆十五年（1750），授禮部尚書。乾隆二十二年（1757），乞歸，加太子太傅。次年卒，諡文勤。著有《閨範類篇》《建中錄》《學辯質疑》《宋十賢傳》《嘉惠堂集》等。陳世倌與姚培謙相知多年，乾隆十九年（1754），陳世倌序姚培和《敦信堂詩集》云：「余昔有事吳閶，羈留久之。雲間姚君平山開相過訪，得悉其群從昆季皆博雅能詩，人人有集以行世。」〔註112〕

〔2〕呂坤（1536～1618），字叔簡，一字心吾（或作新吾），自號抱獨居士，歸德府寧陵（今屬河南商丘）人，文學家、思想家、政治家，為政清廉，與沈鯉、郭

〔註111〕姚培謙《元詩自攜集》，清康熙六十一年刻本。
〔註112〕姚培和《敦信堂詩集》卷首《陳世倌序》，清乾隆二十七年刻本。

正域被譽為明代萬曆年間「三大賢」，著有《呻吟語》《實政錄》《夜氣銘》《招良心詩》等。

〔3〕案：因舊時賓位在西，故稱「西賓」，常用於對塾師或幕僚的敬稱。唐人柳宗元《重贈劉連州》詩云：「若道柳家無子弟，往年何事乞西賓。」

〔4〕案：廬居，即廬墓，在墓旁結廬（即建簡易房子）服喪，這裡指姚培謙為母親張孺人服喪。

〔5〕曹一士（1678～1736），字諤廷，號濟寰，青浦人，清雍正四年（1726）舉順天鄉試。雍正八年（1730）進士，改庶吉士。雍正十一年（1733）散館，授編修，充《一統志》纂修官。雍正十三年（1735），任山東道監察御史，著有《四焉齋文集》八卷、《四焉齋詩集》六卷。《四焉齋文集》於乾隆十五年（1750）由其子誕文編刻成書。諤廷父泰曾，清康熙十七年（1678）舉人，曾任福建莆田知縣，贈工科給事中，傳詳全祖望《鮚埼亭集》卷二十五《工科給事中前翰林院編修濟寰曹公行狀》。沈德潛《清詩別裁集》小傳稱：「諤廷諸生時，名滿大江南北，既為黃門，所條封事，皆去積弊培元氣，有利國家者，藝林吐氣，賴有斯人，奏疏可覆按也。詩亦不肯隨俗，時露奇警。」〔註113〕又沈德潛撰《四焉齋詩集序》評之云：「黃門曹濟寰先生，不以詩自鳴者也。窺其胸中抱負，靜而淵涵，觸而抒寫，有蘊蓄於未言之先，洞達於方言之時，遊演於既言之後者，以故無意為詩，而不能不見諸詩；無意求工，而不能不出於工。今讀其擬古詠史，出門辭親，敷陳經濟之作，俯仰古今，目空四海，才高而心抑，氣雄而慮沉，小足以淑一身，大足以經邦國，近足以通幽明，遠足以垂天下後世，洵乎有得於詩人之教，而豈斷斷焉較量於三唐兩宋元明之升降也耶？憶三十年前，予與先生常會和於暨陽、金陵間，樽酒談讌，先生酒酣耳熱，歌呼起舞，謂他日擔圭爵，立朝右，我輩當言天下不敢言之言，為天下不肯為之事，眾賓聞之，相視而嘻。後予晚而始遇，抽身早歸，無所建白，深用自慚。而先生官侍御，遷黃門，侃侃棱棱，不愧牽裾補袞之節。追念昔言，允能履蹈，宜其見之詩者，不欲小於自待。而惟求工於一章一句之間也。」〔註114〕評價極高。姚培謙編輯《元詩自攜集》時，曹氏審閱卷二，該書卷二即題署「華亭姚廷謙平山選輯，平湖陸奎勳聚緱、上海曹一士

〔註113〕沈德潛《清詩別裁集》，上海：上海古籍出版社，1984，第1120頁。
〔註114〕潘務正、李言校點《沈德潛詩文集》，北京：人民文學出版社，2011，第4冊，第2009～2010頁。

諤廷參閱。」〔註115〕

〔6〕唐建中，字赤子，號南軒，湖北竟陵人，清康熙五十二年（1713）進士，授翰林院編修。《詞林輯略》作：「字志子，號南軒，又號怍人。」〔註116〕建中好友姚培謙、全祖望等，俱載作「赤子」，「志子」疑誤。杜詔《二月四日，唐次衣前輩暨令弟敷時、程友聲午橋、王植初昆田、吳次候置酒李氏園，適沈厚餘、唐赤子、陸圃玉、汪鳴韶偕過，因用放翁『醉中感懷』韻二首》〔註117〕、《花朝雨後，與沈厚餘、唐赤子、劉恒叔召集廣陵諸名流於李氏園，以少陵『東閣官梅動詩興』一詩分韻得客字》〔註118〕，亦皆作「赤子」。關於《周甲錄》雍正六年（1728）所載「竟陵唐太史赤子建中攜近作《梅花詩》索序。假館北垞，匝月而別」〔註119〕事，姚培謙《松桂讀書堂集》所載《楚中唐太史南軒攜梅花近詠過訪索序留宿草堂》亦言及，詩中推許赤子為「三楚文章伯」，兩人則「神交從舊雨，留宿正春寒。濁酒開懷飲，梅花剪燭看。塵談聽疊疊，更漏不知殘。」〔註120〕姚培謙另有《得唐太史南軒手書，卻寄》四首，其一云：「遙空忽聽遠鴻音，尺素攜來抵萬金。天末已知良友況，行間尤見古人心。」其二云：「望重蝸頭鬢已斑，不妨詩酒慰蹉跎。午橋煙月佳無限，何似風光上苑多。」其三云：「儒生何計換頭銜，輾轉秋風逐片帆。一枕邯鄲不成夢，丹楓影裏舊青衫。」其四云：「身世安排任碧翁，梟廬拋擲幻何窮。遙知道眼看塵界，日坐妖風魔雨中（詩中小字注：來札有曰「坐妖風魔雨中」語）。」〔註121〕可見二人知己之深。唐建中與全祖望亦交契，唐氏卒，全祖望作《哭唐著作丈赤子》詩云：「鳳泊鸞漂後，行蹤類賈胡。浮生長偃仰，百事總荒蕪。老竟成羈鬼，居空卜左徒。故人寢門哭，能到夜臺無。」〔註122〕

〔7〕鄧鍾岳（1674～1748），字東長，號悔廬，《詞林輯略》卷二「康熙辛丑科」作

〔註115〕姚培謙《元詩自攜集》，清康熙六十一年刻本。

〔註116〕朱汝珍《詞林輯略》，臺北：明文書局，1985，第100頁。

〔註117〕杜詔《雲川閣集》，《清代詩文集彙編》第218冊，影雍正九年刻本，第589頁。

〔註118〕杜詔《雲川閣集》，《清代詩文集彙編》第218冊，影雍正九年刻本，第590頁。

〔註119〕姚培謙《周甲錄》，北京圖書館出版社1999年影印本，第129～130頁。

〔註120〕姚培謙《松桂讀書堂集》，《四庫全書存目叢書》集部：第277冊，第104頁。

〔註121〕姚培謙《松桂讀書堂集》，《四庫全書存目叢書》集部：第277冊，第127頁。

〔註122〕全祖望《鮚埼亭詩集》卷四，朱鑄禹《全祖望集匯校集注》，上海：上海古籍出版社2000，第2126頁。

「晦廬」，東昌（今屬山東聊城）人，基哲子。清康熙四十七年（1708）舉人，康熙六十年（1721）狀元及第。雍正元年（1723）充江南副考官，以母喪歸。雍正四年（1726），主江蘇學政。《沈歸愚自訂年譜》雍正五年（1727）載：「八月，歲試二等一名，學使者殿撰學士東昌鄧公諱鍾岳，後與予同官左右禮侍，凡二年。」〔註123〕又同書雍正七年（1729）載「冬月，學使鄧公招往江陰，欲薦予大憂，謂可得縣令。自忖無作外吏才，辭之。」〔註124〕雍正七年（1729），鄧遷內閣學士兼禮部侍郎。雍正十一年（1733），任禮部侍郎，充《一統志》總裁。乾隆年間，歷浙江學政、通政司參議、禮部侍郎、江南學政等。其為人剛直，端厚守禮，著有《知非錄》一卷、《寒香閣詩集》四卷、《寒香閣文集》四卷等。清雍正六年（1728），鄧氏保舉姚培謙，值其主江蘇學政時。

己酉，七年，三十七歲。

夏，患瘡，寸步不能行。兀坐一室，偶讀邱瓊山〔1〕《大學衍義補》，節錄一小冊，並參以《史》《漢》〔2〕諸書，名《六官典故》。上年，詔令各州縣舉居家孝友、行止端方、才堪試用而文亦可觀者一人，郡學舉吳君白沙濬〔3〕，奉賢舉徐君聖功橚〔4〕，南匯舉張君培三朱梅〔5〕，青浦令馬公謙益〔6〕會同儒學舉謙。時謙在制中，且自顧慚愧，力辭。白沙中表尊行而與謙年相若，契好無間。詩文同折衷於初晴先生。後白沙授粵東河源令，卒於官，賢聲甚著。

【注釋】

〔1〕邱濬（1421～1495），字仲深，瓊山（今屬海南瓊山市）人，史學家、政治家、理學名臣，歷景泰、天順、成化、弘治四朝，官翰林院編修、侍講學士、國子監祭酒、禮部尚書、戶部尚書、武英殿大學士等職，參修《英宗實錄》《憲宗實錄》《續通鑑綱目》等。所著《大學衍義補》是其思想的集大成者。邱濬擅長南曲，所著劇作《五倫全備記》宣揚教化，當時頗有影響。弘治八年（1495），卒於任上，贈太傅，謚「文莊」。

〔2〕案：即《史記》《漢書》。

〔3〕吳濬，字滌川，號白沙，華亭人，曾官廣東河源縣令，卒於任。與姚培謙為中表親，培謙《束吳白沙索眼鏡》云：「眼底昏昏雲霧如，不知何計卻能除。晴窗

〔註123〕潘務正、李言校點《沈德潛詩文集》，北京：人民文學出版社，2011，第4冊，第2110頁。

〔註124〕潘務正、李言校點《沈德潛詩文集》，北京：人民文學出版社，2011，第4冊，第2111頁。

怯寫蠅頭字，棐几空翻蠹口書。半紙春風傳去鴿，一泓秋水貯來魚。清光倘荷
遙相寄，銀海還澄映雪餘。」〔註125〕姚培謙編《元詩自攜》時，吳氏參閱，
是書卷十即題署：「華亭姚廷謙平山選輯，金壇王步青漢階、同里吳濬滌川參
閱。」〔註126〕

〔4〕徐櫚，字聖功，號玉屏山人，奉賢（今屬上海市）人，著有《玉屏山人詩集》
《玉屏山人古樂府》，上海圖書館有藏，為清乾隆四年（1739）刻本。

〔5〕張朱梅，字培三，清丁紹儀《聽秋聲館詞話》卷二十「張朱梅詞」條目中作「培
山」，南匯（今屬上海）人，著有《聽雨山房詞》。

〔6〕馬謙益，安邑人，舉人，雍正五年，任青浦知縣。《江蘇省通志稿·職官志》有
載。

庚戌，八年，三十八歲。

改歸華亭學〔1〕，復姓姚。與諸兄及侄輩校訂先伯父所輯《松風遺韻》，三
兄調圩獨力鐫板。署教諭張公純〔2〕舉報文行兼優。

【注釋】

〔1〕案：即華亭縣學（姚培謙由青浦縣學「周廷謙」改歸）。

〔2〕張純，字味青，霍山人，任華亭縣學教官十餘年，對培謙文行頗為賞識。雲間
黃達與之交篤，其《華亭張味青學論七十自書淵明「歸去來辭」以見志，而繫
之詩，次韻奉呈》二首，其一云：「安世書三篋，浣花年七十。尊嚴存我道，風
雅屬斯人。世味由來淡，官廚豈厭貧。床頭春酒熟，把盞話佳辰。」其二云：
「記得桃溪畔，當年把釣竿。聊為捧檄出，不改舊氈寒。心事歸偏好，風流繼
恐難。香山如續社，圖繪與人看。」〔註127〕又《九日同劉後府鷹坡、張學諭
味青五茸城登高》云：「西風何處一登樓，振策五茸城上頭。紅葉落殘江樹晚，
白雲飛滿海天秋。幾人載酒酬佳節，此地班荊續舊遊。愧我十年空宦跡，角聲
吹動夕陽愁。」（詩中小字注：鷹坡需次推升，味青有歸志，余自癸酉選池陽未
赴，迄今數載矣。）〔註128〕一年後，又賦詩《九日登川沙，用去歲五茸城登
高韻》，詩云：「去年此日倚江樓，落葉西風曲檻頭。浪跡又逢佳節晚，登高空
憶故山秋。籬邊叢菊依然好，雲外孤笻自獨遊。隨分壺觴堪一醉，聲聲海雁起

〔註125〕姚培謙《松桂讀書堂集》，《四庫全書存目叢書》集部：第 277 冊，第 117 頁。
〔註126〕姚培謙《元詩自攜集》，清康熙六十一年刻本。
〔註127〕黃達《一樓集》卷三，北京出版社 1997 年影印本，第 596 頁。
〔註128〕黃達《一樓集》卷五，北京出版社 1997 年影印本，第 611 頁。

鄉愁。」（詩中小字注：去歲同鹿坡、味青登高，今鹿坡下世。味青解組將歸，余又去客川沙，相距一年，情境頓殊，可歎也。）〔註129〕後又有《九日舉遠樓登高，再用前韻》〔註130〕詩，可想見其之難忘。味青歸霍山，黃達則作組詩《送味青歸霍山，即用留別韻》四首〔註131〕、《送張用潔隨其尊人味青歸霍山》〔註132〕二首相贈。張氏卒後，黃達有《張味青繼曾》絕句悼念之，詩云：「我愛霍山張味青，曾聽鶴唳到華亭。流傳懷嶽堂詩本，夜半挑燈欲涕零。」〔註133〕又《送霍山張先生歸里序》敘之甚詳，文云：「霍山張先生來教吾邑十有餘年矣。今茲之秋致仕將歸，於是諸生之能言者皆為詩文以送其行，其大旨類述先生之學行文章士夫所依，而於其去有離別惘然之意。而余之說更有進焉。夫學官之設，所以代天子廣教化者也。其位雖卑，其任則重，《傳》曰『主善為師』，又曰『師道立，則善人多』。古者國學有司樂司成專主教化，而鄉學遍行天下，則有如《周禮》地官所屬州長掌州之政教，黨正掌黨之政教者。州長，一州之師也。黨正，一黨之師也。今之學官猶是矣。後世風俗日偷，師儒道衰比諸丞簿之流，居其官者，非頹唐自廢，即逐逐於脯修錙銖之末，欲如先生之能代天子以廣教化而勿尸其職，何可得耶。華亭郡之首學向來為之師者。諸生歲不過一見，而又無足以感動之故，遂頹靡，蔑由振起。先生操行敦篤，和易近人，而人亦樂與之親。《詩》不云乎：『中心藏之，何日忘之。』未有愛生於

〔註129〕 黃達《一樓集》卷五，北京出版社1997年影印本，第613頁。

〔註130〕 詩云：「他鄉佳節倚層樓，坐客茱萸插滿頭。匝岸白雲淮市晚，一城黃葉楚天秋。登高儔侶殊前度，羈宦生涯等浪遊。回首故園還好在，西風落日不勝愁。」（《一樓集》卷六）。

〔註131〕 其一「桃李成陰舊講堂，春風吹遍水雲鄉。塵清蕃榻留賓數，草綠元亭問字忙。自有煙霞生筆札，還將冰雪沃心腸。抽簪便作耕漁計，農譜魚經滿宦裝。」
其二「筍蕨堆盤酒滿卮，官齋燈火夜深時。半窗竹影三更話，一屋松聲數首詩。胡瑗由來分講席，曹曾合得置生祠。不堪聽徹驪駒後，江樹秋雲望欲迷。」
其三「故園三徑未全荒，此日懸車鬢有霜。久客難忘蒪菜美，初歸應看菊花忙。好詩那許窺衣袽，薄宦真教剩帽箱。恰值寒濤秋正盛，扁舟煙水去茫茫。」
其四「堆床經史費爬梳，坐對嬋娟翠竹疏。階下傳輝鳴一鶴，堂前錫祉話三魚。白雲浦澨停歸舫，黃葉村莊指故居。何日過江尋舊雨，好從天柱訪精廬。」
（《一樓集》卷五）。

〔註132〕 其一「君如仙鶴下雲間，又趁秋風振翮還。一自琴書歸宦橐，重陪杖履過家山。人逢相好偏多別，話到臨行卻似閒。他日承歡無限事，阿翁林下足開顏。」
其二「弟兄海內半分離，意氣如君倈夢思。綺陌春遊曾並轡，竹窗晚酌每連卮。可堪千里關山路，又是滿城風雨時。臨去叮嚀無別話，平安慰我莫羈遲。」
（《一樓集》卷五）。

〔註133〕 黃達《一樓集》卷十，北京出版社1997年影印本，第664頁。

心而於其去時不惓惓思慕之詠歌之也。余獲交先生久，春秋佳日，過桐雪書屋，觴酒盤蔬，促膝談心，漏數下，猶徘徊不能去，先生之感動人者若是其深且至，況諸生之耳濡而目染、朝夕其側者哉。是則先生洵能以修明教化為國家長育人材，如古州長黨正與司樂司成相表裏者，而惜乎其以老而去也，雖然先生所居當霍山佳處，既歸而讀書講學其中，松菊依然，圖史滿幾，問字之車不絕戶外，夫亦將以教化吾邑者教其鄉人子弟矣。豈不快哉。異日者短棹過江，重尋舊雨，倘得策一衛相訪於龍湫風洞間，酌酒稱詩，蟬連道故，先生其亦聞足音跫然而喜也乎。」〔註134〕

辛亥，九年，三十九歲。

輯《年齒考》，自初生至百歲。外於史籍及說部，擇其可供詩文用者按歲分卷。侍講顧小厓先生成天〔1〕屬選《四書制藝》，來札云：「拙稿，一生精力，大半在此。思一手定之。今辰入申出〔2〕，尚有他幹，必不可得矣。別無可託之友，不得不仰瀆於先生。」侍講文稿約六百餘篇，擇其尤佳者二百餘首付之坊人，惜乎雕板未竟也。

【注釋】

〔1〕顧成天（1663～1744），字良哉，號小厓（或作厓），婁縣人。清康熙二十年（1681）舉人，雍正八年（1730），以《挽聖祖詩》蒙召見，賜進士，散館授編修。乾隆元年（1736），晉侍讀學士。所著《東浦草堂詩文集》，乾隆賜序，並賜《鏡容詩》。另著有《金管集》《花語山房詩文小鈔》《三重賦》《燕京賦》《離騷解》《楚辭九歌解》等，清嘉慶《松江府志》卷五十九有傳。杜詔有《同邵振飛雪中過寶幢庵，次壁間顧小厓韻》詩〔註135〕。

〔2〕案：辰、申為古代時辰名，辰入申出，比喻公務繁忙。

壬子，十年，四十歲。

改名培謙，避祖諱也〔1〕。讀酈道元《水經注》，此書多偽字。得吳綏眉〔2〕先生校閱全部，又於綏成處得伊祖見山先生批閱本。讀之，幾忘寒暑。終亦不能一一記憶。時王子香浦家桂〔3〕讀書舍間，略寓目，已成誦。甚矣！天資之高下懸殊也，後生真可畏哉。冬，畤城張詹事南華鵬翀〔4〕來祝謙壽，

〔註134〕黃達《一樓集》卷十九，北京出版社1997年影印本，第756～757頁。

〔註135〕杜詔《雲川閣集》，《清代詩文集彙編》第218冊，影清雍正九年刻本，第575頁。

聯吟作畫信宿，久之將歸，書對聯贈曰：「江光祿〔5〕冠世文章，筆花吐焰；
鄭康成〔6〕專門著述，帶草生香。」謙何敢竊比古人，至閉戶讀書，則實有
志而未逮。

【注釋】

〔1〕案：如前文所載，培謙曾為入青浦縣學，而冒名周廷謙，後於雍正八年（1730）
復歸姚姓，即姚廷謙，又因其祖父名廷聘，故改培謙，以避諱。又案：改名的
真實原因，或許不似紙上寫得如此簡單，背後的隱衷或不便為外人道也，不然
難以解釋當初取「廷謙」之名的時候何以不避諱，而且「廷謙」之名一用多年。
又案：柯愈春《清人詩文集總目提要》將姚培謙著錄為「生於康熙二十五年至
二十九年」〔註136〕，將姚廷謙著錄為「生於康熙三十年和三十四年」〔註137〕，
顯然是誤作兩人。

〔2〕吳昌祺，字綏眉，號樊桐山人，松江（今屬上海）人，著有《刪訂唐詩解》二
十四卷。

〔3〕王鼎，培謙好友王永祺之長子，永祺有四子，序齒為：家桂（即王鼎）、寶
序、家楠、章元。鼎，字祖錫，號香浦、條山、山甫，清康熙六十年（1721）
生，乾隆四十五年（1780）舉人，有子三人：念勤、念昭、朝泰。鼎工詩，
著有《蘭綺室詩抄》十七卷，上海圖書館藏有清嘉慶八年（1803）古訓堂刻
本，卷首有王鳴盛乾隆二十九年（1764）序、王昶嘉慶六年（1801）序、王
寶序之序，書末校題署名為鼎之三子，《清代詩文集彙編》第490冊已據此影
印出版。上海圖書館另藏有乾隆刻本《蘭綺堂詩抄》二卷，附張夢喈《塔射
園詩抄》二卷。王昶《湖海詩傳》卷三十七選錄王鼎詩四首。王鼎曾協助姚
培謙編撰《陶謝詩集》，是書卷首即題署：「雲間姚培謙、王鼎點閱，男姚鐘
鳴校字」。王鼎《蘭綺堂詩抄》卷一《江干集》有《集北垞，傾酒石潭，對桃
花飲》〔註138〕詩，中云：「攀條有餘歡，左右豁心目。異境闢仙源，勝事踰

〔註136〕柯愈春《清人詩文集總目提要》，北京：北京古籍出版社，2001，第516頁。
〔註137〕柯愈春《清人詩文集總目提要》，北京：北京古籍出版社，2001年版，第536
　　　　頁。
〔註138〕案：松江黃達《一樓集》卷一亦有《集北垞，傾酒石潭，對桃花飲》，為七
　　　　言律詩，詩云：「林壑盤紆一徑通，芳園攬勝賞心同。傾壺酒美盈潭綠，帶
　　　　露花開隔岸紅。逸韻未應輸漫叟，仙源何必羨漁翁。歸來扶醉看春色，細
　　　　雨輕煙畫未工。」（黃達《一樓集》，北京出版社1997年影印本，第570
　　　　頁。）

金石。」〔註139〕王鼎之性情文章，王鳴盛《蘭綺堂詩抄序》有評介：「今條山氏才名早著，詩歌之妙獨步一時。尊甫草香先生泊哲弟秋農並舉賢書，為藝林職志，而條山尚困諸生中。一門之內，父子兄弟自相師友；數門才者，殆將繼元禮而並稱焉無疑也。條山舊所刻詩固已衣被遠近，不脛而走。茲將續刻新著，屬余題其端。余惟稱詩於今日，言人人殊。唐音宋調各有門庭，而不能相下。余意則欲通彼我之懷，息異同之論，而條山所見與余最合。蓋其天才奇逸，骨氣高邁，固已非流俗可及。又復沉浸卷軸，登臨山水，廣交遊、博聞見以佐之，固宜近詣之進而益上，同時流輩皆斂衽推服，無異詞也。余觀其造意布格，超超無箸，味溢於酸鹹之外，韻流於絲肉之餘，而又何唐宋之斷斷者哉。夫以條山之才，固當翔步承明之庭，信其實而奮其華，顧乃齒逾強仕，晼晚未遇，何落落也，然條山亦初不以屑意。家在五茸城，背市面郊，草樹蓊鬱，因名曰萬綠山莊，若悠然有以自得者。當世名公卿苟有意於人才必將望氣而得之，褰裳而就之，吾見作為雅頌，播之樂府，此又條山意中事矣。」〔註140〕又王昶撰《蘭綺堂詩抄序》云：「條山兄與余族望同出太原，而譜系殘缺，不復能推其行輩。顧條山長余三歲，稱以為兄。弱冠時同為諸生，應試場屋，嘗以時藝相角。及退而為詩，互相吟賞，故餘兩人相視猶親昆弟也。條山性情敦厚，少而沉靜簡默，承其尊人補堂先生之教，能詩又工於書。往時余座主夢少司農屬書《大谷山堂詩集》，人以為林佶、王岐之比也。其詩流播遠近，東南人士題襟奉袂，願與訂交。而沈歸愚宗伯、王禮堂光祿推獎尤深。至予通籍後二十餘年歸里門，復與條山相見。時條山已中乙科，顧屢困於春闈，連蹶摧挫，宜若有不自得者。而條山意思蕭散，言笑如平時，蓋其所養之深如此。其詩馹宕夷猶，和平樂易，不以才氣自矜，不以辭華自眩。其光油然而遠，其味悠然而長。正如大圭不琢，太羹不和，朱弦疏越，一唱三歎，使人得其性情於語言之外，讀其詩如見其人。徘徊展閱，俯仰生平，回憶詩文征逐之時，一言一笑猶顯顯然如在目前，忽已四十餘年矣。乃令子述亭昆季以《江干》等集合為《蘭綺堂詩抄》，編排薈萃，將付之梓人，以行於世，豈不為條山深幸哉。嗟夫，我郡百餘年來，卿士大夫工於翰墨者頗多，而詩文流傳日少，非其文之不工，抑其後人

〔註139〕王鼎《蘭綺堂詩抄》，《清代詩文集彙編》第 490 冊影清嘉慶八年古訓堂刻本，第 4 頁。
〔註140〕王鼎《蘭綺堂詩抄》，《清代詩文集彙編》第 490 冊影清嘉慶八年古訓堂刻本，第 1 頁。

失學不能珍藏刊布之故。聞述亭昆季所為，亦可稍知愧厲矣。故予尤樂得而序
之。嘉慶六年陽月，弟昶書，時年七十有八。」〔註141〕如王鳴盛、王昶序文
所論，王鼎詩屬於神韻派，亦曾學習王士禎作詩之法，其《蘭綺堂詩抄》中即
收錄有《秋柳四首，追和漁洋先生韻》；王鼎曾幫助友人俞仍實輯注《唐詩神韻
集》，今上海圖書館、南京圖書館均藏有此書，對神韻派理論下過一番工夫。但
王鼎為詩並不偏執，亦曾問學於沈德潛，學習格調派做詩之法，其《蘭綺堂詩
抄》載有《呈沈歸愚先生》《九日陪歸愚師遊橫雲山》等詩，故其詩深受王昶、
沈德潛、王鳴盛等人推獎，王寶序即評云：「余兄條山自少即能詩，及壯歲，詩
名益著。其在先達碩望中，如沈歸愚、夢謝山、李鶴峰諸先生前後，具邀賞識；
若吳中七子西莊、蘭泉諸先生，則又夙昔雁行友，聲華不甚相後者也。顧條山
迄不遇久之，登庚子鄉薦，年已六十矣。困於公車，俛仰奔走，所至蹤跡不少。
余痛條山一生無所得，而為名所役以老，獨信其詩之必可傳。嘗勸手自訂定，
而卒碌碌未暇也。茲侄輩既約略次第，匯錄成編。懼日久散失，將謀付梓，持
以問余，余不敢妄定吾兄之詩，而亦苦於盲廢，乃聽就所曾折衷去取於西湖老
友朱青湖者而存之。共十七卷，蓋不及十之四五焉，聊以見居遊始末云爾。弟
寶序識。」〔註142〕王鼎喜交遊，沈大成《閏重九前一日，吳秋漁招同陸文玉、
王香浦遊橫雲山，分得暢字》云：「高空墮片雲，迤邐吐奇狀。皇娲煉石英，眾
皺互相向。其勢拒泖波，蒼然起巨防。娟娟海濱山，獨此疊岩嶂。誰分蓬萊股，
僵臥長谷上。天帝勒雲將，變化未可量。或云由士龍，吾意殊未當。今歲逢閏
九，秋老景更曠。良友宿治具，侵晨理吳榜。微風轉輕帆，未午厓已傍。青鞋
信步行，紅葉延首望。礐耒喧農舍，簫鼓簇遊舫。山莊故自佳，雲塢亦可向（詩
中自注：橫雲山莊，王尚書園；宿雲塢，張司寇義莊）。穿林攀禪枝，入室拜遺
像（詩中自注：山後棠陰禪院祀明穀城相公）。竹柏森成圍，煙蘿嫋垂帳。潤壑
湊寒流，溪谷納遠響。宛披董範圖，巧敵般爾匠。去鄉形久疲，逢場神彌王。
猶憶廿年前，曾陪綠玉杖（詩中自注：庚戌秋，同香浦尊人草香陪黃公允先師、
今吾徐丈遊此）。論飲把深巵，拈韻發浩倡。流光若飛電，二老奄元壤。慚余老

〔註141〕王鼎《蘭綺堂詩抄》卷首，《清代詩文集彙編》第490冊影清嘉慶八年古訓堂
　　　　刻本，第2頁。按：王昶《春融堂集》卷三十九所載此序名《家條山蘭綺堂
　　　　詩集序》，有闕佚，如闕「朱弦疏越，一唱三歎」及「述亭昆季」等字，見《續
　　　　修四庫全書》集部第1438冊，第76頁。
〔註142〕王鼎《蘭綺堂詩抄》卷首，《清代詩文集彙編》第490冊影清嘉慶八年古訓堂
　　　　刻本，第3頁。

漸衰，曇首年正壯。景物換今昔，悲喜入俯仰。主人出塵姿，詩筆俱老橫。所
至戀好山，往往立洋邡。頹景遽西馳，暮色連滄漾。急呼進霜螯，沉醉倒菊釀。
歸來已三更，鄰燈一星颺。科頭弄庭月，挽客未肯放。望古稀阮後，作達實無
兩。置之蓬閬間，庶幾情始暢。出門語童奴，我亦笑我狂。」〔註143〕王尚書
為王鴻緒，張司寇乃張照，草香為王永祺，黃公允為黃之雋，徐今吾為徐是儆；
庚戌為雍正八年（1730）。又《符勝堂集飲，與王草香、香浦父子、白湖、四可
兄弟詠春雨，得多字》云：「東風載雨檻前過，料峭寒生可奈何。一夜平添波面
滑，幾番輕染柳梢多。孤蓬遠渚回徵夢，昏檠空窗起怨歌。攬月深杯堪伴我，
不教愁坐感蹉跎。」〔註144〕據王鼎文集考察，其與王鳴盛、王昶、沈德潛、
袁枚、沈大成、黃達、盧見曾、夢謝山、張玉疊、朱霞、曹廷棟等名流都有交
往。黃達同王永祺、王鼎父子皆為知己，其《一樓集》有《冬夜同王補堂賦》
《秋夜懷補堂》《簡補堂孝廉》《補堂問訊近況，詩以代簡》《陰雨坐悶，檢閱舊
稿，王條山、許子順至小飲》等詩，可見過從頻繁。其《與王補堂書》云：「去
歲，文駕過淮，適僕攝皋學篆，有失迎迓，罪甚！罪甚！近接手教並蒙批示近
作，反覆盥誦，益深銘佩。惟是僕以五斗羈縻，當南北孔道，酬應旁午，不能
終日鍵戶理其故業。兼之賦質駑下，非得如先生者常耳提而面命焉。若瞽之無
相，倀倀乎墜於淵谷而不知矣。鄙人懷燕石以為寶，識者笑之。五穀之美而糠
麩雜糅，則人將投箸而起。……先生問學淵博，直造古人。而汲引後進，有新
城王尚書、家宮詹之風，故一時翕然宗仰，僕固不肯交臂而失之矣。」〔註145〕
新城王尚書指王士禛，家宮詹指北平黃叔琳；又《哭友絕句三十首》之《王補
堂永祺》云：「我亦常停問字車，生生橋畔草香居。藏書滿屋人千古，燈火秋窗
入夢初。」〔註146〕對王永祺學問人品推崇備至。黃達《寄條山》詩，則稱王
鼎「知爾近添詩料好，行囊新句倍精神。」〔註147〕又《懷人絕句三十首》之
《王條山鼎》云：「草香衣缽最知名，蘭綺堂詩更老成。記得望河秋看月，柳陰
亂艇落潮聲。」〔註148〕對王鼎亦讚賞有加。

〔註143〕沈大成《學福齋詩集》卷十三，《清代詩文集彙編》第 292 冊，第 319～320
　　　　頁。
〔註144〕沈大成《學福齋詩集》卷十五，《清代詩文集彙編》第 292 冊，第 329 頁。
〔註145〕黃達《一樓集》卷二十，北京：北京出版社，1997 年影印本，第 769 頁。
〔註146〕黃達《一樓集》卷十，北京：北京出版社，1997 年影印本，第 664 頁。
〔註147〕黃達《一樓集》卷八，北京：北京出版社，1997，影印本第 647 頁。
〔註148〕黃達《一樓集》卷九，北京：北京出版社，1997，影印本第 658 頁。

〔4〕張鵬翀（1688～1745），字天扉，一字抑齋，號南華，本籍崇明，徙居嘉定安亭裏，遂占籍。清雍正五年（1727）進士，授庶吉士，雍正十三年（1735），充文穎館纂修官，主雲南鄉試。乾隆元年（1736），充《八旗志》纂修官。乾隆六年（1741），晉侍講，主河南鄉試；晉右春坊右庶子。乾隆七年（1742）晉少詹事，乾隆九年（1744）晉正詹事。乾隆十年（1745）歸省，卒於臨清道中。著有《南華詩鈔》《四書文稿》等，傳詳王昶《春融堂集》卷六十五《張鵬翀傳》、沈德潛《歸愚文鈔》卷十八《起居注詹事府詹事兼翰林院侍讀學士加二級張先生行狀》。沈德潛與張鵬翀定交諸生，推服其才，所撰《張南華太史詩序》云：「張南華先生嘗官於朝矣，人因其氣之清、品之潔、才之敏，以仙稱之。南華亦自以為仙，弗卻也。愛佳山水，裹糧往遊，糧盡而返，無繫戀。喜弈，不求勝人。客至，常設脫粟飯，客辭，亦不強留。為人作畫，十數紙頃刻盡，或終歲不可得。綜其生平，取適而已。長有韻語，興到，每得三四十篇。嘗偕眾詞臣試殿廷，未亭午，有投卷者，眾曰：『必南華也』。視之，果然，至尊微頷之。予偶於坐間見其詠雁字律體詩，不半日，上下平韻俱就，不即不離，興寄微遠，即生平詩可知矣。與人論畫，謂右丞、董巨，蕭散閒逸，全以韻勝。後代精工嚴整，無一筆無成出，然彌近彌遠。指點畫理，無非詩趣。自道所得，評者不能異辭。或曰：『南華金門大隱，似東方生。』或曰：『豪氣似太白。』或曰：『超曠似子瞻，而齊物我，忘寵辱，仍是漆園、散仙。』讀南華詩者，遇之人間煙火外可也。」〔註149〕張氏善畫，沈德潛《為程風沂給諫題張南華宮詹畫扇》云：「南華居士美且鬈，散仙偶作人間緣。潑墨成畫總遊戲，欲與張旭同稱顛。有時經月不點筆，有時片刻掃盡床頭箋。偶為知交寫方曲，興所到處神隨焉。杈枒老樹蒼而堅，雜以修竹形便娟。怪石突怒勢欲走，下有縱橫回折飛來泉。胸中那存倪黃董巨法，畫從我心心從天。」〔註150〕乾隆十年（1745），清高宗召見沈德潛於勤政殿，對沈氏說：「張鵬翀才捷於汝，而風格不及於汝。」〔註151〕對張氏之捷才有肯定。

〔5〕江淹（444～505），字文通，宋州濟陽考城（今屬河南商丘市民權縣）人。南朝

〔註149〕沈德潛《歸愚文抄》卷十二，《沈德潛詩文集》第 3 冊，北京：人民文學出版社，2011，第 1325～1326 頁。

〔註150〕沈德潛《歸愚詩抄》卷十一，《沈德潛詩文集》第 1 冊，北京：人民文學出版社，2011，第 205 頁。

〔註151〕沈德潛《沈歸愚自訂年譜》，《沈德潛詩文集》第 4 冊附錄二，北京：人民文學出版社 2011，第 2120 頁。

政治家、文學家，歷仕宋、齊、梁三朝。宋順帝昇明元年（477），齊高帝聞其才，召為尚書駕部郎、驃騎參軍。齊建元初，改任驃騎豫章王記室，兼東武縣令。延興初，為御史中丞。中興元年（501），遷吏部尚書。梁天監元年（502），任散騎常侍、左衛將軍，封為臨沮縣開國伯。旋改封為醴陵侯。天監四年（505），卒，梁武帝素服致哀，謚憲伯。南朝文學批評家鍾嶸《詩品》評之云：「齊光祿江淹文通詩體總雜，善於摹擬，筋力於王微，成就於謝朓。」

〔6〕鄭玄（127～200），字康成，北海高密（今山東高密）人。漢代經學的集大成者，治學以古文經學為主，兼及今文經學。其以畢生精力遍注群經，著書百萬餘言，世稱「鄭學」。

癸丑，十一年，四十一歲。

衍聖公〔1〕以書幣聘修盛典。四月，來文云：「奉旨纂修盛典，理合遍訪鴻儒，以任斯職，訪得姚某業精，著述名冠倫魁。學海濬乎靈源，不忘三篋〔2〕；詞鋒森其武庫，自富五車。惟多識而博聞，乃茹今而涵古。移府檄縣行學，敦請刻日束裝，前赴闕里〔3〕。」蓋因孝廉胡象虛二樂〔4〕嘗於公前道謙名氏。公又夙見謙著述，謬採虛聲，故有是舉。謙自問譾陋，不勝抱愧，且多病，不能遠行，力辭。時上舍張琴川範〔5〕館聖府，札致云：「聖公素仰盛名，虛左以待，范明知足下高雅恬淡，未必遠來，而主人之意真切，必欲奉屈，所以令當事造請云云。」謙又浼象虛轉辭之乃已。八月，撫軍山東喬公世臣〔6〕列款，參郡守吳公節民〔7〕，內一款府試童生，稱謙在署閱卷，合屬領案共九名，通同得賄，於十四日繫獄。南浦先生以詩相慰，曰：「人間定可哀，此事復何來。杯盞成蛇影，文章豈雉媒。飲爻占悔吝，遁甲向驚開。聽取枝頭說，駄羊未是災。」及對簿訊檢，都虛。臬司徐公士林〔8〕旋檄童生面試，俱能文。後送院試，俱入泮〔9〕。總督趙公弘恩〔10〕察謙無辜，檄放，於十二年八月十九日歸家。在獄一載有餘，作時文四十餘篇，名《負暄草》。又樂府百章、古今體詩數十首。十一月，因往歲秋收歉薄，民食艱難，謙與郡中紳士設法賑濟，量捐米粟。總督高公其倬〔11〕令有司齎送「惠濟桑梓」匾額。

【注釋】

〔1〕衍聖公，為孔子嫡長子孫的世襲封號，始於北宋至和二年（1055），歷宋、元、明、清。民國二十四年（1935），國民政府改封衍聖公孔德成為「大成至聖先師奉祀官」，衍聖公封號廢。文中衍聖公，指孔廣棨。廣棨（1713～1743），字京

立，號石門，山東曲阜人，孔子第七十代嫡孫，祖父為衍聖公孔傳鐸。清雍正九年（1731），廣棨襲封衍聖公，乾隆時，主修《闕里盛典》，皇帝為之序。妻何氏，為禮部侍郎何國宗次女。又《周甲錄》乾隆六年（1741）載：「冬，衍聖公選補典籍，移諮督學，促行再四，力辭不赴。」〔註152〕

〔2〕三篋，佛教語，指聲聞藏、緣覺藏、菩薩藏。

〔3〕闕里，指孔子故里山東曲阜。

〔4〕胡二樂，字象虛，江南歙縣（今屬安徽）人，後移居婁縣（今屬上海），廩生。清乾隆元年（1736），時左副都御史陳世倌薦之應博學宏詞。

〔5〕張範，常熟人，常熟古有琴川之謂，故培謙稱其張琴川。

〔6〕喬世臣（1686～1735），字丹葵，號蓼圃，滋陽（今山東兗州）人。清康熙五十九年（1720），山東鄉試第一，康熙六十年（1721）進士，選庶吉士，授檢討。雍正元年（1723）參修《明史》，雍正二年（1724），授編修，出知嘉興府。雍正九年（1731），任江蘇巡撫。雍正十二年（1734），官刑部侍郎。雍正十三年（1735），卒於任上。

〔7〕吳節民，福建南安人，廩貢生。清雍正十年（1732），接替王喬林，任松江府知府。

〔8〕徐士林（1684～1741），字式儒，號雨峰，山東文登人。康熙四十九年（1710）舉人，康熙五十一年（1712）成進士，乾隆六年（1740），卒於江蘇巡撫任上，入祀賢良祠，乾隆皇帝譽之「忠孝性成」。

〔9〕案：古代學宮前有半圓形的水池，稱泮水，學校因此稱為泮宮，明清兩朝州縣考試新進生員，須入學宮拜謁孔子，因稱入學為入泮。

〔10〕趙宏恩（？～1759），字芸書，一作芸堂。清乾隆二年（1737），授工部尚書，旋以納賄革職。乾隆七年（1742）召回，授總管內務府大臣。乾隆十四年（1749），任京口將軍。乾隆十五年（1750），贈太子少傅。著有《玉華堂詩集》。

〔11〕高其倬（1676～1738），字章之，號美沼，遼寧鐵嶺人，漢軍鑲黃旗，清康熙三十三年（1694）進士。歷內閣學士、雲貴總督、閩浙總督、兩江總督、江蘇巡撫、工部尚書等職，卒謚文良，著有《味和堂詩集》。高氏為政開明，據《沈歸愚自訂年譜》雍正十三年（1735）載：「時下詔發幣帑修歷代忠臣賢士祠墓，制府高文良公諱其倬以前明大銀臺徐公念揚諱如珂未有顯績，欲議不與名賢之

〔註152〕姚培謙《周甲錄》，北京：北京圖書館出版社，1999年影印本，第141～142頁。

列。予進見，力言其持身之正。……公允予言，入告祠墓，並修。」〔註153〕

甲寅，十二年，四十二歲。

輯類書天部。是年起，即杜門燕坐，不會一客，不答一刺，雖生而猶死矣。

乙卯，十三年，四十三歲。

少宰黃昆圃先生叔琳以所注《文心雕龍》屬校訂付梓。世宗憲皇帝詔舉博學鴻儒，侍郎方公苞〔1〕致書黃少宰，欲薦舉謙，招謙入都，少司寇馮公景夏〔2〕亦欲薦謙應詔。自揣學殖空疏，力辭。

【注釋】

〔1〕方苞（1668～1749），字靈皋，亦字鳳九，晚號望溪，安徽桐城人，生於江寧，清康熙三十八年（1699），江南鄉試第一。康熙四十五年（1706）進士，因母病歸家，未出仕。康熙五十年（1711），因戴名世《南山集》案牽連入獄。赦後，隸漢軍旗籍，入值南書房。康熙六十一年（1722），充武英殿修書總裁。雍正時，赦出旗籍，重歸漢籍。累官翰林院侍講學士、內閣學士兼禮部侍郎。乾隆時，再入南書房，任禮部右侍郎、經史館總裁等職。乾隆七年（1742），辭官歸家。乾隆十四年（1749），病卒，年八十二歲。方苞是清代桐城派散文的代表人物，與劉大櫆、姚鼐稱「桐城三祖」，為文重義法，主張文字雅潔，在清初文壇獨樹一幟，著有《方望溪先生全集》。

〔2〕馮景夏（1663～1741），字樹仁，一作樹臣，號伯陽，浙江桐鄉人。清康熙三十二年（1693）舉人。歷長安知縣、廬州知府、安徽按察使、江寧布政使、刑部左侍郎等職。晚歲，居嘉興，以著述自娛，擅長山水畫，得董其昌筆意，《浙江通志》《清史列傳》有載。姚培謙作有《寄少司寇馮伯陽先生，時予假歸里》五首，其中贊之云：「金貂映玉勒，承詔歸林泉。豈無廊廟志，高風契靜便。」又有《元日立春，寄懷馮侍郎伯陽先生》（二首）、《馮方伯內升副憲，以盆松見寄》〔註154〕諸詩，可知兩人過從頻繁。

丙辰，乾隆元年，四十四歲。

冬，出嫁長女於庠生朱桂。桂，順治己亥科會元、翰編岵思公錦〔1〕孫，

〔註153〕潘務正、李言校正《沈德潛詩文集》第4冊，附錄二，北京：人民文學出版社，2011，第2114頁。

〔註154〕姚培謙《松桂讀書堂集》，《四庫全書存目叢書》集部：第277冊，第80，118，106頁。

幼孤，賴母氏教養成立。與鐘鳴完婚。媳李氏，總理兩淮鹽政繹山公陳常〔2〕孫女、明經乾三宗仁次女，極賢淑，侍翁事夫俱得體，惜乎年之不永也，止生一女，許字雲南督學師序張公學庠〔3〕孫、國學錦瀾曾楷〔4〕子。

【注釋】

〔1〕朱錦，字天襄，一字岵思，松江周浦（今屬上海市）人。清順治十六年（1659）會試第一，選為翰林院庶吉士，散館授編修。順治十八年（1661），充禮部會試同考官，著有《蔾照堂詩稿》《二仲居詩稿》。

〔2〕李陳常（1657～1716），字時夏，別字嶧山，秀水（今屬浙江嘉興）人。清康熙四十二年（1703）進士，歷官刑部郎中、兩淮鹽運使、陝西道監察御史、兩淮巡鹽御史等職。子宗仁，字乾三。

〔3〕張學庠，字師序，長洲（今江蘇蘇州）人，孟球之子，張芬祖父。清康熙四十八年（1709）進士，歷官工部郎中、雲南學政等。

〔4〕張曾楷，字錦瀾，國學生。

丁巳，二年，四十五歲。

閱《臺海使槎錄》，得悉彼中山川風俗。是書，御史黃玉圃先生叔璥〔1〕巡視臺灣時所著。闇亭陸太守錦輯《小鬱林叢書》〔2〕，以其卷帙略多，御史寄謙，刪訂而刻入焉。

【注釋】

〔1〕黃叔璥（1680～1758），字玉圃，號篤齋，黃叔琳胞弟，清康熙四十八年（1709），與兄叔琬（字象圃）同中進士。叔璥「遇大事侃然，執持不少屈撓。究心宋五子及元明諸儒集，深造有得。」〔註155〕清康熙六十年（1721），調任臺灣巡察御史，次年六月抵臺，方苞有《送黃玉圃巡按臺灣序》，贊其「廉靜有才識……君廉能夙著於吏部及臺中，其能綏靖此邦，已為眾所豫信。」〔註156〕著有《臺海使槎錄》八卷，分《赤嵌筆談》《番俗六考》《番俗雜記》三部分。

〔2〕案：小鬱林，即今之蘇州耦園，清初為保寧太守陸錦之「涉園」，又名小鬱林，所刻書籍為士林所重。

〔註155〕徐世昌《清儒學案小傳》卷七，臺北：明文書局，1985，學林類6，第16頁。

〔註156〕劉季高校點《方苞集》卷七，上海：上海古籍出版社，1983，第195～196頁。

戊午，三年，四十六歲。

　　七月，遊江寧。八月，張子古愚秉植〔1〕偕往揚州，逗留數日。乘興遊泰山。時昆圃先生為山東方伯〔2〕。在署盤桓，堅留過歲。適張子今涪弈樞〔3〕自京還，繞道歷下〔4〕，遂以十月同歸，一路唱酬，得詩數十首。十二月，嫁次女於太學生張曾埔。曾埔，河南觀察鈞庭公孟球〔5〕孫、孝廉京少景祁長子。

【注釋】

〔1〕張秉植，字古愚。

〔2〕方伯，古漢語中多指一方諸侯，後泛指地方長官。

〔3〕張弈樞，字今涪，一字掖西，浙江平湖人，南宋名臣張浚二十二世孫，監生，三赴北闈而不售，遂絕意仕進，性落拓，喜遊歷，工詩古文詞，著有《芳莊紀遊詩》《月在軒琴趣》《紅螺詞集》等。其與姚培謙往來頻繁，關係親密。培謙《周甲錄》乾隆十一年（1746）載：「坊人以房書《豹斑》二集請，方從事《通鑒》，卒卒未暇。因屬今涪、鳳攽在機昆季選評，謙特署名而已。」〔註157〕又《甲餘錄》乾隆二十四年（1759）載：「張大今涪寄詩六首，第一首說盡余幾十年來景況，讀之慨然，附錄於左：鱸香堂上白頭翁，不問年朝與歲終。萬卷藏書三寸管，五更雞唱一燈紅。一　壓來豈止牛腰重，疊去應教棟宇盈。一世不曾閑一日，只贏人說鄭康成。二　冰心恬退鬢絲絲，窗外龍鱗世澤垂。莫道著書虛歲月，姓名早被聖人知。三　海鶴風姿寄一邱，敝衣蔬食劇風流。帶鉤不為吟詩減，骨相天然李鄴候。四　老漁生長荻蘆邊，嗜好何曾與俗緣。每到凸樓深夜坐，剪燈風雨月窗前。五　三十餘年汗漫遊，南船北轍雪盈頭。自來方叔無知己，只有蘇公分外投。」又培謙有《報罷後，戲柬平湖張大今涪》詩，文云：「畢竟葫蘆樣未新，不教席帽暫離身。相逢此日休相慰，同是秋風報罷人。」〔註158〕「戲」字解嘲，實亦無奈，有「同是天涯淪落人」之感。張弈樞曾為培謙《楚辭節注》作序，上海圖書館藏姚培謙撰《楚辭節注》六卷，扉頁題署「乾隆辛酉春鑴　楚辭節注　鱸香居士讀本」，乾隆辛酉為乾隆六年（1741），卷首有乾隆六年（1741）張弈樞序，張序云：「鱸香先生讀書纘言，篤學好古，上自《左》《國》《史》《漢》，下逮唐宋八家已論列有成書，而於《楚辭》獨宗《集注》，嘗為余言：『……我於《楚辭》止節取訓詁，不尚議論，正

〔註157〕姚培謙《周甲錄》，北京圖書館出版社 1999 據乾隆刻本影印本，第 146 頁。
〔註158〕姚培謙《松桂讀書堂集》，《四庫全書存目叢書》集部：第 277 冊，第 129 頁。

欲使學者空所依傍，熟讀深思，庶人人得真面目耳。』」所言《集注》即朱熹《楚辭集注》，姚氏此書為家塾課本。

〔4〕歷下，清初為濟南府歷城縣。

〔5〕張孟球，字夔石，長洲（今蘇州）人，清康熙二十四年（1685）進士，歷山東昌樂知縣、工部主事、禮部郎中、雲南學政等職。康熙末乞歸，不復出。乾隆初卒，年八十。

己未，四年，四十七歲。

恭注《御製樂善堂賦》〔1〕，至明年夏成。箋注《李義山詩集》，往年有《義山七律會意》一刻，大半出自初晴手筆。茲刻賴同學王子延之永祺〔2〕相助。秋，集友朋投贈之作匯刻，名《如蘭集》〔3〕。讀《楚詞節抄朱子注》。

【注釋】

〔1〕《樂善堂賦》，清乾隆皇帝著。樂善堂，為愛新覺羅·弘曆當皇子時居住在大內的書房，「樂善堂」匾額為其父雍正皇帝所書。弘曆以「樂善」名其堂，又以「樂善」名其集，究其原因，其於《樂善堂記》中有解釋：「樂善堂者，蓋取大舜樂取於人以為善之意也。夫孝悌仁義乃所謂善也，人能孝以養親，悌以敬長，仁以恤下，義以事上，樂而行之，時時無忌，則能因物付物，以事處事，而完所性之本體矣。」

〔2〕王永祺（1701～1766），字延之，號補堂，亦號草香，婁縣（今屬上海市）人，清乾隆二十四年（1759）順天舉人，初居望河涇（今屬上海金山縣），後徙居郡城北，姚培謙分北垞之半予其居住，兩人遂得以朝夕相處。父客死中州，永祺於風雪中扶喪歸里，資斧窘乏。道經湯陰，朋友以金銀相贈，王永祺堅辭不受。年近六十遭母喪，哀慕如童稚。盡禮，不徇俗，斷酒肉三年，以墨衰謁客，侍祖母吳氏以孝聞。永祺晚年專衷宋明理學，輯有《朱子年譜》《三魚堂勝言》等。其詩文古樸沉雄，不詭隨時尚，有《草香居詩文集》，已佚。永祺教育學生寬嚴相濟，常說「表正則影自直，何庸督責為。」深受弟子愛敬，年六十六卒，門人私諡「孝簡先生」，生平事蹟見載於清乾隆五十三年刊《婁縣志》卷二十六《人物》、清光緒五年刊《華亭縣志》卷十六《人物》，而此兩方志傳記的素材則來源於黃達《草香先生傳》和王嘉曾《孝簡先生私諡議》。黃達《草香先生傳》云：「草香者，吾友王君補堂讀書處，而因以自號者也。先生為望湖盛氏贅婿，田夫牧豎雜然遊處，而四方問字之車日滿戶外。既而，姚君鱸香分北垞之半迎

先生讀書於其中，是為草香居焉。先生天資穎悟，書過目終身不忘。嘗遊於曹黃兩家中允之門，學問益大進。家貧賣文以自給，撰述甚富。多為人所竄名，隨手散去。然喜獎借後進，有請業者，雖隆冬盛暑，亹亹指授，勿少倦。故一時好學知名之士，惟恐不出其門下。嗟乎！以先生早歲噪名於時，宜穎脫而出，在承明著作之列。乃困躓場屋，晚年貢成均，始獲登賢書，遂以終老，可謂蹭蹬也已。向使嗇其遇者永其年，既已絕意仕進，退息於荒江破屋，與後生子弟策杖遨遊，詠歌太平，夫亦足以自娛矣。何忽臥病以長逝耶。丙戌春，鱸香訃聞。是冬，先生相繼而卒。嗟乎，老成凋謝，一歲之中，既哭鱸香，又哭先生，寢門之痛，何如也。先生諱永祺，字延之，又號補堂。先世家於蘇，後遷松江，為婁縣人。子四：長鼎，金山衛廩貢；次寶序，庚辰舉人；次家楠、章元，邑諸生，皆克嗣其家學者。黃子曰：余與先生先後遷居北郭，以文章相切劘，匪朝伊夕嗣。余秉鐸淮陰，風雨江干，淒然分手，然郵筒往來，常如覿面。孰謂竟成永別耶。迄今，讀先生贈行詩句，不覺淚涔涔下也。」〔註159〕王嘉曾《孝簡先生私諡議》云：「先生姓王氏，諱永祺。恒齋先生歿，既大殮之明日。吾黨欲私諡先生，屬嘉曾具草。嘉曾謹獻議曰：按士冠禮，古者生無爵，死無諡。先生不登於朝，則易名之典未可議也。雖然禮家有言，諡者行之跡，有誄則有諡，魯莊之諡縣賁父也，曰士之有誄自此始也，則士之有諡古也。又曰幼名冠字，五十以伯仲死諡，則士之有私諡古也。先生自少食貧，然事祖母吳太孺人、母黃太孺人能以孝養聞。載陽先生歿於河南族侄之官舍也，先生聞訃，悲慟幾絕。時祖母吳太孺人年已七十餘矣，亦驚泣成病，漸不起。先生經營喪葬，慘悴極人所不堪。於是奉太孺人遷居於鄉，棄老屋數椽，給太孺人朝夕，遂重跰入豫。斯時也。柩已失其旗幟，彷徨涕洟，匍匐於青磷野水之間，行道之人皆弗忍也。後奉太孺人四十餘年，服勤至死，不飲酒，不茹葷，斬衰三年，未嘗徇俗，以墨衰謁客。嗚呼！先生之修於家者可不謂孝歟？諡法能養能恭曰孝，先生蓋有焉。先生品至醇學至博，然未嘗責人以所不足，嘗歎俗學之不足為教也。授子弟經史，必以全書，期於貫穿而後止。經義自鄭服而下，迨宋元名儒巨公，微詞精詣靡不搜討洽聞。然素不喜炫奇矜博及乎訾議前哲聳人聽聞，以故人亦不能盡知。先生晚年尤尊服宋儒，臨終猶誡子弟以熟復小學一書。嗚呼！此豈淺學之人所能識哉。諡法平易不訾曰簡，先生蓋有焉。今先生歿矣，生而無位，死有其號，寧可不易其名而終將諱之歟。今私諡之曰孝簡先生，還質諸

〔註159〕黃達《一樓集》卷十七，北京出版社影印清乾隆刻本，第739頁。

吾黨焉，謹議。」〔註160〕綜上可知：王永祺，生於清康熙四十年（1701），與
姚培謙同卒於乾隆三十一年（1766）。其先世，本家於江蘇，後徙居松江婁縣。
其父人稱載陽先生，母為黃氏。永祺家貧，成年婚配，入贅望湖盛氏。中年遷居
至北垞，始以草香自號，人稱恒齋先生。永祺喜獎掖後進，門人私諡其孝簡先生。
永祺曾問學於黃之雋，得其指授，工古詩，能力矯時趨，沈大成《喜晤王延之、
俞克友》詩云：「密友分張忽判年，相逢道故倍歡然。江湖憔悴嗟予拙，骨月騰
飛讓世賢。書法舊推鍾丙舍，詩名重見謝臨川（詩中自注：王工古詩，俞撫魏晉
人書，皆力矯時趨者）。柴門月色仍如昨，搔首何堪醉問天。」〔註161〕沈大成以
謝靈運擬王永祺，可知王永祺詩歌成就之高。永祺與姚培謙、張景星合編有《宋
詩百一抄》《元詩百一抄》，為一時名選。培謙分北垞之半予永祺，二人遂來往便
利，切磋頻繁，《周甲錄》乾隆五年（1740）載：「匯刻《詩集》八卷，屬延之選
定。」〔註162〕又乾隆十三年（1748）載：「同延之增訂《朱子年譜》」〔註163〕。
《周甲錄》乾隆十六年（1751）載：「十二月二十立春日，與延之起原海文會於
讀史樓。」〔註164〕乾隆十七年（1752）載：「與延之選刻《原海文會制藝》。」
〔註165〕《甲餘錄》乾隆二十四年（1759）載：「恭閱《佩文齋韻府》及《拾遺》，
真為古今以來韻學集大成矣。奈卷以百計，中人力不能購者多。因與二銘、延之、
凌煙焚膏繼晷，採擷菁華，此書若成，於藝苑似不為無功。第未知何日得以訖功。」
姚、王二人時有唱和。姚培謙作《正月七日王大延之以詩見貽，憶高常侍人日題
詩寄草堂句，續成二律，卻寄》詩，其一云：「人日題詩寄草堂，濕雲卷盡見晴
光。不知兩地春多少，空有相思夢知長。節序俄驚新歲月，形容飽歷舊風霜。愁
懷欲訴渾難得，吟向梅花一斷腸。」〔註166〕其二云：「人日題詩寄草堂，達夫
妙詠擅詞場。百年身世真堪笑，前輩風流未敢忘。頭帶銀蟠癡亦韻，杯斟竹葉
醉尤狂。佳辰獨我無聊甚，一片離心滿夕陽。」〔註167〕永祺人日貽詩問候，

〔註160〕王嘉曾《聞音室遺文附刻》，《續修四庫全書》集部，第1447冊，第264頁。
〔註161〕沈大成《學福齋詩集》卷二，《清代詩文集彙編》第292冊，影乾隆三十九年
　　　　刻本，第268頁。按：《續修四庫全書》集部第1428冊，第268頁所載此詩
　　　　無詩中小注。
〔註162〕姚培謙《周甲錄》，北京圖書館出版社據乾隆刻本影印，第139頁。
〔註163〕姚培謙《周甲錄》，北京圖書館出版社據乾隆刻本影印，第148頁。
〔註164〕姚培謙《周甲錄》，北京圖書館出版社據乾隆刻本影印，第150頁。
〔註165〕姚培謙《周甲錄》，北京圖書館出版社據乾隆刻本影印，第151頁。
〔註166〕姚培謙《松桂讀書堂集》，《四庫全書存目叢書》集部，第277冊，第118頁。
〔註167〕姚培謙《松桂讀書堂集》，《四庫全書存目叢書》集部，第277冊，第119頁。

姚氏酬詩二首示意，並以高適、杜甫關係自比，可見二人意氣相投。黃達同王永祺亦為知己，其《一樓集》即有《冬夜同王補堂賦》《秋夜懷補堂》《簡補堂孝廉》《補堂問訊近況，詩以代簡》《陰雨坐悶，檢閱舊稿，王條山、許子順至小飲》等詩，其《與王補堂書》云：「去歲，文駕過淮，適僕攝皐學篆，有失迎迓，罪甚！罪甚！近接手教並蒙批示近作，反覆盥誦，益深銘佩。惟是僕以五斗羈縻，當南北孔道，酬應旁午，不能終日鍵戶理其故業。兼之賦質駑下，非得如先生者常耳提而面命焉。若瞽之無相，倀倀乎墜於淵谷而不知矣。鄙人懷燕石以為寶，識者笑之。五穀之美而糠麩雜糅，則人將投箸而起。……先生問學淵博，直造古人。而汲引後進，有新城王尚書、家宮詹之風，故一時翕然宗仰，僕固不肯交臂而失之矣。」〔註168〕新城王尚書指王士禎，家宮詹指黃叔琳；又《哭友絕句三十首》之《王補堂永祺》云：「我亦常停問字車，生生橋畔草香居。藏書滿屋人千古，燈火秋窗入夢初。」〔註169〕對王永祺學問人品推崇備至。黃達《都門將歸寄鑪香》云：「芒鞋無分踏瀛洲，旅館宵眠憶舊遊。分韻伴吟花底榻，銜杯留醉水邊樓。劉愷別緒千山月，張翰歸心一葉舟。好約重開真率會，追尋松桂舊盟鷗。」〔註170〕其另有《題鑪香小圃八景》〔註171〕等詩，知黃達亦為北垞之常客。

〔3〕如蘭，語出《易‧繫辭上》：「二人同心，其利斷金；同心之言，其臭如蘭。」臭，通嗅。

〔註168〕黃達《一樓集》卷二十，北京：北京出版社，1997，影印本第 769 頁。

〔註169〕黃達《一樓集》卷十，北京：北京出版社，1997，影印本第 664 頁。

〔註170〕黃達《一樓集》卷二，北京：北京出版社，1997 年版，影印本第 580 頁。

〔註171〕《古樹藤花》：「古木附長藤，盤盤陰如蓋。一枝兩枝垂，紫雲蓊然會。花深坐忘言，香氣襲襟帶。羨彼所託高，攀折詎能害。」《月窗梅影》：「月上梅花枝，橫斜弄窗影。相看淡欲無，光氣侵人冷。賞吟入夜深，渺焉隔塵境。緬想林逋仙，春風獨管領。」《隰亭觀荷》：「結構小亭幽，策杖茲遊憩。芙蕖正紛敷，花光漾水裔。新浴宜涼風，飄飄舉衣袂。何處採蓮人，乘流來鼓枻。」《松陰高臥》：「庭前千尺松，虬枝蟠上下。時有清風來，濃陰許我借。擾擾逐輪蹄，何異浮雲過。跂腳秋樹根，無事日高臥。」《蒙泉魚躍》：「勺水無波瀾，條魚有隊隊。觀此悟道心，泳遊得自在。不洇尋真源，超然世網外。奚必羨鯤鯨，揚鱗江海大。」《淺山早桂》「小山疊石成，頗得林巒趣。八月桂楊華，馥郁如煙霧。頓令煩歊除，涼飇吹日暮。陰茲連蜷枝，隱士儔相遇。」《北籬賞菊》「搖落感歲華，凌霜數本菊。籬畔發幽香，清標爾所獨。采采滿黃金，聊以自娛目。緬彼柴桑翁，一編花底讀。」《高閣看山》「高閣勢崚嶒，登陟一何敞。九峰如翠鬟，歷歷在指掌。置身青雲端，俯視脫塵坱。倚檻足徘徊，令人發遐想。」（《一樓集》，北京出版社 1997 年影印本，第 585 頁。）

庚申，五年，四十八歲。

　　匯刻《詩集》〔1〕八卷，屬延之選定。夏，河道總督高公斌〔2〕以《固哉草亭詩集》授弟培恩，轉屬校閱。秋，增輯《左傳杜注》。冬，葬室陸氏墓在廣陳祖祠〔3〕之後，不封不植，於今十三年矣。

【注釋】

〔1〕《詩集》，指姚培謙所著詩文集《松桂讀書堂詩集》，囑託王永祺選定，足見培謙
　　　對永祺的信任與倚重。

〔2〕高斌（1683～1755），字東軒，遼寧奉天人，清代名臣，水利專家，乾隆皇帝慧
　　　賢妃之父。清雍正元年（1723），授內務府主事，遷郎中，主蘇州織造。雍正六
　　　年（1728），授廣東布政使。雍正九年（1731），遷河東副總。雍正十年（1732），
　　　調兩淮鹽政，兼署江寧織造。乾隆十年（1745）三月，加太子太保，五月，授
　　　吏部尚書。十二月，命協辦大學士、軍機處行走。乾隆十二年（1747）三月，
　　　授文淵閣大學士。乾隆十三年（1748），以周學健案奪大學士。《沈歸愚自訂年
　　　譜》乾隆十七年（1752）載：「十月，高中堂諱斌遣弁賚到御賜《三希堂法帖》
　　　三十二冊，比宋之《淳化閣帖》較增二倍餘矣。」〔註172〕乾隆二十年（1755）
　　　卒，諡文定，命祀賢良祠，著有《固哉草亭詩集》。沈德潛評曰：「東軒相公研
　　　窮易理，居己廉靜，待人以誠，與之交者，必使之得其意而去，所謂休休有容
　　　者也。詩多說理而不腐，別於白沙、定山一派。」〔註173〕

〔3〕案：姚弘緒撰《姚氏世譜·里居考》云：「居於廣陳，從始祖南山公始也。公由
　　　鹽官再遷，卜居於此，陶復陶穴，實兆發祥之基，故宗祠在焉。」〔註174〕

辛酉，六年，四十九歲。

　　正月，媳李氏亡。二月，《楚詞節注》成。明經劉讓宗維謙〔1〕著《叶音》
一卷，並附刻焉。讓宗篤學嗜古，植品勵行，惜不遇以卒，且無子。少司成顧
震滄先生棟高〔2〕致書曰：「《楚辭》注者林立，然多苦作意生新。先生一以朱
注為定本，間補州師一二，並刪去其議論，使讀者虛心涵永，自得三閭〔3〕心
事於意言之外。千載眼孔不為成見所封，嘉惠後學匪淺矣。讀書種子，如先生

〔註172〕　沈德潛《沈歸愚自訂年譜》，《沈德潛詩文集》第4冊，北京：人民文學出版
　　　　　社，2011，第2130頁。
〔註173〕　沈德潛《清詩別裁集》，上海：上海古籍出版社，1984，第1255頁。
〔註174〕　姚弘圖《姚氏世譜》卷首，清雍正三年刻本。

及武進蔣子東委〔4〕、虞山陳子弈韓，指不多屈。東委先生四十年前曾於敝邑一晤。弈韓於蘇郡常往來，而先生獨未得一面，所心悵也。」秋，編次平日讀經史臆見付梓。少司成又致書曰：「大集內，經學、史學端拜洛誦，具見根柢湛深。《春秋》《周禮》與鄙意合者，十居八九。乃知讀書到著實處，自然所見略同。《周禮》為贋作，弟近年來始持此論，不意先生先獲我心。大快！大快！」輯《類腋》地部。冬，衍聖公選補典籍，移諮督學，促行再四，力辭不赴。十一月，江西張真人昭麟〔5〕送伊妹與侄崧完姻。先兄故後，家道中落，諸凡賴四兄心求相助料理。崧成婚後，夫婦即來郡同居。數載於茲矣。鐘鳴入都後，一切往還酬應，崧代之。

【注釋】

〔1〕劉維謙，字讓宗，號友萍、雙虹半士，婁縣人，諸生，音韻學家，傳詳乾隆《婁縣志》卷二十六，著有《詩經叶音辨偽》八卷，黃之雋為此書撰序，收入其《唐堂集》卷九。劉氏另有《楚辭叶音》一卷，附刻於姚培謙《楚辭節注》之後。上海圖書館、浙江圖書館藏姚培謙《楚辭節注》，凡六卷，卷端題「華亭姚培謙平山節注」，書成於清乾隆六年（1741），為姚培謙家刻，姚書乃據朱熹《楚辭集注》刪繁舉要而成，為家塾課本。書之《例言》即交代：「此書以朱注為宗，或本文奧隱，注語須得更為引申者，間附王注者若干條。」卷末即附劉維謙《楚辭叶音》一卷，卷端題「雙虹劉維謙」，末有《識記》云：「韻學素未究心，同學劉君友萍研討最精，著有《楚辭叶音》一卷，附刻以便讀者。」劉氏與黃之雋、張棠皆有交往，王永祺、張景星、張卿雲為劉維謙門人。

〔2〕顧棟高（1679～1759），字復初，號震滄，無錫人。清康熙六十年（1721）進士，官內閣中書。雍正時，以奏對越次罷官。乾隆十六年（1751），以經學徵，賜國子監司業，未就。乾隆二十二年（1757），晉國子監祭酒。顧棟高「精心經術，尤長於春秋」〔註175〕，有《萬卷樓文稿》《方儒粹語》《春秋大事表》《毛詩類釋》《尚書質疑》等，《湖海詩傳》有載。姚、顧二人時有學術共鳴，據《周甲錄》乾隆十四年（1749）載：「十二月，《節抄正編》至魏咸熙、吳元興元年。十一日，東漢、後漢畢。十二日，《節抄》晉起。顧少司成又寄書曰：『《通鑒綱目節抄》，此係絕大制作。寧遲毋速，寧詳毋略，要須事增於前、文省於舊』，

〔註175〕張維屏《國朝詩人徵略初編》卷二十二，臺北：明文書局，1985，第756頁。

斯言實獲我心。」〔註176〕

〔3〕案：三閭，即屈原，其被貶後曾任「三閭大夫」一職，掌宗廟祭祀，兼管屈、景、昭三大氏子弟教育之事。

〔4〕蔣汾功（1672～？），字東委，號濟航，武進陽湖（今屬江蘇常州市）人，經學家，康熙五十年（1711）舉人，雍正元年（1723）恩科進士，官松江府教授。生平喜讀《孟子》，人稱濟航先生。著有《奉石堂集》二卷、《讀孟居文集》六卷等。

〔5〕張昭麟，清雍正十三年（1735），署理大真人，授光祿大夫，著有《海天樓詩集》，康熙朝大真人張繼宗第三子，兄錫麟、慶麟，皆為雍正朝署理大真人。

壬戌，七年，五十歲。

春，著《九歌招魂解》。秋，校訂陸當湖先生〔1〕《三魚堂勝言》，至明春告成。先生宅相〔2〕陳三蕉濟〔3〕立傳付梓。冬，嫁侄女於秀才衛祖謙。祖謙父半村自潯，文才令美，名重國學，卒年僅五十餘。同袍〔4〕惜之。《類腋》天部成。

【注釋】

〔1〕陸隴其（1630～1692），原名龍其，避諱改作隴其，字稼書，浙江平湖人，學者稱當湖先生，清初著名理學家。清康熙九年（1670）進士，歷官嘉定知縣、直隸靈壽知縣、四川道監察御史等，時稱循吏。思想上，陸氏宗朱熹而斥陸王，卒諡清獻，從祀孔廟，著有《困勉錄》《讀書志疑》《三魚堂文集》等。

〔2〕宅相，外甥的代稱，典出《晉書》卷四十一《魏舒傳》載：魏舒字陽元，任城樊人也。少孤，為外家甯氏所養。甯氏起宅，相宅者云：「當出貴甥。」外祖母以魏氏甥小而慧，意謂應之。舒曰：「當為外氏成此宅相。」久乃別居。

〔3〕陳濟，字檢亭，一作簡亭，陸隴其甥男，《宋百家詩存》編者曹庭棟之妻弟〔註177〕。其門前有三棵蕉樹，遂以「三蕉」為號。黃之雋《題陳氏三蕉書屋》詩末自注云：「（陳氏）係陸稼書先生甥，以先生年譜見詒。」〔註178〕釋元璟《完玉堂詩集》卷五載《三蕉書屋詩，為陳簡亭作》〔註179〕。培謙

〔註176〕姚培謙《周甲錄》，北京圖書館出版社 1999 年據乾隆刻本影印，第 148～149 頁。
〔註177〕陳濟之姊卒於雍正二年十一月二十六，見曹庭棟自撰年譜《永宁溪莊識略》。
〔註178〕黃之雋《唐堂集》卷四十二，《清代詩文集彙編》第 221 冊，影乾隆十三年刻本，第 435 頁。
〔註179〕釋元璟《完玉堂詩集》，《清代詩文集彙編》第 195 冊，影清初刻本，第 51 頁。

有《春夜偕友飲陳三蕉小桃源二首》，其一云：「掃除三徑迎今雨，傾倒一卮論故交。」〔註180〕知兩人關係非泛泛。又《周甲錄》乾隆十五年（1750）載：「謙自甲寅歲謝客以來，親友中相過者絕少，惟半村、耐亭、三蕉、延之及張司馬棲靜卿雲、部曹二銘景星昆季、范秀才師任志尹、表叔吳吟香澄、王香雪貽燕與惺齋時時晤言一室，釃酒評花，以消歲月。半村、三蕉於三年前辭世。」〔註181〕故可推知：陳濟卒於清乾隆十二年（1747）。

〔4〕案：同袍，本指戰友，語出《詩經‧秦風》：「豈曰無衣，與子同袍。王于興師，修我戈矛，與子同仇。」後來泛指朋友、同僚、同年、同學等。

癸亥，八年，五十一歲。

又四月，與鐘鳴續娶。媳顧氏，河南撫軍小謝公汧〔1〕孫女、開建令元珠秉禮〔2〕次女。五月，節抄《通鑒綱目》，羅列諸史及各種記載，考訂增刪，不敢杜撰一字。學使菏澤劉公藻〔3〕致書謙曰：「松江試事竣，即訪先生所在。而司土者言已赴山東，屢問則屢云云也。咫尺相左，深為悵悒。渡江北來，忽已春矣。每於花晨月夕，諷詠佳著，凡樂府、古今諸體，固已卓然成家，登古作者之堂矣。其餘諸撰造，搜羅博雅，校讎精詳，於表彰前哲之中，寓嘉惠後學之意。自吳中儋園〔4〕、吾鄉漁洋〔5〕、中州綿津〔6〕而外，不多見也。至注楚三閭、箋玉谿生〔7〕，乃發王逸所未言、剖石林〔8〕之欲露，近日解疏家又無論矣。自冬入春，以淮陽被水，不能考試，日日閒居。而長江道阻，無由時親大雅，互相倡和。思慕之積，如何可言。」謙與劉公從未謀面，而謬蒙傾倒若此，能無愧乎。冬，刻舊著《詩話》《對問》二種。

【注釋】

〔1〕顧汧（1646～1711），字伊在，號芝岩，長洲（今屬蘇州）人。勤學能文，清康熙十二年（1673）進士，選庶吉士，授翰林院編修，清康熙十五年（1676），充會試同考官。歷官左中允、左庶子侍講學士、內閣學士、禮部右侍郎、河南巡撫、太常寺少卿、宗人府丞等，著有《鳳池園文集》，今普林斯頓大學東亞圖書館藏有清康熙五十一年（1712）刻本，傳詳清乾隆十三年（1748）刻本《蘇州府志》卷五十七《人物》第十一。

〔註180〕姚培謙《松桂讀書堂集》，《四庫全書存目叢書》集部，第277冊，第133頁。
〔註181〕姚培謙《周甲錄》，北京圖書館出版社1999據乾隆刻本影印本，第149～150頁。

〔2〕顧秉禮，字元珠，曾官開建知縣。

〔3〕劉藻（1701～1766），初名玉麟，字麟兆，菏澤（今屬山東巨野縣）人，清乾隆元年（1736），山東巡撫岳濬薦舉博學鴻詞，定二等第三名，授翰林院檢討。乾隆三年（1738）春，奉旨改名為劉藻，字贏海，號蘇村。乾隆四年（1739），任右中允侍讀，上書房行走。乾隆五年（1740），授太常寺少卿，轉右通政，升左僉都御史。乾隆六年（1741），升內閣學士，任順天鄉試主考官。同年十二月，提督江蘇學政。乾隆八年（1743），因淮安高郵生員鬧賑案，降二級，特授宗人府府丞。後歷官陝西布政使、雲南巡撫、雲南總督、貴州巡撫等職，著有《篤慶堂文集》。

〔4〕徐乾學（1631～1694），字原一、幼慧，號健庵，江蘇崑山人，清初大儒顧炎武甥男，與弟元文、秉義皆官貴文顯，稱「崑山三徐」。清康熙九年（1670）一甲進士第三，授編修，歷官日講起居注官、侍講學士、內閣學士、左都御史、刑部尚書等。曾主持編修《明史》《大清一統志》《讀禮通考》等書，著有《憺園文集》三十六卷。家有藏書樓「傳是樓」，名重一時。

〔5〕王士禛（1634～1711），原名士禎，字子真，一字貽上，號阮亭，又號漁洋山人，世稱王漁洋，新城（今屬山東桓臺縣）人。清順治十五年（1658）進士，康熙四十三年（1704）任刑部尚書，頗有政聲，卒諡文簡。王士禛為清詩「神韻說」的倡導者，沈德潛評曰：「漁洋少歲即見重於牧齋尚書（案：錢謙益），後學殖日進，聲望之高，宇內尊為詩壇圭臬，實過黃初，終其身無異辭。」（《清詩別裁集》卷四「詩人小傳」）著有《漁洋山人精華錄》《蠶尾集》《池北偶談》《香祖筆記》《居易錄》《帶經堂集》等。姚培謙對王士禛較推崇，其《露筋祠》云：「驛路荒涼見古祠，露筋高節使人思。停舟欲讀新城句，細雨微風日落時（詩中小字注：阮亭先生有《題露筋祠詩》）。」〔註182〕其《甲餘錄》乾隆二十年載：「夏，點閱漁洋先生《唐賢三昧集》，付梓。」

〔6〕宋犖（1634～1713），字牧仲，號漫堂，晚號西陂老人，河南歸德府（今屬河南商丘市）人。清順治四年（1647），詔列侍衛。康熙三年（1664），授黃州通判。康熙十六年（1677），補理藩院判，遷員外郎。歷官山東按察使、江蘇布政使、江西巡撫、江蘇巡撫等。康熙三十八至四十四年（1699～1705），康熙帝三次南巡，皆由宋犖負責接待。康熙四十四年（1705）十一月，晉吏部尚書。康熙五

〔註182〕姚培謙《松桂讀書堂集》卷八，《四庫全書存目叢書》集部，第 277 冊，第 133 頁。

十二年（1713）春，加太子少師，秋九月卒。犖為官清正，被康熙帝譽為「清廉為天下巡撫第一」。其為詩人，則「金臺十子」之一，康熙初年，宋犖、顏光敏、田雯、王又旦、曹貞吉、葉封、謝重輝、丁煒、曹禾、汪懋麟等人與王士禛談藝，士禛編選《十子詩略》付刻，「金臺十子」由此得名。邵長蘅則選王士禛、宋犖詩為《二家詩鈔》。犖編著有《西陂類稿》《漫堂說詩》《江左十五子詩選》等。

〔7〕玉谿生，晚唐詩人李商隱其號。

〔8〕石林，指宋代詞人葉夢得，夢得（1077～1148），字少蘊，蘇州人。北宋紹聖四年（1097）進士，歷翰林學士、戶部尚書、江東安撫使等職。晚年隱居湖州玲瓏山石林，號石林居士，著有《石林詞》《石林燕語》《石林詩話》等。在兩宋之交的詞風轉變過程中，葉夢得是重要的過渡詞人，開拓了南宋前期以「氣」入詞的新路。

甲子，九年，五十二歲。

夏，《類腋》地部成。九月，《增輯左傳杜注》成。昆圃先生作序，闇亭太守刻於家塾。

乙丑，十年，五十三歲。

《郡志》失修八十餘年。山東王公斂福〔1〕來署郡事，聘中允黃唐堂之雋〔2〕、進士張研真梁〔3〕兩先生總其事。謙與延之、半村、乾三及孝廉張虛受先生澤城〔4〕、國學金耐亭思安〔5〕為分纂。謙病，不能勝任，辭。適王公移守潁州，中止。十二月，《節抄通鑒綱目前編》自盤古氏起，至周威烈王二十三年。

【注釋】

〔1〕王斂福（1689～1753），字凝箕，號鳳山，山東諸城人。清康熙六十年（1721）進士，歷兵部主事、文選司考功郎中、江南知府等職。清雍正十一年（1733），因治海有功，晉海寧兵備道。乾隆十年（1745），任潁州（今安徽阜陽）知府，造福一方，深得民心。乾隆十四年（1749），調任江寧（今江蘇南京）知府。乾隆十五年（1750），再調潁州知府。後因病歸里，卒於家。著有《王太史宦稿》《鳳山詩集》，主修乾隆《潁州府志》。

〔2〕黃之雋（1668～1748），初名兆森，字石牧，號唐堂，華亭人，原籍安徽休寧。少穎悟，弱冠能詩，以杜甫、韓愈為師範。清康熙六十年（1721）進士，改庶吉士。歷福建學政、中允等職。之雋嗜好讀書藏書，聚書二萬餘卷，綜覽博觀，

才華富贍，著有《唐堂集》、雜劇《四才子》、傳奇《忠孝福》、集句詩集《香屑集》等，傳詳其自撰年譜《冬錄》（見國家圖書館藏清乾隆刻本《唐堂集》附錄）、《清史列傳》卷七十一。黃氏為學尊程朱，王永祺評曰：「吾師唐堂先生前後集共六十卷，《冬錄》一卷，皆手定。……先生之於文章自有原本，平日孳孳為學，一秉程朱，卓立不惑，深疾夫陸王釋老之說。……闡提正學，排詆邪論，不遺餘力，散在集中可考。中年讀朱子書，意欲有所撰述而不果。蓋夙以標榜道學為戒，潛心力行，自少至老，自處家以至服官，一以忠誠篤敬，由是蓄積光大，浩乎沛然。」〔註183〕王永祺篤守程朱理學，實由來有漸。沈德潛稱：「雲間詩，自陳黃門振興後，俱能不入歧途，累累繩貫。至盧文子後，又日就衰隤，尟所宗法矣。唐堂學殖富有，而心思才力又足以驅策之，故能自開生面，仍復不失正軌，謂之詩學中興可也。」〔註184〕黃之雋曾為姚培謙《樂府》詩集作序，有云：「漢採秦楚之聲而立樂府，孝惠二年，有樂府令夏侯寬。文、景時無所增更，於樂府習常隸舊而已。知不始於武帝延年，蓋至是而極盛大備云。人曰『樂府興而三代之樂亡』，顧玩其辭，實有六義之遺，不同者音耳。魏晉繼響，浸淫至南北朝，起鄭衛之聲，雜羌胡之曲，唐人若李、杜、元、白、韓、孟、李賀、張籍、王建之徒，振古創新，炳焉與漢同風。至宋元以詞曲充樂府，而漢以來之樂府遂亡。明大家往往擬作，鮮有可觀。于鱗翁《離東門行》等篇剽摹斷爛，不作可也。考漢《郊祀》《房中樂》載於班史，鴻文巨製，歷代取法，而迥莫能逮。《朱鷺》等曲則或澀句讀、艱訓詁，但以諧聲，有音無義，故後代按曲易名，篇句亦別。固知膠柱不如改弦，其他曲部衰積，汗漫難竟。所謂長簫短簫，清調瑟調，法已不傳矣。予少壯時頗好之，仿其辭旨音節，斷題取義，不盡合於本章，以肖自喜，以贗自愧，俄而曰不為。而姚子平山獨憂為之，今梓其詩，用樂府壓卷，古近體次其後，體各有名人為序。而首以樂府屬予。嘗讀幾社詩，吾郡前輩必討源風騷，批根漢魏。味必濃至，聲必高渺，不似世人狃習凡近視唐以上為洪荒黮者，署古題於三五七言，而嚇曰樂府。梏也而釵之，膃也而璞之，然乎哉？平山匠意冶句，曼衍百餘篇，無不神解吻合，意其遊心冥悟，逖追司馬協律輩，相和於鐃歌、鞞舞之間，而得其不傳之逸響歟。世有賞音，安知不胥被之弦匏，視彼雙鬟餅師謳黃河而歌渭城者何如也。予請以賣樺土鼓先

〔註183〕黃之雋《唐堂集》卷首《識記》，《清代詩文集彙編》第221冊，影清乾隆十三年刻本，第1～2頁。
〔註184〕沈德潛《清詩別裁集》，上海：上海古籍出版社，1984，第982頁。

之。」〔註185〕黃、姚二人俱宗仰杜甫、韓愈、朱熹，詩歌學古主張一致，不
類凡俗之唯唐是舉，餘則摒棄不為。雍正初年，姚培謙兩遭薦舉而不就，黃之
雋有《姚平山卻薦詩》述其事，詩云：「聖朝汲人野無佚，賓校之中講治術。詔
下郡守方舉憂，姚君掉頭不肯出。人生出處各有志，所貴儒林合循吏。廣川文
學得仲舒，洛陽秀才推賈誼。姚君兼有猷守為（詩中自注：雍正四年，詔郡縣
學舉有猷有為有守之士為優生），抱負胡不早措施。曾晳風浴酬所知，漆雕亦云
未信斯。聖人一與一說之，姚君詣郡守，悃款而力辭。墨絰視事世所有，棘人
未是馳驅時。郡守不能強，屹以禮自持。閩漳諸生王麟瑞，曾紀樂春堂裏事。
冬療母疾梅實生，夜廬父墓馴虎至。孝廉之詔始舉行（詩中自注：雍正初，詔
舉孝廉方正），我為題薦朝帝京。擢授太守轉郎署，旋晉御史屢有聲。王君應召
姚君卻，盛典相同志則各。求忠於孝古所稱，事業他年待揮霍。」〔註186〕黃
之雋亦為姚培謙、張景星所編《通鑒綱目前編節抄》作序，序文載黃氏《唐堂
續集》卷二。

〔3〕張梁，字大木，一字奕山，婁縣人，張淇季子，培謙好友張景星之叔祖。清康
　　熙五十二年（1713）進士，充武英殿纂修官。後乞假歸，而絕意仕進，卜居珠
　　街閣，日與黃之雋、繆謨等友人詩酒相樂，晚歲專修淨業，自號幻花居士，著
　　有《澹吟樓詩鈔》《幻花庵詞鈔》等，《婁縣志》《松江府志》有載。

〔4〕張澤珹，字盧受〔註187〕，一字寶甫，號實甫，青浦（今屬上海）人，清康熙
　　五十九年（1720）舉人。乾隆元年（1736），舉博學鴻詞，不赴。工詩書畫，《青
　　浦縣志》云：「澤珹工書畫，好畫禪室遺範。」著有《天香閣草》《懷古堂集》。

〔5〕金思安，字耐亭，國學生。

丙寅，十一年，五十四歲。

　　正月，《節抄正編》，周威烈王二十四年起。坊人以房書《豹斑》二集請，
方從事《通鑒》，卒卒未暇，因屬今涪、鳳攽在機〔1〕昆季選評，謙特署名而
已。

【注釋】

〔1〕張在機，字鳳攽，南宋名臣張浚二十二世孫，張弈樞二弟，增生，屢試不售，

〔註185〕黃之雋《唐堂集》卷九，《清代詩文集彙編》第 221 冊，影清乾隆十三年刻
　　　　本，第 118 頁。
〔註186〕黃之雋《唐堂集》卷三十八，清乾隆十三年刻本。
〔註187〕案：其名、字，出自《易・咸》之「山上有澤，咸，君子以虛受人。」

編著有《沁香居時文》。

丁卯，十二年，五十五歲。

春，鐘鳴同侄法祖入都，應北闈秋試。法祖，五兄巽齋長子。能詩文，溫雅老成。少年中不可多得，未幾，竟卒於京邸。哀哉！夏，閣學沈公德潛假滿還朝，六月十七日陛見，皇上問及江南文風士習，沈公奏謙閉戶著書不求聞達。上云：「不求聞達，就難得了。」十九日，傳旨進謙所著書籍。沈公呈《樂善堂賦注》四卷、《增輯左傳杜注》三十卷、《讀經史》〔1〕二冊，上覽云：「《左傳》《經史》甚好，《賦注》尚有未詳處。」謙一介庸愚，獨學無師，管窺蠡測，何意得邀天鑒，欣悚交深。

【注釋】

〔1〕案：即《經史臆見》。

戊辰，十三年，五十六歲。

五月，《節抄正編》至漢更始二年，西漢畢。六月，《節抄》東漢起。九月，大病臥床數餘〔1〕日。寒熱交作。醫者咸謂體虛，宜進溫補，如其言，服參苓，病勢轉劇。後飲西瓜汁，一盞而愈。養疴一室，無可消遣。適案頭有劉氏《世說》〔2〕、何氏《語林》〔3〕，翻閱之下，略為增刪，刻成小本。又採書史中語切近有益身心者，匯寫小冊，以便攜帶，名《書紳》，屬兄婿惠西嶼承全〔4〕作序。同延之增訂《朱子年譜》。

【注釋】

〔1〕案：「餘」字疑衍。

〔2〕《世說》，即南朝宋人劉義慶所著志人小說《世說新語》。

〔3〕案：即明代何良俊所著小說集《語林》，亦稱《何氏語林》，仿《世說新語》體例編撰而成。

〔4〕惠承全，字西嶼，一字枝南，培謙胞兄培枝女婿。培謙好友黃達與惠氏交往頗深，其《簡惠枝南》云：「六街塵不到江鄉，覆檻蕉陰午夢涼。冷淡頭銜仍故我，淒酸心事等陽狂。杜陵弟妹歌同谷，白傅交遊紀會昌。一著勝人惟退步，笑他蟵蚿漫登牆。」〔註188〕又《得枝南書卻寄》云：「破帽輕衫冷宦身，弟兄零落最傷神。哪知花底傳杯客，還憶天涯索米人。官到常貧因分定，交

〔註188〕黃達《一樓集》卷二，北京出版社1997年影印本，第583頁。

從久別見情真。開緘雙淚痕猶漬，紅豆秋莊入夢頻。」〔註189〕惠氏與黃達皆為沈德潛門生，黃氏《白門喜值藥洲、枝南》云：「江亭判袂昔銷魂，今日相逢白下門。揚子藏書初卜宅，董生執卷漫窺園。文章海內同衣鉢（詩中小字注：予與兩君同出歸愚師門），兄弟天涯一酒樽。慰我十年風雨夢，燒燈話到月斜痕。」〔註190〕沈德潛有《惠枝南乘槎圖》詩云：「胸懷九宇寬，大海亦利涉。何須更乘桴，浮槎自寧帖。浩浩隨風濤，蛟龍蝦魱狎。紅日海底升，神山天際疊。倘逢方子春，相與周六合。」〔註191〕黃達曾作《懷人絕句三十首》，序云：「余喜交海內名流，然大半皆潦倒失志。居不必同鄉，生不盡齊齒。計得三十人，各係一絕，存其概也。至姓名顯赫騰跨風云者不與焉，已歸道山亦勿錄。」其中《惠枝南承全》絕句云：「一株紅豆舊清華，便訪（左邊魚、右邊孚）門惠二家。燈火橋邊停小艇，酒旗歌板醉春花。」〔註192〕惠枝南之身世際遇，黃達《與惠枝南書》言之甚詳，書云：「枝南足下：僕與足下交蓋二十年矣。足下由吳僑居我郡，吳中故多名士，不以僕愚無能，歡然握手如舊，故誠知僕戇直，可與為友。足下知僕，而僕見足下有當匡益者，隱默而不言，則僕負足下矣。足下祖父伯叔皆以文章名世，席其遺蔭，少自振拔，可致青雲之上，非如寒畯崛起，負笈走數十里從師授受，又苦家無藏書難資考訂者比，況加以足下之聰穎過人者哉。然而足下屢躓於有司，豈足下時命之連蹇，抑頹惰不自奮厲故至此耶？夫科名不足輕重人，而文章當有以垂不朽。名山事業須及壯盛時為之，若悠忽因循，歲月易盡，與草木同腐耳。昔晉陶侃以禹惜寸陰，人當惜分陰，白駒過隙，老大無成，古今有同慨矣。至若胸多抑塞不平，借酒杯以澆其塊壘，必如劉伶、李白，然後其人以飲酒而傳否？則日在醉鄉，百事隳廢，身名因之掩沒者豈少哉！昨聞足下將返吳門，酒場歌席號稱最盛，竊恐習俗移人，賢者不免。《小雅·鶴鳴》之詩曰：『他山之石，可以為錯。』其二章曰：『他山之石，可以攻玉。』僕不敏，願備足下攻錯之具，而獻其山石焉，幸賜詳譽，主臣不宣。」〔註193〕黃氏勸慰之情亦真摯感人。

〔註189〕黃達《一樓集》卷六，北京出版社1997年影印本，第621頁。

〔註190〕黃達《一樓集》卷七，北京出版社1997年影印本，第637頁。

〔註191〕沈德潛《歸愚詩抄餘集》卷十，《沈德潛詩文集》第2冊，北京：人民文學出版社，2011，第617頁。

〔註192〕黃達《一樓集》卷九，北京出版社1997年影印本，第657～658頁。

〔註193〕黃達《一樓集》卷二十，北京出版社1997年影印本，第770頁。

己巳，十四年，五十七歲。

九月，於松桂讀書堂之東鑿池疊石，種竹栽花，築室數十椽，取真山民〔1〕句，顏曰：松桂小菀裘〔2〕，以為娛老之計。十二月，《節抄正編》至魏咸熙、吳元興元年。十一日，東漢、後漢畢。十二日，《節抄》晉起。顧少司成又寄書曰：「《通鑒綱目節抄》，此係絕大制作。寧遲毋速，寧詳毋略，要須事增於前、文省於舊。」斯言實獲我心。

【注釋】

〔1〕真山民，宋末隱士，有《真山民詩集》，事蹟詳《宋季忠義錄》卷十五。

〔2〕「松桂小菀裘」，出自真山民《幽居雜興》，詩云：「松桂小菀裘，山扉幽更幽，蜂王衙早晚，燕子社春秋。髩禿難瞞老，心寬不貯愁。年來把鋤手，無復揖公侯。」

庚午，十五年，五十八歲。

八月，得孫。十二月，哭王表叔惺齋貽谷〔1〕。惺齋，相國文恭公孫、少宗伯晴村公次君。為人介特自喜，績學，工詩詞。謙自甲寅歲〔2〕謝客以來，親友中相過者絕少，惟半村、耐亭、三蕉、延之及張司馬棲靜卿雲〔3〕、部曹二銘景星〔4〕昆季、范秀才師任志尹〔5〕、表叔吳吟香澄〔6〕、王香雪貽燕〔7〕與惺齋，時時晤言一室，釃酒評花，以消歲月。半村、三蕉於三年前辭世，今惺齋又作古人，不勝知交零落之感。

【注釋】

〔1〕王貽谷，字子有，號惺齋，華亭人，頊齡孫，圖炳次子，生年不詳，清乾隆十五年（1750）卒，工詩詞，著有《惺齋詩稿》。按：王頊齡（1642～1725），字顓士，一字容士，號瑁湖，晚號松喬老人，廣心長子，清康熙二年（1663）舉於鄉，康熙十五年（1676）進士，由太常博士舉康熙十八年（1679）博學鴻詞，改翰林院編修，累官武英殿大學士，兼工部尚書，特贈少傅，諡文恭。王圖炳（1668～1743），號澂川，頊齡子。清康熙三十八年（1699）舉人，康熙四十六年（1707）聖祖南巡，迎鑾獻詩，蒙召入京，供奉內廷，康熙五十一年（1712）進士，改庶常，累官禮部左侍郎。

〔2〕案：此處甲寅，為雍正十二年（1734），姚培謙涉科舉案後。

〔3〕張卿雲（1710～1760），字棲靜，又「字慶初，以諸生貢成均，後積捐至連同，

以母老不謁選。與弟景星友愛無間，撫甥葬師，鄉里推為長者。」〔註194〕卿
雲之生平事蹟，沈大成撰《朝議大夫都轉鹽運使司運同樓靜張君墓碑》有詳載，
文云：「雲間張氏為江東之世家，其先居上海之筠溪裏，後遷於郡城。當皇朝定
鼎之初，有盛德積善發聞於時，至今傳之。為長者曰筠齋公，諱淇，贈兵部左
侍郎，累加刑部尚書。有子四，其長由進士起家，治行卓犖，為時名臣，曰慕
庭公，諱集。有子一，由舉人登部曹，出守桂林。家居蒙世廟特恩，即家拜太
僕少卿，曰吟樵公，諱棠。有子二，樓靜其冢嗣也，名卿雲，字慶初，一字樓
靜，為人仁恕，質厚而氣溫，好學能詩文，其事親以孝聞，能克其家、承其先、
儀於其族姓者也。蓋自順治至今近百二十年矣，其故家右族，其後或至墜其緒，
而清河之遺澤獨綿且大。其出者，固重於朝廷；其處者，亦行應乎禮義。若君
尤為難得者也。君少具至性，侍太僕服勞順適。逮沒，執喪盡哀。既葬廬墓，
事母鄭恭人，問安視膳，朝夕罔敢懈。有疾，親調湯藥，夜不敢寐。家故有園
池，春秋美日，則奉版輿以遊，惟恐其親之不歡也。其力學而卒，未試於用者，
以奉親之故，一日不忍去左右故。嘗再試京兆，報罷即歸。雖有籍於吏部，而
亦未嘗赴也。其從父文敏公方在九列，內外姻黨多居華膴躋顯要，過家上家，
呵殿赫奕，而君處之泊然，不以榮達在意。居恒曰：『第使吾奉母以終天年，則
吾願畢矣。』夫孰知親存而子先隕，年甫艾而期已迫，白華之志未竟，而長抱
膝下之慕以入地也。嗚呼！其可哀也已君遇。其弟西圃友愛，諸女兄弟之已嫁
者皆為移近，歲時往來，慰其親。又嘗撫其孤甥，教之成立。又嘗收恤其中表
之遺女，長而嫁之。其受業師沒，為刻其遺書，又營葬而贍其家。君既內行修，
而力於善，雍正壬子松郡饑，君泛舟出糶，減值以市，又為糜以食餓者。繼又
大疫，君瘞殣以千數。乾隆乙亥丙子洊饑，君仍如前之為。又嘗捨棺槥施衣被
治橋樑復育嬰堂，使殣者藏瘞者燠涉者渡而孩棄者以活，凡此皆君之行己利物
見稱於鄉人者也。則君之用雖不試於世，而其善猶得及於鄉。其孝既有聞於今，
茲其必有傳於後可知也。君生於康熙庚寅六月初八日，卒於乾隆庚辰三月初九
日，年五十有一。以妻縣學生循例注選府同知，改鹽運使司運同，誥授朝議大
夫。母吳氏、繼母吳氏俱贈恭人，生母鄭氏亦封恭人，妻王氏封恭人，子七人：
岳孫，諸生，前君卒；谷孫，國子生；隆孫，布政司理問；硯孫、培孫殤；頤
孫、芳孫，女二人，長適諸生王承曾，次幼未字。君之諸孤於辛巳二月某甲子

〔註194〕宋如林修；孫星衍，莫晉等纂《松江府志》卷五十八《古今人傳十》，清嘉慶
　　　　二十二年刻本。

奉君之喪，葬於某縣某圖之新塋。既請今都察院左都御史董公邦達志其隧道，以墓門之石未立也，復來請曰『願有述。』松與禾壤接，君之親若友余舊或姻好也。往在秋官，文敏實為僚。歸田後，數往來雲間，故稔君行最詳，而孝尤著，洵不愧世家子也。係以銘曰：嗚呼！張君孝而純，既含猶視懷其親，才韞不暴，待後昆貞瑁有溯名永存。」〔註195〕張卿雲與姚培謙關係親厚。姚培謙輯《類腋》一書凡五十五卷，分天、地、人、物四部。其中，人部、物部乃其與張卿雲同輯，是書卷首題署：「雲間姚培謙述齋、張卿雲棲靜同輯」可證。張卿雲早卒，清乾隆二十八年（1763），姚培謙撰《類腋·物部序》時深情緬懷：「人、物分類較天、地二部更為繁瑣，年來精力困倦，纂輯之事幾欲中輟矣。會同學棲靜張司馬不鄙雕蟲，助之卒業，往復參訂，由是《類腋》遂為完書。余第一序中所謂『事求其源，毋但以前後類書為憑』者，今之用意猶夫初也。惜乎殺青方半，司馬遽游道山，人、物部本一時授梓，物部已竟，輒先印行。深感素心晨夕，渺焉莫蹤，而賢嗣輩能捐稿以述，遵先志風雅，繼承良在茲乎，爰復序而識之。」〔註196〕姚培謙編《元詩自攜》七言絕句時，張卿雲亦參與此事，是書卷四題署：「華亭姚廷謙平山選輯，同里張卿雲慶初、金壇曹階碬山參閱」〔註197〕可證。

〔4〕張景星，「棠次子，原名德山，字恩仲，號二銘，……娶王氏，少傅大學士文恭公諱頊齡孫女。」〔註198〕婁縣人，乾隆初候補主事。松江望族，以張氏最為顯赫，王昶評云：「雲間望族，莫如張氏。考《三國志》《晉書》，自大鴻臚儼以名德著於孫吳，而步兵翰繼之。……歷唐宋元明，張氏登膴仕者甚眾，以至於本朝益貴顯。少司馬以名進士為侍郎，文敏公以翰林薦登司寇，書法之工受知今上。」〔註199〕少司馬指張集，文敏公指張照。張景星即出身此望族，清嘉慶《松江府志》卷五十八《古今人傳》載有其父張棠傳記，附有張景星小傳，傳云：「張棠，字南暎，婁縣人，集子。康熙三十五年舉人，官戶部員外郎，遷刑部郎中，出知桂林府。為政簡肅，決獄明恕，御婪治劇，斧擘理解，不動聲

〔註195〕沈大成《學福齋集》卷十五，《續修四庫全書》集部，第 1428 冊，第 182～183 頁。

〔註196〕姚培謙《類腋·物部》，清乾隆二十八年刻本。

〔註197〕姚培謙《元詩自攜集》，清雍正刻本。

〔註198〕張謙、張廷柱、張世瑛等重輯《雲間張氏族譜》，清同治十三年抄本。

〔註199〕王昶《春融堂集》卷四十二《張玉罍七十壽序》，《續修四庫全書》集部，第 1438 冊，第 99 頁。

色，而案無留牘。時各府知縣盤查流民，男婦老幼二百七十餘口解省候質，羈留日久，饑困欲斃。棠首捐俸廉詳請給賑，民賴以活。獷猱劫掠村莊，真凶往往竄匿山谷，監禁者多無辜牽累。乃檢查積案，悉予開釋。他案之牽連繫獄者亦如之，囹圄頓空。開華掌書院，廣集生徒，資以膏火。修築城東南順成橋，以便行旅。守桂三載，詔許訖終養歸。棠家本素封，居鄉每遇旱潦，米貴，設法濟貧。前後減價平糶，動以數千石，鄉人尸祝之。西陲用兵，請出家資助餉。雍正八年，朝廷以蘇松水道淤塞，大發帑金。開濬吳淞江故道，復請助銀三萬。世宗憲皇帝嘉獎，特授太僕寺少卿，年七十三卒。子卿雲，字慶初，以諸生貢成均，後積捐至連同，以母老不謁選。與弟景星友愛無間，撫甥葬師，鄉里推為長者。景星，字二銘，候補主事，性長厚，喜賓客，卜築城南之梅園，名流宴集，聲色自豪，有孔北海、劉道和之風焉，卒年七十六。」〔註200〕景星先世本居浦東，七世祖張方徙居三林塘，方之次子耀邦好遊俠，不治生產，行蹤半天下。耀邦之子尚文攜族遷至筠溪西，尚文為太學生，充鄉飲大賓，歿後入祀鄉賢祠。尚文之子名淇，字爾瞻，號筠齋，清康熙元年（1662）舉家遷至松江郡。淇有四子：張匯、張集、張維煦、張梁。張集，字殿英，號夏園，清康熙十五年（1676）進士，累官吏部左侍郎、兵部左侍郎，有《愛日堂集》。張集性仁愛，嘗置義田千畝，贍養窮困之族人，人贊其有范仲淹之風範。張集長子乃張棠，棠（1662～1734），字映辰，一字南暎，號吟樵，著有《賦清草堂詩》，時之名流黃之雋、釋元璟、盧月川、沈大成等皆激賞其詩，上海圖書館藏有張棠《賦清草堂詩抄》六卷，為清乾隆二十四年（1759）張卿雲刻本，書首署題：「雲間張棠吟樵」，書末署題：「男卿雲、景星恭校」。張氏家族以科第文學世家，文德並著，這種宗風對張景星的讀書治學、修身處世皆有影響，王延年稱張景星「精研古學，著書滿家。」〔註201〕黃之雋所撰《飛鴻堂記》中贊曰：「二銘世宦年少，有用世才。」〔註202〕黃達撰《梅園記》云：「梅之枯寂冷淡，非其人性情相近，固未能好也，張君（景星）殆有擯斥凡豔而獨與梅契合者耶。余交西圃（景星其號）久，每當花時，招余坐花下，共浮大白，未嘗不愛其骨格超然，獨立於層冰積雪間，孤秀特出。曾有句云：『一片冷香宜月夜，短筇得

〔註200〕宋如林修；孫星衍，莫晉等纂《松江府志》卷五十八《古今人傳十》，清嘉慶二十二年刻本。

〔註201〕姚培謙、張景星《明史攬要》卷首，清乾隆二十四年刻本，蘇州圖書館藏。

〔註202〕黃之雋《唐堂集》卷十三，《清代詩文集彙編》第221冊，影清乾隆十三年刻本，第155頁。

得看花來」蓋實錄也。余故嘉西圃之善承藥岩老人意，而圃之名不忘其本，於是乎記。」〔註203〕所載「一片冷香宜月夜，短筇得得看花來」，為張景星詩歌唯一存句。張景星有飛鴻堂梅園，培謙往來頻繁，培謙有《飛鴻堂梅花為張二二銘賦》二首，其一云：「城南梅逕深，歲歲事幽尋。月寫虯龍影，風開天地心。一枝呈古意，二月發清吟。不及張公子，當窗橫玉琴。」其二云：「昔我藥岩老，栽花不計年。彩毫常集客，雲鶴竟隨仙。自去寒流咽，今來玉蕊妍。石橋西畔路，高會又尊前。」〔註204〕清乾隆十一年（1746），姚培謙與張景星合纂《通鑒攬要》。乾隆二十三年（1758），姚培謙、張景星、王永祺編成《元史攬要》。乾隆二十四年（1759），姚培謙、張景星合纂《明史攬要》。乾隆二十六年（1761），姚培謙、張景星、王永祺選刻《宋詩百一抄》成。乾隆二十七年（1762），張景星與姚培謙合編叢書《硯北偶抄》。同年，姚培謙、張景星、王永祺合編《元詩百一抄》成。

〔5〕范志尹，字師任。

〔6〕吳澄，號吟香，華亭人，績學博聞，慷慨有大志，卻屢試不售，遂絕意仕途，著詩自娛，有《吳吟香遺詩》。沈大成《吳吟香遺詩序》云：「為詩者必有所宗，宗漢魏，則風古而格峻；宗六朝，則體新而詞媚；宗三唐，則調高而律嚴；宗宋元，則意別而才肆。是故即事寫情、撫時託興、低回俯仰、變化離合而終不失其宗，捨是則流僻邪散矣。……（吟香）為詩，舉凡歡愉憂戚、疾病傷悼、閒居逆旅，與夫風雨晦明、登臨弔古、懷人感舊、抗髒悲憤，一於詩寓之。……（吟香）詩之蹊徑實近宋元，擷其菁英而薙其蕪茢，挹其光澤而闢其塵蒙，學而安焉，不他嗜而遷焉，可謂有所宗矣。向使天假之年，鎪厲肅括，老之以歲月，奚難揖讓裕之（案：元好問）、伯生（案：虞集）而入廬陵（案：歐陽修）、臨川（案：王安石）、眉山（案：蘇軾）之室哉。」〔註205〕吟香有二子：昕、嗣宗，皆諸生，能詩，吳昕師從沈大成。

〔7〕王貽燕，字翼安，號香雪，一號棪齋，華亭人，圖炳長子，候補郎中，贈翰林院編修。善畫蘭竹，工書法刻印，有《香雪山房遺稿》。培謙雍正繫獄，嘗反省：「擇交每向窮愁審，悔過都從閱歷來。」（《獄中雜詩十二首》其四）〔註206〕

〔註203〕黃達《一樓集》，北京：北京出版社，1997 年影印本，第 731 頁。
〔註204〕姚培謙《松桂讀書堂集》，《四庫全書存目叢書》集部，第 277 冊，第 107 頁。
〔註205〕沈大成《學福齋集》卷五，《續修四庫全書》集部，第 1428 冊，第 69 頁。
〔註206〕姚培謙《松桂讀書堂集》，《四庫全書存目叢書》集部，第 277 冊，第 118 頁。

釋後則擇交審慎，貽燕兄弟則為培謙知交。沈大成與貽燕也有交往，作有《梅魂和王香雪》云：「玉奴儀態本珊珊，紙帳歸來夜欲闌。月冷尋香空墮影，雪深入夢不知寒。可能標格依稀見，未許風情仔細看。翦盡剡藤招不得，幾回惆悵倚闌干。」〔註207〕黃達《哭柊齋先生》云：「五載淮陰歎索居，從今難覓舊樵漁。連床話舊秋燈外，飛盞吟詩夜雨初。幾社風流長已矣，宜園花事竟何如。問誰再結閒鷗伴，三泖湖邊共著書。」〔註208〕又《哭人絕句三十首》之《王柊齋貽燕》云「相國文孫興致豪，聯吟風雨醉醇醪。名園樂事成前夢，云腳斜飛月影高。」〔註209〕

辛未，十六年，五十九歲。

十月，《節抄正編》至晉恭帝元熙元年，初九日三鼓，《晉紀》畢。十一日，《節抄》南北朝起。考訂《詩韻》一東至四支。十二月二十立春日，與延之起原海文會於讀史樓。

壬申，十七年，六十歲。

春，《節抄正編》至劉宋元嘉三十年。三月，二銘重舉原海文會於讀史樓。夏，考訂《詩韻》五微起，至十三元。秋，焚燒書札契券。謙平生頗熱腸，於知交中不能漠視，以致祖業消磨。一切緩急有本身及子孫貧窶而力不能償者悉行焚燒，亦一快事也。與延之選刻《原海文會制藝》。九月，《節抄正編》宋孝建、魏興光元年起。十一月十日，《宋紀》畢。十二日，《節抄》齊建元元年、魏太和三年起。十五日，偕友至吳趨〔1〕，寓張氏天遊閣。旅中仍課抄書。十八日晨起，步至虎丘，天氣溫和，獨坐千人石，酌清泉，看山色，遊人甚少。是日賤辰，以出門得領靜趣，不覺徘徊久之，回寓已下舂矣。十二月初五日歸，弟明經健齋培運欲梓其尊人帆江伯父遺詩。十九日，冒雪拏舟，攜集來城。健齋乍從西江回。是日，相對寒窗，擁爐酌酒，話匡廬、滕閣〔2〕之勝，為之欣然神往。歲除，編《周甲錄》竟，係以二律：「獨有雙丸疾，堂堂自去來。吾衰行已甚，臣壯本無才。細撥爐中火，頻看雪後梅。百年難得遇，明旦恰春回。」「墮地男兒命，升沉久任天。青雲渺何許，烏幾且悠然。肮髒平生志，崢嶸周甲年。昔塵同一夢，《畸譜》愧前賢。」

〔註207〕沈大成《學福齋詩集》卷十四，《清代詩文集彙編》本，第321頁。
〔註208〕黃達《一樓集》卷六，北京出版社1997年影印本，第628頁。
〔註209〕黃達《一樓集》卷十，北京出版社1997年影印本，第665頁。

（詩末自注：徐文長〔3〕自敘年譜，名《畸譜》）

【注釋】

〔1〕案：吳趨，舊指蘇州。

〔2〕案：匡廬、滕閣，指廬山和滕王閣。

〔3〕徐渭（1521～1593），字文長，號青藤居士、青藤老人、天池生、天池山人等，山陰（今浙江紹興）人，性格豪放，為人正直，曾參加過抗倭鬥爭，終生不得志，晚年貧病交加。徐渭在詩文書畫和戲劇等藝術領域皆有突出成就，並表現出離經叛道、追求自由的個性，自稱「吾書第一，詩二，文三，畫四。」與解縉、楊慎並稱「明代三大才子」。所著《南詞敘錄》，為我國首部南戲研究理論專著，另有雜劇《四聲猿》及文集傳世，生平事蹟詳其嘉靖四十四年自撰墓誌銘及袁宏道撰《徐文長傳》。

第三章　《甲餘錄》注釋

一、序

姚培謙自序：乾隆壬申冬，謙六十生辰，偶為《周甲錄》以自敘，今轉瞬又十年。生逢盛世，不能努力振奮，上以報國恩，下以承祖德。偃息蓬門，以飲以食，沒齒而已。平生行止，一無足書，惟是景光遞嬗，回思往事，年愈加，則可愧愈多。續自敘之以志警，此《甲餘錄》之所以繼《周甲錄》而成也。世之君子諒必有嗤我者，有憐我者。嗤我者，嗤其既不能謀道，又不能謀食。有子不能教，有家不能贍。鑽研故紙，消磨歲月，大丈夫豈如是耶。憐我者，憐其安於愚鈍，甘於飢寒，身如槁木，心如死灰，委時運以待盡，與人世而無爭，或不至目為天地間不祥之物耳。

二、正文

癸酉，十八年，六十一歲。

春二月，《齊書》抄畢，接梁天監元年。夏四月，《陳》《梁》二書畢，接抄《隋書》。至臘月杪，《隋》《唐》二書俱竟。余稟性迂拙，運復極蹇。兼之衰疾時作，一切酬應久謝絕。日坐斗室中，料簡陳編。對景回思，百端交集。偶成五言古詩一首：「淡日下窗櫺，梅影移素壁。徘徊短晷間，寒颸淒以惻。我身如石頑，終朝坐虛白〔1〕。盛氣自掃除，狂懷付蕭寂。浪竊文字娛，浮名不中食。昨歲甲巳周，今年除又逼。顏容知若何，怕見鏡中色。緬想古之人，仕隱各有適。鍾鼎與山林，無妨並竹帛。今我獨何為，程功乏寸尺。撫已實茫然，何以報帝德。急景不可追，羲和奔西極。一詩紀一年，聊以餞過客。」

【注釋】

〔1〕虛白：語出《莊子・人間世》：「虛室生白，吉祥止止。」謂心無雜念。

甲戌，十九年，六十二歲。

春正月，《節抄》後五代梁開平元年起。二月，汪司馬格齋萃宗〔1〕自西冷過訪。方文輈棨如〔2〕、金江聲志章〔3〕、杭菫浦世駿〔4〕、舒雲亭瞻〔5〕、周穆門京〔6〕、汪西顥沆〔7〕、施竹田安〔8〕、翟晴江灝〔9〕各以著述寄贈。諸先生俱詩文哲匠，余神交有年。不能扁舟造訪，非懶也，病也。瑤章遠惠，披讀快然，各題四韻報之。夏四月，得孫阿葆。秋九月，後五代抄全，正編告竣。冬十月，《節抄續編》起。孫女大姑，媳李氏生，三歲而母亡，余姜徐氏〔10〕撫養之，至十七歲矣，十一月夭卒，哀哉！

【注釋】

〔1〕汪萃宗，號格齋，輯有《貞孝錄》。

〔2〕方棨如，字若文，一字文輈，號樸山，浙江淳安人，曾受業於毛奇齡，篤志好學，以文章名天下。清康熙四十五年（1706）進士，授順天豐潤（今屬河北）知縣，後以「燒鍋失察」去官。清乾隆二年（1737），以經學薦舉，召修三禮，辭不就。自是閉戶力學，教書自給。曾講學於敷文、蕺山、紫陽等書院，世稱「樸山先生」。工古文，為文樸茂，與方苞齊名，著有《周易通義》《尚書通義》《毛詩通義》《集虛齋學古文》《離騷經解》《樸山存稿》《樸山續稿》等。

〔3〕金志章，初名士奇，字繪甫，號江聲，錢塘（今屬杭州）人。清雍正元年（1723）舉人，由內閣中書遷侍讀。工詩，與杭世駿、厲鶚齊名。性閒曠，人目之為「煙霞水石間客。」曾館於龔翔麟家，得盡覽其藏書，著有《江聲草堂詩集》。

〔4〕杭世駿（1696～1773），字大宗，號菫浦，仁和（今屬杭州）人。清雍正二年（1724）舉人，乾隆元年（1736）舉博學鴻詞，授翰林院編修，改御史。乾隆八年（1743）革職。乾隆十六年（1751）復原職。世駿學富才高，詩格清老，有逸氣，著有《道古堂集》《詞科掌錄》《續禮記集說》《經史質疑》《榕城詩話》等，生平事蹟詳《清史列傳》卷七一、《國朝先正事略》卷四一、應澧《杭大宗墓誌銘》等。

〔5〕舒瞻，生年不詳，卒於清乾隆二十二年（1756），字雲亭，他塔喇氏，滿洲正白旗。乾隆四年（1739）進士，歷官浙江桐鄉、平湖、海鹽等地知縣。乾隆十九年（1753），署乍浦理事同知。工詩文，著有《蘭藻堂集》十卷。

〔6〕周京（1677～1749），字西穆，一字少穆，號穆門，晚號東雙橋居士，錢塘人。
　　貢生，考授州同知。清乾隆元年（1736）薦博學鴻詞，稱疾不就。工詩書，著
　　有《無悔齋集》。

〔7〕汪沆（1704～1784），字師李，一字西顥，號艮園，錢塘人，諸生。早歲師從厲
　　鶚，工詩文，與杭世駿齊名。清乾隆十二年（1747），舉博學鴻詞，報罷，寄居
　　天津查氏水西莊，得以飽覽群書，南北稱詩者奉為壇坫。為學主經世致用，嗜
　　好藏書，家有藏書室「小眠齋」、「聽雨樓」，著有《湛華軒雜錄》《讀書日箚》
　　《新安紀程》《全閩采風錄》《蒙古氏族略》《識小錄》《泉亭瑣事》《汪氏文獻錄》
　　《小眠齋讀書日箚》《槐堂詩文集》等，編纂有《浙江通志》《西湖志》等。

〔8〕施安，字竹田，錢塘人，工隸書，好交遊，聲華滿江左。

〔9〕翟灝，生年不詳，卒於清乾隆五十三年（1788），字晴江，自號巢翟子，仁和（今
　　屬杭州）人。乾隆十九年（1754）進士，嘗官金華、衢州府學教授。喜藏書，
　　建藏書樓三楹名「書巢」，並撰《書巢記》，記其儲書經過。著有《四書考異》
　　《爾雅補郭》《湖山便覽》《艮山雜誌》《通俗編》《無不宜齋詩集》《說文算經證》
　　《周書考證》等。弟翟瀚，字尊江，亦好藏書。

〔10〕案：據姚培謙自撰年譜《周甲錄》《甲餘錄》所載，知培謙凡三娶：原配陸氏，
　　早卒。後娶妾呂氏、徐氏，生一子二女，子鐘鳴又生二子。

乙亥，二十年，六十三歲。

　　夏，點閱漁洋先生《唐賢三昧集》〔1〕，付梓。秋歉收，皇上軫念民隱，蠲
賑疊施，鄉城帖然。垂暮之年，得優游寒窗，嘯詠自若，化國之日舒以長，殊
不覺歲月之易邁矣。

【注釋】

〔1〕《唐賢三昧集》，清初詩壇領袖王士禎晚年所編唐詩選本，僅錄盛唐詩，是書集
　　中體現了王士禎的「神韻」詩學思想。

丙子，二十一年，六十四歲。

　　往餘輯類書，天、地二部已刻，頗為同志推許。人、物二門，有志未逮。
張司馬棲靜卿雲注意風雅，竭力慫恿，謂必次第續成，始可稱全璧。因於五月
中，薈萃文史，相與採掇考訂，盛茂才凌煙步青〔1〕、鍾茂才康之晉〔2〕共勷其
事，至己卯冬裒然成帙，現在雕板。惜乎棲靜遽赴玉樓〔3〕，不及見此書之蕆
役也。良朋徂謝，每一念及，不勝知舊凋零之感。所喜諸郎君英英玉立，文學

俱足紹其家聲耳。十二月下浣，北宋抄畢，遂接南宋。

【注釋】

〔1〕盛步青，字凌煙。

〔2〕鍾晉，字康之。

〔3〕玉樓：傳說中天帝或仙人的居所。《十洲記‧崑崙》載：「天墉城，面方千里，城上安金臺五所、玉樓十二所。」此處「遽赴玉樓」為死亡之諱稱。

丁丑，二十二年，六十五歲。

春二月，翠華〔1〕重幸江南，省方問俗，兆姓歡騰，都邑士子呈獻賦頌於道左，培謙以衰病不能追隨。上於大宗伯沈公德潛迎謁之次，問及臣尚在否？臣培謙年邁迂儒，何幸得蒙天慈記憶。君父之恩，奚啻天地之高厚耶。冬十月，宋史畢。接抄元世祖至正十九年起。十二月下旬，友人以「床頭黃金盡、壯士無顏色」二句為韻作詩，屬和。余讀之反覆，覺有味乎其言，效顰十首：

斗室餘何物，殘書堆滿床。偶拋思得誤，三復味來長。送送天邊日，勞勞隙裏光。敢云修緪〔2〕在，汲古〔3〕意難忘。一

撲筆寒窗下，青燈照白頭。長宵無好夢，短日有閒愁。寥落盟毆〔4〕散，淒涼病鶴〔5〕留。相依形共影，身世若為謀。二

憶走金陵道，秋山桂屢黃。看人白衣脫，笑我秀才康〔6〕。控地鳩難起，搖林風轉狂。從茲焚筆硯，涕灑蓼莪章〔7〕。三

牢守香山句，安居直萬金。曝鰓〔8〕真是命，躍冶〔9〕更何心。白日管寧榻〔10〕，清風陶令琴〔11〕。此中有妙理，門外即嶇嶔。四

栗烈寒氣深，徂年會將盡。橫空鴉陣來，入夜松風引。閱世心自平，安貧步未窘。早悟遜前賢，嗟餘良不敏。五

勿訝苦寒人，摧頹志不壯。熱腸鎮有餘，冷面將誰向。窮來被世嗤，老去得天放。粗喜小莵裘（詩中自注：圃名），泉石故無恙。六

被褐常不完，聞有東方士。幸無饑凍憂，何須卑賤恥。從人呼馬牛，且自儕鹿豕。白雪灑空林，素心正如此。七

雪中鴻印爪〔12〕，雪後有還無。往日多來日，今吾非故吾〔13〕。鹿蕉夢易失，露電語〔14〕非誣。待養不材木〔15〕，扶疏當鳳梧〔16〕。八

男兒一墜地，幾日得開顏。困阪有赤驥，泳波多白鷗。梅花朝已破，栢實晚堪攀。屈指風光暖，芳華高下間。九

丹青寫病容，縱寫不生色。敝帚徒自珍〔17〕，匏瓜豈能食〔18〕。詩囚似孟郊〔19〕，德星愧陳寔〔20〕。何當免悔尤，望古以為則。十

【注釋】

〔1〕翠華，古代天子儀仗中，以翠鳥羽毛裝飾而成的旗幟或車蓋，引申指君王。司馬相如《上林賦》云：「建翠華之旗，樹靈鼉之鼓。」李善注：「翠華，以翠羽為葆也。」

〔2〕修綆，即長繩，《莊子‧至樂》云：「褚小者不可以懷大，綆短者不可以汲深。」

〔3〕汲古，指收藏或鑽研古代的書籍文物，如汲水於井，故稱。汲古、修綆連用，見韓愈《秋懷詩》其五：「歸愚識夷塗，汲古得修綆。」

〔4〕盟鷗，典出《列子‧黃帝》篇，大意講交友須摒棄機心和私欲，誠摯相待，方得始終。

〔5〕病鶴枯魚，比喻處境艱難、沉淪不偶的人。明高濂《玉簪記》云：「似枯魚病鶴，空懷霄漢，挨著寒雞茅店。到禪關，借樹棲凡鳥，分燈習蠹篇。」

〔6〕案：「憶走金陵道，秋山桂屢黃。看人白衣脫，笑我秀才康」四句，暗指培謙金陵鄉試落敗之事。

〔7〕蓼莪，語出《詩經‧小雅》「蓼蓼者莪，匪莪伊蒿。哀哀父母，生我劬勞」章。朱熹《詩集傳》云：「言昔謂之莪，而今非莪也，特蒿而已。以比父母生我以為美材，可賴以終其身，而今乃不得其養以死。於是乃言父母生我之劬勞，而重自哀傷也。」此詩表達了孝念雙親的情思，後「蓼莪」引申指對亡親的悼念。

〔8〕曝鰓，比喻挫折困頓，典出晉劉欣期《交州記》「有堤防龍門，水深百尋，大魚登此門化成龍，不得過，曝鰓點額，血流此水，恒如丹池。」

〔9〕躍冶，典出《莊子‧大宗師》：「今之大冶鑄金，金踊躍曰『我且必為鏌鋣。』大冶必以為不祥之金。」成玄英疏：「夫洪爐大冶，鎔鑄金鐵，隨器大小，悉皆為之。而爐中之金，忽然跳躑，殷勤致請，願為良劍，匠者驚嗟，用為不善。」喻急於見用。

〔10〕管寧榻，即管寧所坐之榻。晉皇甫謐《高士傳》載：「（寧）常坐一木榻上，積五十五年未嘗箕踞，榻上當膝皆穿。」引申指行止端莊，不苟且。

〔11〕陶令琴，即陶淵明之琴，《晉書‧隱逸傳》載：「（淵明）性不解音，而畜素琴一張，弦徽不具，每朋酒之會，則撫而和之，曰『但識琴中趣，何勞弦上聲。』」

〔12〕雪泥鴻爪，典出蘇軾《和子由澠池懷舊》：「人生到處知何似，應似飛鴻踏雪泥。泥上偶然留指爪，鴻飛那復計東西。」喻指人生漂泊的痕跡。

〔13〕今吾非故吾，典出陸游《雜詠》：「得過一日且一日，安知今吾非故吾。袖手明窗讀《周易》，不辜香飯一齋盂。」

〔14〕露電語，典出《金剛經》偈語：「一切有為法，如夢幻泡影，如露亦如電，應作如是觀。」

〔15〕不材木，典出《莊子·山木》：「莊子行於山中，見大木枝葉盛茂，伐木者止其旁而不取也。問其故，曰『無所可用。』莊子曰：『此木以不材得終其天年夫！』」

〔16〕鳳梧，語本《詩經·大雅·卷阿》：「鳳凰鳴矣，于彼高岡。梧桐生矣，于彼朝陽。萋萋萋萋，雝雝喈喈。」

〔17〕敝帚徒自珍，三國魏曹丕《典論·論文》引古諺語云：「家有敝帚，享之千金。」培謙此處反用其意。

〔18〕匏瓜豈能食，典出《論語·陽貨》：佛肸召，子欲往。子路曰：「昔者由也聞諸夫子曰：『親於其身為不善者，君子不入也。』佛肸以中牟畔，子之往也，如之何？」子曰：「然，有是言也。不曰堅乎，磨而不磷；不曰白乎，涅而不緇。吾豈匏瓜也哉？焉能繫而不食？」

〔19〕詩囚，為金人元好問評價唐人孟郊語，語出元好問《論詩三十首》第十八：「東野窮愁死不休，高天厚地一詩囚。江山萬古潮陽筆，合在元龍百尺樓。」又兼指賈島，見元好問《放言》詩：「韓非死孤憤，虞卿著窮愁。長沙一湘累，郊島兩詩囚。」

〔20〕陳寔（104～187），字仲躬，一作仲弓，潁川（今屬河南許昌長葛市）人，東漢名士，曾任太丘長，世稱「陳太丘」。漢桓帝永康年間，寔攜子孫拜謁荀淑，太史奏稱德星相聚，許州為建德星亭。

戊寅，二十三年，六十六歲。

秋七月，元史抄竟。計此書自癸亥夏起，至今秋，約二十餘年。雖中間涉獵他籍，偶有作止，而夜火晨雞，無間寒暑。並與張部曹二銘景星、王孝廉延之永祺暨盛、鍾二子時時商榷，不敢堅執鄙見從事也。錄成藏之篋笥。陸明經岳祥芝〔1〕浙遊歸，得敷文院長傅探花玉笥王露〔2〕先生詩信。余與玉笥訂交三十餘年，憶昔來遊雲間，會於廖明府浩前賡軒〔3〕半村園中。朱學博初晴霞、陳徵君慧香崿、徐明經今吾是儆、董上舍宏輔杏燧、陸孝廉圃玉昆曾、顧上舍綏成思孝、家四兄坳堂培衰，暨錫山杜太史云川詔、竟陵唐庶常赤子建中、泰興沈孝廉興之默〔4〕、錢唐張高士玉田琳，相與論文酌酒，曜靈匿景，繼以華

燈，極友朋之樂。曾幾何時，半村園已為雪中鴻爪，諸公亦相繼下世，惟玉笥與余尚在。嗟乎！人事如過眼之煙雲，光陰若走隙之車馬，良可慨也。我兩人猶得寄詩筒通音問，披覽手書，神往於六橋三竺〔5〕間者久之。冬十一月，擬成《小學節注》一書，粗定稿本，猶嫌過繁，尚欲改從省淨。黃山汪子秀峰啟淑〔6〕博雅，喜著書。十二月，攜所著各種，載盆松，扁舟過訪，語不及俗，對良友之真率，撫青松之不凋，為之欣暢彌日。

【注釋】

〔1〕陸芝，字岳祥。

〔2〕傅王露，字晴溪，一字良木，號玉笥，晚號信天，會稽（今浙江紹興）人。清康熙五十四年（1715）一甲進士第三，授翰林院編修。雍正七年（1729），主江西學政。乾隆初，晉詹事府中允，充武英殿纂修官，不久告歸。「越中七子」之一，詩學白居易，著有《玉笥山房集》《晴溪詩鈔》等。沈德潛《歸愚詩抄餘集》卷一有《傅玉笥前輩招同邵濟川太史游西湖、南山，經法相寺，登陶家莊，紀勝有作》。傅王露與姚培謙訂交於雍正初，知交四十年，上文《甲餘錄》乾隆二十三年（1758）所載「陸明經岳祥芝浙遊歸，得敷文院長傅探花玉笥王露先生詩信，余與玉笥訂交三十餘年，憶昔來遊雲間，會於廖明府浩前賡軒半村園中。朱學博初晴霞、陳徵君慧香嶼、徐明經今吾是儆、董上舍宏輔杏燧、陸孝廉圃玉昆曾、顧上舍綏成思孝、家四兄坳堂培衷，暨錫山杜太史云川詔、竟陵唐庶常赤子建中、泰興沈孝廉興之默、錢唐張高士玉田琳，相與論文，酌酒曜靈，匿景繼以華燈，極友朋之樂，曾幾何時，半村園已為雪中鴻爪，諸公亦相繼下世，惟玉笥與余尚在。嗟乎！人事如過眼之煙雲，光陰若走隙之車馬，良可慨也。我兩人猶得寄詩筒通音問，披覽手書，神往於六橋三竺間者久之」事，姚培謙《寄酬傅探花園林》七絕三首其三中所云「捧袂依稀記昔年，半村（詩中小字注：園名）夜久燭花偏」〔註1〕即指此。另，姚培謙《寄酬傅探花園林》其一云：「蓬島煙霞拂錦袍，謫仙風采見揮毫。幾年不到黃金殿，卻使人間紙價高。」其二云：「著作從來屬偉人，牙籤玉軸一時新。五雲輝煥當書局，越地山川發古春。」〔註2〕對傅王露文學成就讚不絕口。傅王露為姚培謙、張景星、王永祺所編的《宋詩別裁集》作序，中云：「是書取捨，要為實獲我心。杜兩宋

〔註1〕案：尾兩句為「銀鈎寄我空惆悵，不見瓊枝亦可憐。」
〔註2〕姚培謙《松桂讀書堂集》卷八，《四庫全書存目叢書》集部，第277冊，第130頁。

末流之弊，踵三唐最勝之業，其在茲乎！其在茲乎！」可見他與姚培謙等人詩
學主張一致。

〔3〕廖賡軒，字浩前，一作昊前，號舫亭，華亭人，生年不詳，卒於清乾隆二十三
年（1758）之前，其半村園為雍正年間松江名流雅集之所。姚培謙有《遊蘭筍
山，次廖二東岩韻》詩，所云「廖二東岩」，或即廖浩前。按：康熙五十九年
（1720）春，清聖祖玄燁遊佘山，賜名蘭筍山，並親書匾額，姚詩當作於此後。

〔4〕沈默，字興之，號讓齋，後更名龍翔，晚號遁叟，泰興（今江蘇泰州）人，早
年閉戶苦讀，嗜古文，慷慨有大志，與弟沈遘有「二沈」之目。後專心科舉，
卻屢屢敗北，康熙五十二年（1713）中舉，晚年歸家，於清芬堂著書，寒暑不
輟，著有《清芬堂集》二十卷、《桴客卮言》一卷。

〔5〕六橋，指西湖蘇堤上的六座石拱橋：映波、鎖瀾、望山、壓堤、東浦、跨虹。
三竺，指杭州飛來峰東南的天竺山，因其有上天竺、中天竺、下天竺三座寺院，
合稱「三天竺」，簡稱「三竺」。六橋三竺，代指西湖美景。

〔6〕汪啟淑（1728～1799），藏書家、篆刻家，字秀峰，一字慎儀，號訒庵，安徽歙
縣人，寄居杭州。嗜古印章，自稱「印癖先生」，集歷代印章萬枚。家豪富，捐
工部郎中，遷兵部郎中。與厲鶚、杭世駿、朱樟結南屏詩社。又《甲餘錄》乾
隆二十六年（1761）載：「接秀峰手札，云書室延燒，卷帙大半成灰燼。秀峰著
作等身，其中《三國史糾謬》《六書今韻略》二種尤見苦心，乃必傳之書也。惜
竟為六丁取去。」

己卯，二十四年，六十七歲。

春三月，繼媳顧氏亡。夏，重訂《詩韻》。竊思韻書採事，為吟詠家所不
廢。《群玉》《韻瑞》各有所長，而《韻瑞》疏於查考，至有平仄誤收之處。恭
閱《佩文齋韻府》及《拾遺》，真為古今以來韻學集大成矣。奈卷以百計，中
人力不能購者多。因與二銘、延之、凌煙焚膏繼晷，採擷菁華，此書若成，於
藝苑似不為無助。第未知何日得以訖功。張大今涪寄詩六首，第一首說盡余幾
十年來景況，讀之慨然，附錄於左：

鑪香堂上白頭翁，不問年朝與歲終。萬卷藏書三寸管，五更雞唱一燈紅。一
壓來豈止牛腰重，疊去應教棟宇盈。一世不曾閒一日，只贏人說鄭康成
〔1〕。二

冰心恬退鬢絲絲，窗外龍鱗世澤垂。莫道著書虛歲月，姓名早被聖人知。三

海鶴風姿寄一邱，敝衣蔬食劇風流。帶鉤不為吟詩減〔2〕，骨相天然李鄴候〔3〕。四

老漁生長荻蘆邊，嗜好何曾與俗緣。每到凸樓深夜坐，剪燈風雨月窗前。五

三十餘年汗漫遊，南船北轍雪盈頭。自來方叔無知己，只有蘇公分外投〔4〕。六

冬讀《離騷》，作《測意》一篇，隨文演繹，大旨衷於朱子集注。

【注釋】

〔1〕鄭康成：即漢代經學家鄭玄，康成其字。這裡是張氏表彰培謙的注疏功績。

〔2〕此句用「沈約瘦腰」典，據《南史·沈約傳》載：「初，約久處端揆，有志臺司，論者咸謂為宜，而帝終不用。乃求外出，又不見許。與徐勉素善，遂以書陳情於勉，言已老病，百日數旬革帶常應移孔，以手握臂，率計月小半分。欲謝事，求歸老之秩。」

〔3〕李鄴候，指李泌。泌（722～789），字長源，出身遼東李氏，生於長安。少即聰穎，深得唐玄宗賞識，令其待詔翰林，為太子李亨屬官。因遭宰相楊國忠忌恨，而歸隱避禍。安史之亂時，亨即位靈武，召泌參預軍事，寵遇有加。旋被權臣李輔國構陷，再隱居衡嶽。唐代宗即位後，召為翰林學士，又接連受宰相元載、常衮排擠而外放。德宗時還朝，掌樞要，累官中書侍郎同平章事，封鄴縣侯，世稱「李鄴侯」。唐貞元五年（789）病逝，贈太子太傅。有《李泌集》二十卷，已佚，《全唐詩》錄其詩四首。

〔4〕案：三四句，言李廌與蘇軾事。李廌（1059～1109），字方叔，號齊南先生、太華逸民，華州（今陝西華縣）人。六歲而孤，家貧續學。稍長，即以學問聞於鄉。元豐年間，廌到黃州拜謁蘇軾，得軾之讚譽。與秦觀、黃庭堅、張耒、晁補之、陳師道合稱「蘇門六君子」。後李廌舉進士不第，蘇軾與范祖禹欲向朝廷舉薦，因蘇、范二人相繼遭貶而不果。廌遂絕意仕進，專力文章，清貧終老。

庚辰，二十五年，六十八歲。

元日，同人集松桂堂，餞送王子全初寶序〔1〕北遊。全初為延之次君、今涪快婿，余內戚中幼輩也。續學工文，余決其蜚鳴必驟至。秋，果以禮經中順天鄉闈第四名，竊自喜臆揣不謬，故及之。夏，韻書上平竣，即考訂一先起。八月，一先、二蕭兩韻全，接三肴。

【注釋】

〔1〕王寶序，王永祺次子，張弈樞女婿，字全初，一字璿初，號秋農，清乾隆二十
　　五年（1760）順天舉人，官南靖知縣，工詩書畫，著有《百草庭詩抄》六卷，
　　上海圖書館藏有清嘉慶五年（1800）刻本，《皇清書史》《清代畫史增編》載其
　　小傳。

辛巳，二十六年，六十九歲。

　　二月，三肴、四豪、五歌、六麻韻竣。三月，與延之、二銘選刻宋詩，名
《百一抄》，付梓。八月，次女亡，室人止生二女，次嫁為吳門張氏婦，二十
餘年頗嫻禮訓。凶問猝至，不禁老淚之涔涔下也。九月，刻《通鑑攬要》成。
《通鑑綱目節抄》一書卷帙頗繁，未能梓以問世。二銘以為盍摘要先行之，因
為標舉眉目，別成一書。又相與抄錄明史，合刻於家塾，名曰《攬要》。接秀
峰手札，云書室延燒，卷帙大半成灰燼。秀峰著作等身，其中《三國史糾謬》
《六書今韻略》二種尤見苦心，乃必傳之書也，惜竟為六丁〔1〕取去。冬，嚴
寒，浦中冰積如山，行舟不通者數日，為數十年來所僅見。余危坐小閣，呵凍
抄書，仍凌晨而起，夜半而息，旁人無不笑余為癡，憐余為苦，而不知此中自
有真趣，寒暑之侵何足病也。入臘，大雪，瓊瑤彌望，時拉二三知己，扶杖登
小圃雲山四會樓賞之，拈韻成詩，侑以斗酒，恨無佳句可以驚人耳。

【注釋】

〔1〕案：六丁，指丁卯、丁巳、丁未、丁酉、丁亥、丁丑。據《後漢書‧梁節王暢
　　傳》載：「從官卞忌自言能使六丁。」李賢注：「六丁，謂六甲中丁神也。若甲
　　子旬中，則丁卯為神。甲寅旬中，則丁巳為神之類也。役使之法，先齋戒，然
　　後其神至，可使致遠方物及知吉凶也。」道教認為六丁為陰神，為天帝所役使。
　　道士可用符籙召之，以供驅使。

壬午，二十七年，七十歲。

　　今年閏在五月，春氣甚遲，故正月中嚴寒未解，三月七日雪猶盈尺。先是
二月，皇上奉皇太后安輿三幸江南，經過地方，渥被恩膏，蔀屋茅簷無不欣欣
悅喜。培謙息影江皋，不克一赴吳門，仰瞻雲日，惟竊從田夫野老後，歌耕鑿
戴堯天，以為此生厚幸耳。刻《硯北偶抄》，延之為之序。焦南浦先生有《讀
學庸論語注疏》一書，表弟吳上舍耀寰光被〔1〕、益旂光裕〔2〕曾輯錄而刻之家
塾，繼因耀寰即世，益旂以順天鄉試中式乙科，留京師，板本蠹敗，因與南浦

高弟金上舍耐亭及延之重加整理，冀得廣為流播焉。夏五月，《讀詩類抄》成，詠物詩即前人亦殊少合作，大約非纖即俚。余於諸刻本及各籍內擇其尤高雅者，分為數類，題或未備，亦所不拘。至本朝諸名家作，現在搜羅續刻。閏月，病復作，潦倒者二十餘日，至七月八日黎明，忽頭暈身麻，汗出不止，形神不復相管攝，至辰刻方蘇，後頻服桂圓湯，力不能辦，人參以所謂機參者代之，漸次平復。十一日風雨交作，至十三日大雨如注，竟夜不息，平地水漲三尺餘，房屋垣牆頹塌甚多，低田盡被淹沒。冬春多大雪，將謂康年有望，今又遭此雨水，秋收必稍減矣。冬十一月十八日，為余七十生朝，痛怙恃久失，無老萊斑衣之樂〔3〕，而膝下只一幼孫相依，之無初識，成立難期，處境最不堪矣。惟念有生以來，精神稟賦本薄，又半為人事凋耗，書策之外，日與藥裹作緣，二毛早於潘岳，帶圍減於隱候〔4〕，今竟得為七十老翁，亦何憾哉！友人贈詩云：「一生幾易管寧榻，午夜頻然太乙燈。」其為岑寂可知。然閒中趣味，亦頗能領略一二云。自生朝為始，改服僧衣，自名曰適可。字可適可者，謂散材幸獲老壽，適可託於在家頭陀，以藏其拙，以終其年耳，有何顏面列於儒林乎。偶成四言數句，曰：歲華不居，俄然七十。俯仰我生，愧不自立。壯盛摧頹，老復何及。後顧茫然，感慨並集。蠹簡埋頭，惟日不給。一笑置之，定自不急。脫卻儒冠，戴此僧笠。而今而後，庶尠覉繫。

　　與延之、二銘商榷《元詩百一抄》成。

【注釋】

〔1〕吳光被，字耀寰。

〔2〕吳光裕，字益旗，中順天舉人。

〔3〕老萊斑衣，事見西漢劉向《列女傳》載：「老萊子孝養二親，行年七十，嬰兒自娛，著五色彩衣，嘗取漿上堂，跌僕，因臥地為小兒啼，或美鳥鳥於親側。」大意指老萊子為孝子，穿彩衣、扮嬰兒以娛父母，後泛指孝順父母的行為。

〔4〕隱候：指南朝宋時沈約，隱候為其諡號。

第四章　姚培謙年譜簡編

　　譜主姚培謙，出身金山望族，躬逢康乾盛世，恪守向學尚志崇德的宗風，人品與文品俱高。其一生，四易其名：姚培本、周廷謙、姚廷謙、姚培謙，而以姚培謙之名最為世人所熟知。培謙早年奮厲，恢恢然有大志，以儒家思想為主導，以光振家業為己任，勤勉事功，剛健有為。清雍正十一年（1733），因科場案牽連，無辜下獄，事白歸家，其已心灰意懶，遂杜門謝客，希言世事，而皈依釋老，專以著述為務，常思文章報國。培謙一生屢經憂患，而不失其素；四遭名公舉薦，卻一再力辭，不求聞達，不計毀譽。其閱歷深而學問熟，力行善舉，惠濟桑梓，雖造詣崇高，德業並茂，卻沖乎自下，而甘於淡泊。其人其事，堪為鄉邦式、儒者光。

一、康熙時期：一歲至三十歲

　　癸酉，康熙三十二年，十一月十八日，培本生。

　　甲戌，三十三年，兩歲。隨父母入城，居於外祖父梅岩公之春介堂。未幾，移居至觀察使許鶴沙先生之墨池。

　　乙亥，三十四年，三歲。痘疹。

　　丙子，三十五年，四歲。

　　丁丑，三十六年，五歲。

　　戊寅，三十七年，六歲。受句讀於張友仙先生，時同塾者：曹充周、錢三省及胞兄培枝。

　　己卯，三十八年，七歲。

　　庚辰，三十九年，八歲。羸疾，性命危殆。

辛巳，四十年，九歲。春，病情轉劇，兩目欲盲，鼻衄不止，骨立如柴。依表姑夫曹宗素藥方，大進川連，晨服雞肺散，漸得生機。案：培本（謙）自幼體弱多病，其《述懷一百韻》詩中自云：「曩在兒童日，頻遭災疾纏。」〔註1〕長亦多病，故常有來日無多之戲慨。

壬午，四十一年，十歲。

癸未，四十二年，十一歲。

甲申，四十三年，十二歲。培本父弘度建造採花涇，是年秋竣工，攜家遷居於此。

乙酉，四十四年，十三歲。受業於陸端士先生，學習「四書」、《詩經》。時培本病體尚未痊癒，誦讀之日少，嬉遊之日多。

丙戌，四十五年，十四歲。五月，讀《詩經》畢，次及《尚書》白文，歲終卒業。

丁亥，四十六年，十五歲。讀坊選《古文》。

戊子，四十七年，十六歲。病體漸復原，與兄培枝偕歸五保祖居，受業於莊安汝先生，學習《明文小題》、「四書」、《史記》《漢書》、經書、八股文、小學等。時同學者：五兄培益（姚弘緒之子）、侄姚欽。至冬，學業頗有進境。

己丑，四十八年，十七歲。春，莊安汝先生移帳郡中。夏，隨莊氏讀書於中舍吳南林先生之梅溪草廬。是年，姊婿楊錫恒成進士，捷報至，弘緒、弘度以子輩屢試不中而督責之，勉勵諸子立志加功。嗣後，二兄培仁癸卯中式，三兄培和癸巳聯捷，四兄培衷丁酉中式，五兄培益甲午中式，不負長輩所望。

庚寅，四十九年，十八歲。集《大學》《中庸》諸家講解，請正莊安汝先生。

辛卯，五十年，十九歲。受業於陸南村先生，學習時文兼讀詩賦，學作詩。

壬辰，五十一年，二十歲。三月，同人作暮春文會，取《論語》「暮春者」七句分題作文，匯成百篇，名《暮春集》，與兄培枝及蔣荷溪、培谷昆季編次付梓，戴瓏岩、陸南村二先生選定並序之。

癸巳，五十二年，二十一歲。讀書於陸南村先生築野堂。春開科，三兄培和中式，秋成進士。弘緒召集子侄，訓誡曰：「諸子中，培和質最魯，讀文非百遍不成誦。今連得雋者，以其平日之攻苦也。汝輩慎勿專恃聰穎而不加學

〔註1〕姚培謙《松桂讀書堂集》，《四庫全書存目叢書》本，集部：第277冊，第109頁。

問。」（《周甲錄》是年載）〔註2〕培本聞言益自勵。是年，華亭縣試、府試，培本皆第一。

甲午，五十三年，二十二歲。正月，院試，首題「約我以禮」，次題「蹴爾而與之」。學使胡潤與弘緒同榜相好，臨試時，外論疑胡公於年誼或有周旋，胡公聞之，培本卷竟以避嫌不閱。同學陳庭光遂勸培本以青浦縣「周廷謙」童生名進試，得以入學。二月，與姜立、姜耕、秦宮璧、金門詔、王步青、任啟運、吳紱、元立、荊琢、周欽、儲又銘、束昌霖、楊名寧、葉棠、龔麟玉諸先生訂交於澄江朱氏飲香亭。黃達《姚鱸香傳》於此事有載：「（培本）為諸生時，蘇松常鎮太倉同就澄江試，名士畢集。君以世家子翩翩自好，遠近皆愛慕之。繼赴省門，亦無不爭相投契，以是文名大噪於江表。」〔註3〕八月，應江寧鄉試，房考官同知陳學良薦「周廷謙」卷為第一，後因三場策文不合式而被黜。

乙未，五十四年，二十三歲。正月，就婚平湖。妻陸氏，明萬曆進士陝西布政使陸之祺女孫、青田縣學教授燫昌之女。陸氏情性溫慎，喜文墨，燈窗伴讀，頗得琴瑟之樂，培本自謂「琴韻中閨葉，蟾輝天上圓。」（《述懷一百韻》）〔註4〕時蔣拭之、胡紹高、陸邦傑、陸奎勳及釋子借山、元璟時相過從，切磋藝文。是年，涉獵諸經，兼讀《文選》、李白、杜甫詩。十二月，祖父母、父母受封誥。

丙申，五十五年，二十四歲。八月十七日，姚弘度卒，遠近弔唁者雲集。料理喪事，不致失禮，端賴母張孺人及兄培枝，培本惟守制讀禮而已。彼時一切家務，亦俱係張孺人主持，培枝奉行。

丁酉，五十六年，二十五歲。冬，奉張孺人遷居華亭通波門外。

戊戌，五十七年，二十六歲。秋，校刻《劉後村（案：劉克莊）詩集》並劉氏之《詩餘》《詩話》。十二月初六日，室人陸氏亡，遺兩幼女。培本有詩述云：「鰥魚忽失水，寡鶴怯衝天。幻影流波逝，愁端飛絮緣。空床回噩夢，錦瑟怨華年。兩女嗟猶小，悲啼絕可憐。如何衙恤日，繼以悼亡篇。」〔註5〕陸氏墓，築成於廣陳祖祠之後，不封不植十三年。

〔註2〕姚培謙《周甲錄》，清乾隆二十七年刻本。
〔註3〕黃達《一樓集》，北京：北京出版社1997年影印清乾隆刻本，第740頁。
〔註4〕姚培謙《松桂讀書堂集》，《四庫全書存目叢書》本，集部：第277冊，第109頁。
〔註5〕姚培謙《松桂讀書堂集》，《四庫全書存目叢書》本，第109頁：《述懷一百韻》。

　　己亥，五十八年，二十七歲。選刻元人七律，名《元詩自攜》〔註6〕。十月二十三日，姜呂氏生子薰，成年後，取字鐘鳴（案：培謙僅此一子）。同四兄培袁選《六科小題房書》，辛丑（案：即康熙六十年）竣工。

　　庚子，五十九年，二十八歲。二月，探梅鄧尉，遊錫山，常州別駕趙弘本署理無錫，招培謙閱卷，盤桓兩月，得詩數十首，長洲顧嗣立為之序，題曰《春帆集》。夏，錫山華希閔過訪，偕至錫山，下榻劍光閣數日。秋，得明經陳宏謨之助，選江浙考卷，名《能事集》。秋，應試金陵，與沈德潛、李東槐、程之銘、儲思淳、郭泓、王之醇諸先生訂交方氏齋中。時隔六年，鄉試再次落第，培謙遂絕意科闈。

　　辛丑，六十年，二十九歲。春，與陳崿、陸昆曾、朱霞、董杏燧、張琳起詩會齋集，小齋一月三舉，分題拈韻，即日成篇，青浦王原選定，付梓，名《于野集》。焦袁熹先生札云：「《于野集》詩皆工妙，吾鄉文學之盛，其在是乎！然而執旗鼓者之首，庸舍足下莫屬也。此事似緩而實急，似輕而實重，唯賈豎婦人乃以為不若銅錢之為緊要耳，今日大病正在於此。」（《周甲錄》是年載）〔註7〕準茅坤《唐宋八家文抄》例，選《唐宋八家詩抄》〔註8〕以次付梓，東坡詩先成，至雍正五年秋告竣，金介復、顧綏成、王原、顧嗣立、楊繩武、周待堂、李宗仁、儲思淳等助其成。冬，錫山杜詔相訪，商刻顧貞觀《彈指詞》。培謙時以三十自壽詩索和，杜詔有《姚平山留宿遂安堂，次韻奉酬令兄心求暨朱耕方、董弘輔、張玉田、徐景予諸君見和之作》詩述云：「半生空染素衣塵，歸隱多慚賀季真。每到貧來思作客，劇憐老去怕依人。夜闌擁絮寒尤重，兩隙窺簾月又新。才子雲間驚絕豔，況教三十少年春。」〔註9〕

　　壬寅，六十一年，三十歲。批選《左傳》《國語》《史記》《漢書》《文選》，至冬告竣，相國高安朱軾作序。秋，錫山鄒升恒攜所著詩文就謙商榷，歸後，

〔註6〕按：康熙刻本《元詩自攜》，僅錄七言律詩，有姚培謙、姚培仁序。雍正刻本，增選七言絕句。

〔註7〕姚培謙《周甲錄》，清乾隆二十七年刻本。

〔註8〕按：《唐宋八家文例言》載：「往余有《東坡分體詩抄》一刻，給事王西亭（原）先生見之，寓書勸余準茅氏《文抄》之例並及諸家。暇日因各擷全集遴選付梓，遵前輩之教也。」

〔註9〕杜詔《雲川閣集》，《清代詩文集彙編》本，第218冊，影印清雍正九年刻本，第588頁。

復以四書時藝屬選。買倪園故址〔註10〕築北垞，每於夏秋兩季與二三知己樽酒論文其中。冬，從坊人之請，選歷科小題房書，名《豹斑》，以呂留良天蓋樓選本為宗，亦得陳宏謨之助。焦袁熹又札云：「房書考卷所收皆清卓一種，甚有益於初學，恨其太少耳。」（《周甲錄》是年載）〔註11〕

二、雍正時期：三十一歲至四十三歲

癸卯，雍正元年，三十一歲。批選《唐宋八家文》，七月告竣。夏，隨童素文學寫梅花。選《明文小題筏》。坊人請選三科墨卷，癸卯開科起，丁未（按：雍正五年）止，培衷主其事，培本僅列名。

甲辰，二年，三十二歲。春，富陽董邦達過訪。招遊細林山，董君善風鑒，舟中相對，謂培謙：「君相若多鬚，則前程必遠大。」（《周甲錄》是年載）〔註12〕相國高其位屬批《考古類編》，數月而竣。選元人七絕，亦名《元詩自攜》。刻近詩《自知集》，適杜詔來，囑其選定並序。按：杜詔《自知集序》云：「吾友姚子平山，以名家子沉潛嗜古，年富而才麗，學博而志專。……其以《自知》名集，蓋深有得於少陵家法矣。」〔註13〕又陸奎勳《自知集序》云：「讀所著《自知集》若干卷，大抵五七言古體以李杜為宗而參以眉山（蘇軾）氣韻；其近體則清辭麗句，玉貫珠聯，兼有玉溪（李商隱）、八叉（溫庭筠）之能事。」〔註14〕十月初二日，葬先父弘度於金山縣五保位字圩之胥浦鄉，即墓之西築丙舍數十椽，顏曰「白雲莊」。十二月，武陵柴世堂來訪，攜其尊人柴紹炳先生文集，屬培謙批選評定，書成取名曰《省軒考古類編》，柴世堂臨別，贈言培謙：「文章海內空儔偶，聲氣雲間獨主持。」（《周甲錄》是年載）〔註15〕又高步青《省軒考古類編序》云：「年來與令嗣胥山先生及姚君平山遊，討論經世之學，兩君皆能舉數千年事窮原竟委。」〔註16〕是年，培謙承張照囑託，閱闈中闈卷。

乙巳，三年，三十三歲。與張鋒匯校諸書，輯為《男女姓譜》一書。秋，

〔註10〕 按：《周甲錄》載：園為朱氏世業，相傳明董其昌、陳繼儒皆曾居此，一切水石皆二公布置，後歸潘姓。
〔註11〕 姚培謙《周甲錄》，清乾隆二十七年刻本。
〔註12〕 姚培謙《周甲錄》，清乾隆二十七年刻本。
〔註13〕 姚培謙《松桂讀書堂集》，《四庫全書存目叢書》本，集部：第277冊，第61頁。
〔註14〕 姚培謙《松桂讀書堂集》，《四庫全書存目叢書》本，集部：第277冊，第61頁。
〔註15〕 姚培謙《周甲錄》，清乾隆二十七年刻本。
〔註16〕 柴紹炳纂，姚培謙評定《省軒考古類編》卷首，清雍正四年刻本。

於居室之左葺書屋數椽，庭中有松有桂，無錫鄒升恒因之題額曰：「松桂讀書堂」。落成時，適嘉善曹庭棟過訪，為書「真率齋」銘，以牓客位。「真率」，深契培謙之性情。

丙午，四年，三十四歲。校刻顧大申《堪齋詩存》。

丁未，五年，三十五歲。九月十八日，培本母張孺人歿，遺田七百餘畝及金珠衣飾等物。培本性仁愛，析爨，以兄培枝子女多，不願分受，兄強之再三，僅取字畫書玩數種，余皆卻之，宗黨義焉。刻所著《李義山七律會意》，自序云：「余素喜讀詩，顧自少陵以後，最喜讀義山詩，而常苦於解者之不一其說。夫古人必意到而後有詞，後之由詞以求其意者毫釐之差，鮮不謬以千里。以故作者難，解者亦殊不易。有唐一代之詩不易解者莫如少陵，而惟義山一人最得少陵家法。」〔註17〕又撰《例言》云：「少陵七律格法精深，而取勢最多奇變，此秘惟義山得之。其脫胎得髓處開出後賢多少門戶。」〔註18〕

戊申，六年，三十六歲。春，相國海寧陳世倌督理水利南來，以所節抄呂坤《呻吟語》囑培本校訂付梓。高其位還朝，招培本為西賓，因丁憂之故，培本薦同學曹一士前往。竟陵唐建中攜近作《梅花詩》索序於培本，假館北垞，匝月而別。督學鄧鍾岳保舉「周廷謙」行憂諮部。詔令各州縣推舉「居家孝友、行止端方、才堪試用，而文亦可觀者」一人，青浦令馬謙益會同儒學舉廷謙，培謙皆謝絕之〔註19〕。此即姚培謙《述懷一百韻》中所謂「兩遭薦舉，因在制力辭」〔註20〕之本事，其孝德由此可見一斑。黃之雋作《姚平山卻薦詩》對其風操讚譽有加，詩云：「聖朝汲人野無遺，黌校之中講治術。詔下郡守方舉憂，姚君掉頭不肯出。人生出處各有志，所貴儒林合循吏。廣川文學得仲舒，洛陽秀才推賈誼。姚君兼有猷守為〔註21〕，抱負胡不早措施。」〔註22〕言辭之中，對培謙高才卻薦之舉也多少有些遺憾。十月二十二日，祔葬先母張孺人於位字圩。

〔註17〕姚培謙《李義山七律會意》卷首，清雍正五年刻本。

〔註18〕姚培謙《李義山七律會意》卷首，清雍正五年刻本。

〔註19〕按：關於培謙被舉薦的時間，其《述懷一百韻》自注「丁未戊申兩遭薦舉，因在制力辭。」丁未、戊申，為雍正五年、六年，與《周甲錄》繫年一致。而乾隆《華亭縣志》、《婁縣志》皆作：「（雍正）四年保舉人材，以居喪不赴」，嘉慶《松江府志》作：「雍正七年保舉，以居喪不赴」，均誤。

〔註20〕姚培謙《松桂讀書堂集》，《四庫全書存目叢書》本，第109頁。

〔註21〕詩中自注：雍正四年詔郡學縣學舉有猷有為有守之士為優生。

〔註22〕黃之雋《唐堂集》，《四庫全書存目叢書》本，卷三十八。

　　己酉，七年，三十七歲。夏，患瘡，寸步難行，兀坐一室，偶讀邱濬《大學衍義補》，遂節錄為一小冊，參以《史記》《漢書》諸書，名曰《六官典故》。

　　庚戌，八年，三十八歲。「周廷謙」由青浦縣學改歸華亭縣學，復姚姓，即姚廷謙〔註23〕。所輯《元詩自攜》，卷首即署「華亭姚廷謙平山選輯」，其序及凡例亦落款「姚廷謙」。又所評注《古文斫》卷首亦署「華亭姚廷謙平山評注」。……與諸兄及侄輩校訂姚弘緒所輯《松風遺韻》。教諭張純上報廷謙「文行兼優」。

　　辛亥，九年，三十九歲。輯《年齒考》，自初生輯至百歲。侍講顧成天囑選《四書制藝》，來札云：「拙稿一生精力，大半在此。思一手定之。今辰入申出，尚有他幹，必不可得矣。別無可託之友，不得不仰瀆於先生。」（《周甲錄》是年載）〔註24〕顧氏文稿六百餘篇，姚氏擇其佳者二百餘篇付之坊人。

　　壬子，十年，四十歲。避祖父廷聘之諱，廷謙易名培謙，此後則以培謙之名行世，培本之原名遂湮沒無聞。讀酈道元《水經注》，幾忘寒暑。冬，詹事張鵬翀來祝培謙壽，聯吟作畫信宿，臨別書對聯以贈，文云：「江光祿（淹）冠世文章，筆花吐焰；鄭康成（玄）專門著述，帶草生香。」（《周甲錄》雍正十年載）〔註25〕七十五叟姚廷瓚（培謙從祖）亦撰《壽平山侄孫四十》賀壽，詩見載於廷瓚之《鼠穴餘》。

　　癸丑，十一年，四十一歲。四月，衍聖公孔廣棨致書培謙，聘修盛典，札云：「奉旨纂修盛典，理合遍訪鴻儒以任斯職。訪得姚某業精，著述名冠倫魁。學海濬乎靈源，不忘三篋；詞鋒森其武庫，自富五車。唯多識而博聞，乃茹今而涵古。移府檄懸行學，敦請刻日束裝，前赴闕里。」（《周甲錄》是年載）〔註26〕孔氏情意真切，虛左以待，培謙以病不能遠行，力辭。八月，撫軍喬世臣羅列名目，參劾郡守吳節民，內有一款「府試童生」，稱培謙在署閱卷，通同受賄。培謙於十四日繫獄。臬司徐士林旋檄童生面試，俱能文。院試，皆入泮。十一月，因往歲秋收歉薄，民生唯艱，培謙與郡中紳士設法

〔註23〕按：柯愈春《清人詩文集總目提要》別姚培謙、姚廷謙為二人，分係於「康熙二十五年至二十九年」及「康熙三十年和三十四年」兩處，誤。
〔註24〕姚培謙《周甲錄》，清乾隆二十七年刻本。
〔註25〕姚培謙《周甲錄》，北京：北京圖書館出版社1999年影印本，第133頁。案：張氏之評，雖有過譽之嫌，但至少肯定了作為學者型文人，姚培謙在文學與學術方面皆有不俗的成就。
〔註26〕姚培謙《周甲錄》，清乾隆二十七年刻本。

賑濟。總督高其倬令有司齎送「惠濟桑梓」匾額。

甲寅，十二年，四十二歲。輯《類腋》天部。去歲，因吳節民科場案牽連，培謙以「通同得賄」罪名繫獄，總督趙弘恩複審，察其無辜，於雍正十二年八月十九日檄放歸家。在獄一年有餘，著時文四十餘篇，名《負暄草》；又著樂府百餘章、古今體詩數十首。「何期毀譽之忽來，幾致身名之俱敗。」（《獄中雜詩序》）〔註27〕培謙高才蒙冤，無辜受累，其內心之苦楚，外人不能身受，卻可感同。一年獄災深刻影響了姚培謙，其對功名心灰意冷，對交友慎之又慎，轉而專意於著述，《周甲錄》雍正十二年（1734）即載：「是年起，即閉門燕坐，不會一客，不答一刺，雖生而猶死矣。」〔註28〕培謙七十歲撰《甲餘錄》回味平生，直言自己：「安於愚鈍，甘於飢寒，身如槁木，心如死灰，委時運以待盡，與人世而無爭。」（《甲餘錄自序》）這種人生態度，究其實，乃科場案之後才形成的，早年非是。其「視富貴若等閒」〔註29〕、「不逃名亦不求名」（《春窗雜詠》其二十二）〔註30〕、「澹泊乃吾師」（《詠懷八首》其一）〔註31〕等觀念的形成，即發生於科場案之後。經此一變，培謙思想已由儒入釋老。

乙卯，十三年，四十三歲。秋，黃叔琳以所注《文心雕龍》屬校訂。黃氏《文心雕龍序》云：「劉舍人《文心雕龍》一書，蓋藝苑秘寶也。……余生平雅好是書。偶以暇日承子庚之綿蕞，旁稽博考，益以友朋見聞，兼用眾本比對，正其句字。人事牽率，更歷暑寒，乃得就緒。覆閱之下，差覺詳盡矣。適雲間姚子平山來藩署，因共商討付梓。」〔註32〕培謙《文心雕龍序》云：「此書向乏佳刻，少宰北平黃先生因舊注之闕略為之補輯，穿穴百家，剪裁一手，既博既精，誠足為功於前哲、嘉惠於來茲矣。培謙於先生為年家子，屢辱以文字教督。午秋過山左藩署，蒙出全帙見示，並命攜歸校勘付之棗梨，謹劣無能為役，又良工難得，遷延歲月而後告成，匪苟遲之，蓋重之而不敢輕云爾。」〔註33〕是年，詔舉博學鴻儒，侍郎方苞致書黃叔琳欲聯署薦舉培謙，招謙入都。少司

〔註27〕姚培謙《松桂讀書堂集》，《四庫全書存目叢書》本，第117頁。

〔註28〕姚培謙《周甲錄》，北京：北京圖書館出版社1999年影印本，第136頁。

〔註29〕姚培謙《松桂讀書堂集》，《四庫全書存目叢書》本，第2頁。

〔註30〕姚培謙《松桂讀書堂集》，《四庫全書存目叢書》本，第132頁。

〔註31〕姚培謙《松桂讀書堂集》，《四庫全書存目叢書》本，第76頁。

〔註32〕黃叔琳《文心雕龍輯注》卷首，清乾隆六年養素堂刻本。

〔註33〕黃叔琳《文心雕龍輯注》卷首，清乾隆六年養素堂刻本。

寇馮景夏亦欲薦培謙應詔，而「謙自揣學殖空疏，力辭。」〔註34〕方苞、黃叔琳、馮景夏等巨公欲舉薦姚培謙應博學鴻儒，培謙以「學殖空疏」為由力辭，其由顯為遁詞，實獄災所致心志的改變使然。

三、乾隆時期：四十四歲至七十四歲

丙辰，乾隆元年，四十四歲。冬，出嫁長女於庠生朱桂。桂，順治己亥科會元翰林院編修朱錦之孫。與鐘鳴完婚，媳李氏，為兩淮鹽政陳常孫女、明經宗仁次女，賢淑，舉事得體，惜年壽不永，止生一女，許字雲南督學張學庠孫、國學張曾楷子。

丁巳，二年，四十五歲。讀黃叔璥《臺海使槎錄》，得悉彼中山川風俗。時御史陸錦輯《小鬱林叢書》，因《臺海使槎錄》卷帙多，寄培謙刪訂刻入。

戊午，三年，四十六歲。七月，遊江寧。八月，張秉植偕往揚州，逗留數日，乘興遊泰山。時黃叔琳為山東方伯，在署盤桓，堅留過歲。適張弈樞自京還，繞道歷下（今屬濟南市），十月同歸，一路唱酬，得詩數十首。十二月，嫁次女於太學生張曾墉。曾墉，河南觀察使張孟球之孫、孝廉張景祁長子。

己未，四年，四十七歲。恭注《御製樂善堂賦》，明年夏成。箋注《李義山詩集》〔註35〕，得王永祺相助。據是書《例言》交代：「往有《義山七律會意》一刻，友人惜其未備，因成此書，並取《會意》覆勘，十易二三，期於無遺憾而止，顧未能也。」〔註36〕可知，培謙箋注《李義山詩集》之「意見」，大多襲自《李義山七律會意》，二書一脈相承。黃叔琳為《李義山詩集箋注》作序時，亦交代了此書的編撰特點及其與《義山七律會意》之間的淵源關係：「蓋平山此書，本以釋意為主。發軔於七律，而後乃及其全。」〔註37〕是年秋，匯刻友朋投贈之作，名《如蘭集》。讀朱熹注《楚詞節抄》。

庚申，五年，四十八歲。匯刻《松桂讀書堂詩集》八卷，屬王永祺選定。夏，河道總督高斌以《固哉草亭詩集》授姚培恩，轉屬培謙校閱。秋，增輯《左傳杜注》。冬，遷葬原配陸氏墓，至廣陳祖祠之後。

〔註34〕姚培謙《周甲錄》，北京：北京圖書館出版社1999年影印本，第136頁。
〔註35〕按：姚氏松桂讀書堂刻本《李義山詩集箋注》，凡十六卷，有乾隆四年黃叔琳序，版心有「松桂讀書堂」五字，卷末有牌記「乾隆庚申二月吳郡王煦谷錄」，知其為當時書法家王煦谷手書上板，附刻姚培謙《讀義山詩存疑》一篇。
〔註36〕姚培謙《李義山詩集箋注》卷首《例言》，清乾隆松桂讀書堂刻本。
〔註37〕姚培謙《李義山詩集箋注》卷首《黃叔琳序》，清乾隆松桂讀書堂刻本。

　　辛酉，六年，四十九歲。正月，媳李氏亡。二月，《楚辭節注》刻成，附明經劉維謙《叶音》一卷。顧棟高札云：「《楚辭》注者林立，然多苦於著意生新。先生一以朱注為定本，間補州師一二，並刪去其議論，使讀者虛心涵詠，自得三閭心事於言意之外。千載眼孔不為成見所封，嘉惠後學匪淺矣！讀書種子如先生及武進蔣子東委、虞山陳子弈韓，指不多屈。」（《周甲錄》是年載）〔註38〕按：乾隆刻本《楚辭節注》，封面鐫「《楚辭節注》乾隆辛酉春鐫，鱸香居士讀本」，卷首署「華亭姚培謙平山節注」，有姚思勉序、張弈樞序。張序云：「鱸香先生讀書纘言，篤學好古，上自《左（傳）》《國（語）》《史（記）》《漢（書）》，下逮唐宋八家，已論列，有成書，而於《楚辭》獨宗《集注》，嘗為余言『我於《楚辭》止節取訓詁，不尚議論，正欲使學者空所依傍，熟讀深思，庶人人得真面目耳。』」〔註39〕培謙撰《楚辭節注・例言》亦交代：「此書以朱注為宗，或本文奧隱，注語須得更為引申者，間附王注者若干條。」〔註40〕秋，編次《經史臆見》付梓。顧棟高又致書云：「大集內經學、史學端拜洛誦，具見根柢深湛。《春秋》《周禮》與鄙意合者十居八九。乃知讀書讀到著實處，自然所見略同。《周禮》為贋作，弟近年來始持此論，不意先生先獲我心，大快大快！」（《周甲錄》是年載）〔註41〕輯《類腋》地部。冬，衍聖公選補典籍，移諮督學，促行再三，培謙力辭不赴。十一月，江西張真人昭麟送伊妹與謙姪姚崧完婚。兄培枝歿後，家道中落，諸事賴四兄培衰相助料理。崧成婚後，夫婦即來郡與培謙同住。鐘鳴入都後，一切酬應由崧代之。

　　壬戌，七年，五十歲。春，作《九歌招魂解》。秋，校訂陸隴其《三魚堂勝言》，明年春成，陸氏宅相陳濟立傳付梓。冬，嫁姪女予秀才衛祖謙。祖謙父自潘，號半村，文才令美，名重國學。《類腋》天部成，培謙自序《類腋》云：「每覽古人排類之書，自歐陽氏《藝文》、虞氏《書抄》而下，無慮百十家，彼此相沿，漸成訛舛，一展卷間，見天文諸門所載便已不能釋然無憾，旋撿近世專記歲時如《日涉編》、《古今類傳》等，博而不精，徒以多為貴耳。不揣愚昧，恒擬別撰一集，遇一事必求其出處，毋但以前後類書為憑，庶幾事事探原，不失本來真面目。懷此頗有年，翻閱之下，隨手箚記，久之則天

〔註38〕姚培謙《周甲錄》，清乾隆二十七年刻本。
〔註39〕姚培謙《楚辭節注》卷首，清乾隆刻本。
〔註40〕姚培謙《楚辭節注》卷首，清乾隆刻本。
〔註41〕姚培謙《周甲錄》，清乾隆二十七年刻本。

文一門已稍稍完備，芟汰其不切於用者，而名之曰《腋》，蓋深鑒其不精者而欲求其精，亦未知果可以為腋乎？否也。夫雕蟲小技，壯夫不為。矧茲飣餖，更何足道！惜其頗費日力，有如楊德祖之言『雞肋』者，梓以問世，或以為賢於博弈，或以為玩物喪志，大雅君子其必當有以教之。乾隆壬戌子月，華亭姚培謙書。」〔註42〕子月，即十一月，為培謙撰序時間。

　　癸亥，八年，五十一歲。四月，與鐘鳴續娶，媳顧氏，河南撫軍謝沔孫女、開建令謝秉禮次女。五月，節抄《通鑒綱目》，羅列諸史及各種記載，考訂增刪。學使菏澤劉藻札云：「松江試事竣，即訪先生所在，司土者言已赴山東矣，屢問則屢云云也。咫尺相左，深為悵悒。渡江北來，忽已春矣。……自冬入春，以淮陽被水不能考試，日日閒居。而長江道阻，無由時親大雅互相倡和。思慕之積，如何可言！」（《周甲錄》是年載）〔註43〕劉氏與培謙素未謀面，而傾倒若此。冬，刻舊著《詩話》《對問》兩種。陸奎勳跋培謙《詩話》云：「國朝詩話，我浙如毛西河（毛奇齡）、朱竹垞（朱彝尊）兩太史徵事既博，持論極工。而新城王司寇（王士禎）則取材尤富，觀者蔑不心醉焉。鱸鄉居士（培謙）讀詩之餘，心有悟入，隨筆詮次，直能於漢魏六朝三唐宋元諸家窮微闡奧，諸詩老不得雄踞於前矣。」〔註44〕推崇至高。

　　甲子，九年，五十二歲。夏，《類腋》地部成。九月，《增輯左傳杜注》成，闇亭太守陸錦刻於家塾。按：培謙增輯《春秋左傳杜注》，今存乾隆吳郡陸氏小鬱林刻本，王日燠錄，三十卷，首一卷，有乾隆十一年黃叔琳序云：「華亭姚平山氏精研《左傳》，得其要領。其為書以《左氏經傳集解》為主，而兼引孔疏，旁及各傳注，原原本本，疏通證明，不遺餘力。平山蓋不惟杜氏一家之學而已，據經以讀傳，因傳以放經，是非異同之際三致意焉。凡他說之有裨杜氏而可以並參者必與《集解》兩存，以俟後人採擇，其詳且慎如此，不可為著書法歟？」〔註45〕

　　乙丑，十年，五十三歲。十二月，節抄《通鑒綱目前編》，自盤古氏起，至周威烈王二十三年止。

　　丙寅，十一年，五十四歲。正月，節抄《通鑒綱目正編》，周威烈王二十

〔註42〕姚培謙《類腋》卷首，清乾隆刻本。
〔註43〕姚培謙《周甲錄》，清乾隆二十七年刻本。
〔註44〕姚培謙《松桂讀書堂集》，《四庫全書存目叢書》本，集部，第277冊，第54頁。
〔註45〕姚培謙《春秋左傳杜注》卷首，清乾隆十一年陸氏小鬱林刻本。

四年起。坊人以房書《豹斑二集》請，時從事《通鑑綱目》，無暇顧及，因囑託張鳳攽、在機昆季選評，培謙署名而已。與張景星合纂《通鑑攬要》二十七卷，問序於陳世倌，陳欣然為序。

丁卯，十二年，五十五歲。春，鐘鳴同法祖入都，應北闈秋試。法祖，五兄培益長子，能詩文，溫雅老成。夏，沈德潛假滿還朝，六月十七日陛見，皇上問及江南文風士習，沈公奏培謙「閉戶著書，不求聞達」〔註46〕，上曰：「不求聞達，就難得了。」〔註47〕十九日，傳旨進培謙所著書籍。沈公呈《樂善堂賦注》四卷、《增輯左傳杜注》三十卷、《讀經史》二冊，上覽云：「《左傳》《經史》甚好。」〔註48〕（《周甲錄》是年載）〔註49〕王嘉曾以為：「若《左傳杜注》《通鑑綱目節抄》《類腋》諸書，博覽子史，穿穴義疏，尤為一生心力所萃。」〔註50〕按：培謙跋《御製樂善堂集》云：「顧自乾隆戊午秋盥水伏誦，以至於今，寒暑三易。男臣鐘鳴又時從考究出處，爰別錄副本，識引用典故於下方以示之，久而成帙。庚申春日，集中賦共五十八篇先行。卒業恐有疏訛，敬梓問世，余則現在續成。……臣培謙從康熙甲午入膠庠試棘闈，得而復失者再。柳宗元云『思報國恩，獨惟文章。』是以經年閉戶，一以課子讀書為事。」〔註51〕

戊辰，十三年，五十六歲。五月，節抄《通鑑綱目正編》至漢更始二年，西漢畢。六月，節抄《通鑑綱目正編》，東漢起。九月，大病臥床數日。養屙期間，增刪《世說新語》《何氏語林》，刻成小本。又採書史中辭語切近、有益身心者，匯寫小冊，以便攜帶，名曰《書紳》，屬兄婿惠承全作序。同王永祺增訂《朱子年譜》。

己巳，十四年，五十七歲。九月，於松桂讀書堂之東鑿池疊石，種竹栽花，築室數十椽，取真山民句，顏曰「松桂小苑羹」，以為娛老計。十二月，節抄《通鑑綱目正編》至魏咸熙、吳元興元年。十一日，東漢、後漢畢。十二日，節抄晉起。顧棟高札云：「《通鑑綱目節抄》，此係絕大制作。寧遲毋速，寧詳毋略，要須事增於前、文省於舊。」（《周甲錄》是年載）〔註52〕

〔註46〕姚培謙《周甲錄》，北京：北京圖書館出版社 1999 年影印本，第 146 頁。
〔註47〕姚培謙《周甲錄》，北京：北京圖書館出版社 1999 年影印本，第 146 頁。
〔註48〕姚培謙《周甲錄》，北京：北京圖書館出版社 1999 年影印本，第 147 頁。
〔註49〕姚培謙《周甲錄》，清乾隆二十七年刻本。
〔註50〕王嘉曾《聞音室遺文》，《續修四庫全書》本，集部第 1447 冊，第 265 頁。
〔註51〕愛新覺羅・弘曆《御製樂善堂集》卷末，清乾隆刻本。
〔註52〕姚培謙《周甲錄》，清乾隆二十七年刻本。

庚午，十五年，五十八歲。八月，得孫中溫。十二月，表叔王貽谷卒，培謙不勝知交零落之感。

辛未，十六年，五十九歲。十月，節抄《正編》，至晉恭帝元熙元年，初九日三鼓，《晉紀》畢。十一日，節抄《正編》南北朝起。考訂《詩韻》一東至四支。十二月二十日，立春，與王永祺起原海文會於讀史樓。

壬申，十七年，六十歲。春，節抄《正編》至劉宋元嘉三十年。三月，張景星〔註53〕重舉原海文會於讀史樓。黃達《讀史樓文會序》云：「讀史樓者，姚君鱸鄉別業也。高爽軒敞，花木環列，於觴詠為宜。惟時補堂王先生（永祺）以文章提倡後進，姚君與張君西圃（景星）交贊之，因舉文會於此樓焉。」〔註54〕夏，考訂《詩韻》五微至十三元。秋，焚燒書札契券，一切貧窘而力不能償者悉行焚燒。與王永祺選刻《原海文會制藝》。九月，節抄《正編》宋孝建魏興光元年起，十一月十日《宋紀》畢。十二日，節抄《正編》齊建元元年、魏太和三年起。歲除，編《周甲錄》竟，紀以二律：「獨有雙丸疾，堂堂自去來。吾衰行已甚，臣壯本無才。細撥爐中火，頻看雪後梅。百年難得遇，明旦恰春回。」「墮地男兒命，升沉久任天。青雲渺何許，烏幾且悠然。骯髒平生志，崢嶸周甲年。昔塵同一夢，《畸譜》愧前賢。（詩中自注：徐文長自敘年譜名《畸譜》）」（《周甲錄》是年載）〔註55〕黃叔琳序《周甲錄》云：「往余樓止吳中，華亭姚子平山以世好相見。年方盛壯，文章氣誼已有過人者。未幾別去，郵筒往來，歲時不絕。會承乏山左，平山過余於濟南藩廨，復得銜杯話舊如吳中，時距今又十五年於茲矣。學日益富，文日益高，名聲日益噪。其所著述不脛而走，四方人士望之若盛世之景星慶雲焉，此可羨也。頃坐養素堂，林園雪齋，松柏蒼然，正有伊人之想。忽南客踵門致一緘，發視之，則平山所寄《周甲錄》也。自敘平生行止甚詳，一言以蔽之，則『屢更憂患而不失其素者』。平山之所以為平山也，此意惟余知之。」〔註56〕

癸酉，十八年，六十一歲。春二月，《齊書》抄畢，接梁天監元年。夏四月，陳、梁二書畢，接《隋書》。至臘月末，隋、唐二書畢。衰疾時作，一切

〔註53〕清張謙等輯《雲間張氏族譜》載：「景星，棠次子，原名德山，字恩仲，號二銘，……娶王氏，少傅大學士文恭公諱頊齡孫女。」張棠之女嫁於王頊齡之子，棠之子景星則娶王頊齡孫女為妻。

〔註54〕黃達《一樓集》，北京：北京出版社1997年影印清乾隆刻本，第798頁。

〔註55〕姚培謙《周甲錄》，清乾隆二十七年刻本。

〔註56〕姚培謙《周甲錄》卷首，清乾隆二十七年刻本。

酬應謝絕。日坐斗室，料簡陳編。偶成五言古詩一首，中所謂「我身如石頑，終朝坐虛白。盛氣自掃除，狂懷付蕭寂。……緬想古之人，仕隱各有適。鍾鼎與山林，無妨並竹帛。」（《甲餘錄》是年載）〔註57〕為其晚年心志。

甲戌，十九年，六十二歲。正月，節抄後五代梁開平元年起。二月，汪萃宗自西泠過訪。方棨如、金志章、杭世駿、舒瞻、周京、汪沆、施安、翟顥各以著述寄贈，披讀快然，各題四韻報之。夏四月，得孫汝幹，乳名阿葆。秋九月，後五代抄全，《正編》竣。冬十月，節抄《續編》起。孫女大姑，媳李氏生，三歲而母亡，培謙妾徐氏撫養至十七歲，十一月夭卒。為姚培和《敦信堂詩集》索序於陳世倌，陳欣然命筆。

乙亥，二十年，六十三歲。夏，點校王士禎《唐賢三昧集》並付梓。

丙子，二十一年，六十四歲。五月中，輯《類腋》人部、物部，至己卯（按：乾隆二十四年）冬成帙。十二月，北宋抄畢，接南宋。

丁丑，二十二年，六十五歲。春二月，乾隆皇帝巡視江南，省方問俗，兆姓歡騰，都邑士子爭獻賦頌於道左，培謙以病不能追隨。上於沈德潛迎謁之次，問及培謙。冬十月，宋史畢，接抄元世祖至正十九年起。

戊寅，二十三年，六十六歲。秋七月，《元史》抄竟。《通鑑綱目》自癸亥夏起，至是年秋，凡二十餘年。得敷文院長傅玉露詩信，兩人訂交三十餘年。冬十月，成《小學節注》一書，粗定稿本。十二月，黃山汪啟淑過訪。

己卯，二十四年，六十七歲。春三月，繼媳顧氏亡。夏，重訂《詩韻》。得張弈樞寄詩六首，第一首說盡培謙數十年景況，詩云：「鑪香堂上白頭翁，不問年朝與歲終。萬卷藏書三寸管，五更雞唱一燈紅。」（《甲餘錄》是年載）〔註58〕冬讀《離騷》，作《測意》一篇，隨文演繹，大旨衷於朱子集注。

庚辰，二十五年，六十八歲。元日，同人集松桂堂，餞送王寶序北遊。寶序為王永祺次子、張弈樞快婿，培謙內戚中幼輩，續學工文，秋以禮經中順天鄉闈第四名。夏，韻書上平竣，考訂一先起。八月，一先二蕭兩韻全，接三肴。

辛巳，二十六年，六十九歲。二月，三肴四豪五歌六麻韻竣。三月，與王永祺、張景星選刻《宋詩百一抄》，付梓。八月，次女亡。培謙僅有二女，次女嫁為吳門張氏婦，二十餘年頗嫻禮訓。凶問猝至，不禁老淚潸潸。九月，刻《通鑑攬要》成。《通鑑綱目節抄》一書卷帙浩繁，未能梓以問世。張景星以

〔註57〕姚培謙《周甲錄》，清乾隆二十七年刻本。
〔註58〕姚培謙《周甲錄》，清乾隆二十七年刻本。

為摘要先行之，故標舉眉目，別成一書。又相與抄錄明史，合刻於家塾，名《通鑑攬要》〔註59〕。接汪啟淑手札，云其書室延燒，卷帙大半成灰燼。汪氏著作等身，《三國史糾謬》《六書今韻略》二種尤見苦心，惜為火燼。又「冬，嚴寒，浦中冰積如山，行舟不通者數日，為數十年來所僅見。余危坐小閣，呵凍抄書，仍凌晨而起，夜半而息，旁人無不笑余為癡，憐余為苦，而不知此中自有真趣。寒暑之侵，何足病也。」（《甲餘錄》是年載）〔註60〕此則材料，頗能代表姚培謙一貫的治學態度。

　　壬午，二十七年，七十歲。是年閏五月，春氣遲。正月中，嚴寒未解，三月七日雪猶盈尺。二月，皇上奉皇太后安輿三幸江南，培謙息影江皋，不克一赴吳門朝聖。刻《硯北偶抄》，王永祺序之。王序云：「述齋徵君癖於書，經史百氏類皆採剝其華實，咀嚼其膏味。居常必有程課，祁寒盛暑，夜未過分不少休，以故數十年來名山之業衣被遠近。比者綜攬彌富，凡昔人零星著撰，《說郛》《津逮》等刻所已載未載者，都欲為之搜擇考訂，勒成一書，以公同好，茲《硯北偶抄》之刻特託始焉爾。然自《文章緣起》以下，各種匪惟辭章之源流體要具見乎斯，而佩觿尤有功六書，書畫品亦足旁資遊藝，蓋元圃積玉無非夜光也。部曹西圃於倡酬風雅之暇，廣羅群帙，標籤析疑，往返日恒數四，藝林勝事相與有成。從此善本流傳，好古家得而讀之，可以當中郎之帳秘矣。時乾隆壬午清和月，補堂王永祺拜手題。」〔註61〕與金耐亭、王永祺校正重刻焦袁熹《讀學庸論語注疏》。夏五月，於典籍內擇詠物詩高雅者，編成《讀詩類抄》。閏月，病復作，潦倒二十餘日，至七月八日黎明，忽頭暈身麻，汗出不止，形神不復相管攝，辰刻方蘇，後頻服桂圓湯，力不能辦，人參代以機參，漸次平復。閏月，培謙自號鱸香（一作鄉）老人，自云：「坦率者其性，疏野者其容，伴陳編以白首，忘休戚與窮通。鱸魚之鄉，一丘一壑，雲水空濛，是童子時所釣遊也。故自呼曰鱸香老人，而願終老乎其中。」〔註62〕呂起鳳為繪「鱸鄉老人小照」。顧詒祿有《題姚平山鱸鄉圖》云：「九峰三泖煙霞聚，中有幽人讀書處。鬥鴨欄依短竹籬，釣魚船泊垂楊渡。半生汲古謝朝裾，束帛屢徵

〔註59〕按：據現存乾隆刊《通鑑綱要》，有王延年、黃之雋序。陸奎勳、胡二樂、傅玉露、蔡桐川、王延年、朱椿、汪福、沈大成、鍾文明、馮浩（養吾）、焦以恕、高奮生、夏秉衡、顧棟高等參閱。是個「顧問團」龐大的集體工程。
〔註60〕姚培謙《周甲錄》，清乾隆二十七年刻本。
〔註61〕姚培謙、張景星《硯北偶抄》卷首，清乾隆二十七年草草巢刻本。
〔註62〕姚培謙《周甲錄》卷首，清乾隆二十七年刻本。

終不赴。紫殿方需喻蜀文,明堂待作甘泉賦。閉門羔雁只空回,經籍紛綸勤注疏。別去秋風三十年,遙瞻雲樹徒懷慕。訪戴何時剡水遊,問奇重踏機山路。同牽簝菜繪鮮鱸,黃葉林中傾積素。」〔註63〕冬十一月十八日,為培謙七十歲生日。自生朝始,培謙脫卻儒冠,改服僧衣,自名適可,「適可者,謂散材幸獲老壽,適可託於在家頭陀,以藏其拙,以終其年耳。」〔註64〕與王永祺、張景星商選《元詩百一抄》成。

癸未,二十八年,七十一歲。臘月,撰《類腋》物部敘,文云:「人物分類較天地二部更為繁瑣。年來精力困倦,纂輯之事幾欲中輟。會同學棲靜張司馬不鄙雕蟲,助之卒業。往復參訂,由是《類腋》遂為完書。余第一序中所謂『事求其源,毋但以前後類書為憑』者,今之用意猶夫初也。惜乎殺青方半,司馬遽游道山。人物部本一時授梓,物部已竟,輒先印行。深感素心晨夕,渺焉莫蹤,而賢嗣輩能捐稿以述,遵先志風雅,繼承良在茲乎!爰復序而識之。」〔註65〕

甲申,二十九年,七十二歲。秋七月,與王鼎合編《陶謝詩集》,培謙之子鐘鳴校閱。培謙自序云:「憶年十九,避暑南村小築,讀少陵《江止》詩曰『焉得思如陶謝手,令渠述作與同遊。』輒神往不止,課餘手抄二編,計日而讀之,謂是少陵所宗尚爾。至其風旨沖淡,神明逸麗,則茫未有得也。夫過江而後,篤生淵明,雅音卓絕,趾美阮公,藉以維典午之末流,而掩當塗之盛軌,論者莫敢以時代拘墟矣。若夫諸謝蜚英於宋世,元暉獨步於蕭齊,奕奕菁菁,迭相映蔚,實足抗聲顏范,俯睨江何,讀是編後,次第以盡六朝諸制,極之沈范徐庾無難,各第其淄澠流別耳。馬齒就衰,而詩學不加進,欲如江文通仿古諸作,且未必肖其貌,況求神似耶?顧少時肄業所及,庋篋宛然,不忍零散,因偕王子條山羅列舊本,重為編訂,授剞劂氏,公同好云。乾隆甲申秋七月,姚培謙書,時年七十有二。」〔註66〕

乙酉,三十年,七十三歲,《類腋》人部成,至此《類腋》始稱完書。培謙撰敘云:「余纂《類腋》一書,部以天地人物。自始迄今歷數十年,人物一部最後成。同時鳩工鍥梓,工人作輟無常。人部告竣,又居最後。及此

〔註63〕顧詒祿《吹萬閣集》,《清代詩文集彙編》本,第 289 冊,第 327 頁。
〔註64〕姚培謙《周甲錄》卷首,清乾隆二十七年刻本。
〔註65〕姚培謙《類腋》卷首,清乾隆刻本。
〔註66〕姚培謙、王鼎《陶謝詩集》卷首,清乾隆刻本。

乃為完書也。一部頭緒繁多，來易該據。晦日以次搜輯，凡古今類書所列門目，或本分者合之，或本合者分之，或補足未備，或汰其過冗，螢窗雪案，與友人張司馬削稿再足續刻，緣起已具詳《物部敘》中矣。（中略）獨念役役鉛刊，歲月如馳，回首數十年中，事都為陳，邁不復留。是書幸良友助余，雖遲之久之，終不致以缺略未全為憾。（中略）時乾隆乙酉中秋日，鮑香老人姚培謙書。」〔註67〕

　　丙戌，三十一年春，因病卒於家，年七十四。培謙「幼而多病，長亦羸弱。……蒲柳之質，望秋先零，皤然老矣。……所自幸者，多病而不致短折。」〔註68〕七十四歲而卒，於培謙而言，亦稱享壽。黃達、王嘉曾撰文悼之。黃達極為推崇培謙，其《集姚鱸香園亭》云：「曲徑籠煙碧草肥，今朝特地啟山扉。江梅經雨當窗發，海燕逢春入戶飛。高節群推陶處士，才名共識謝元暉。」〔註69〕（按：元即玄，避康熙諱）以陶淵明之高節、謝朓之才名擬姚培謙，感佩姚氏之德才。又《姚鱸香培謙》云：松桂書堂著述新，聲名早已動楓宸。秋云滿徑蓬蒿亂，哪問當年舊主人〔註70〕。其《姚鱸香傳》又云：「君銳意著述，因倪園故址築北垞為別業。藏書其中，以縱覽觀。延學問淵博之士，厚以廩餼，俾任纂輯。故凡經手訂必歸精覈，四方爭購者屨滿戶外也。」〔註71〕王嘉曾《姚平山先生傳》中云：「家故多藏書，湘簾棐几，校理不倦。一字之疑，群書比櫛，必疏通證明而後止，於排類比纂尤為專門。……先生之學一以博聞多識為宗，其殆力矯末學之弊哉。……中歷憂患，晚而家益落，乃其讀書詠歌則終始如一日也。」〔註72〕培謙後期，雖無心用世，然學術文章為時所重，名山之業已自不朽。

　　古往今來，名流學者的養成，蓋不離時代風潮的引領、科教思想的化育、家庭環境的濡染、自身的積極進取、師友的交遊砥礪等因素的交相影響，畸輕畸重而已。姚培謙「諸生」終老，雖無功名傍身，卻遭名公巨卿舉薦再四，並蒙皇帝垂青，或贊其孝義端直，或贊其博學鴻儒，其德業之著已毋庸再證。姚氏家風，南宋以降，上報國恩，下承祖德，道德事功並重，培謙每以「箕裘每

〔註67〕姚培謙《類腋》卷首，清乾隆刻本。
〔註68〕姚培謙《周甲錄》卷首《自序》，清乾隆二十七年刻本。
〔註69〕黃達《一樓集》卷一，北京出版社1997年影印清乾隆刻本，第570頁。
〔註70〕黃達《一樓集》卷十，北京出版社1997年影印清乾隆刻本，第665頁。
〔註71〕黃達《一樓集》，北京出版社1997年影印清乾隆刻本，第740頁。
〔註72〕王嘉曾《聞音室遺文》，《續修四庫全書》本，集部，第1447冊，第265頁。

恐家聲墜」(《歲暮雜感》其四) ﹝註73﹞自勉，即為家族文化內驅力使然。其「秋
菊尚晚節，不與群芳同」(《和悔凡小圃雜詠》其五) ﹝註74﹞的品性，其崇文尚
學、宗經重史、敦情厚義的修為，很大程度上，即得益於家族文化的薰陶，也
從一個側面折射出明清時期江南望族文化的傳承特點。

附錄：姚培謙傳記三篇

1. 黃達《姚鱸香傳》：姚鱸香，名培謙，字平山，由婁縣之五保遷居華亭
者也。姚氏吾鄉望族，君少聰穎，為諸生時，蘇松常鎮太倉同就澄江試，名士
畢集。君以世家子，翩翩自好，遠近皆愛慕之。繼赴省門，亦無不爭相投契，
以是文名遂大噪於江表。君銳意著述，因倪園故址築北垞為別業。藏書其中，
以縱覽觀。延問學淵博之士，厚以廩餼，俾任纂輯。故凡經手訂必歸精覈，四
方爭購者屢滿戶外也。夫家擅園亭之勝，又素好客。每當春花秋月，設筵肆席，
徵歌選伎，以相娛樂。非惟文章氣誼可以聯結天下英儁，而聲色之移人亦云盛
矣。居久之，以郡守吳公試事株連，對簿質訊，下獄，居圄圉中一載。圖書翰
墨紛陳几案，手披口吟，未嘗少懈。共著詩文若干篇，皆可傳者。後事白歸家，
杜門謝絕世事。閣學沈公假滿還朝，曾奏君閉戶讀書不求聞達，而以所刻書數
種上塵乙夜之覽，洵異數云。然君雖無心用世，而名山不朽之業固樂與同人互
相砥礪。既遇轗軻，益用自奮。晚於所居松桂讀書堂東，別構屋數楹，建樓其
上，顏曰：讀史，將以舉原海文會焉。後家漸落，知交舊好半歸道山，意興亦
於是少衰矣，竟以疾卒於家。黃子曰：余讀《周甲錄》而喟然歎也。鱸香少負
盛名，仲醇陳先生後其繼起矣。奈侘傺不偶，幽囚請室，雖杯蛇弓影，災生無
妄，而一生不免遺憾焉。晚迫桑榆，遽傷寥落，惜哉 ﹝註75﹞。

2. 王嘉曾《姚平山先生傳》：先生姓姚氏，諱培謙，字平山，號松桂，世
居雲間，今之金山縣五保。王父諱廷聘，邑庠生。父諱宏度，內閣中書。中書
公始遷居於郡城之北，姚氏由前明入國朝，子姓多以科第起家，遂蔚為我鄉之
望族。先生生而穎異，善讀書，重交遊，弱冠補邑庠生，再試於鄉不利，輒復
棄去，遂發憤著述云。吾鄉自明季陳、夏（案：即陳子龍、夏允彝）結幾社，
狎主敦槃，東南名士雲集鱗萃，降及春藻大雅，流風餘澤猶有存者。先生慨慕

﹝註73﹞姚培謙《松桂讀書堂集》，《四庫全書存目叢書》本，第 115 頁。
﹝註74﹞沈大成《學福齋詩集》，《續修四庫全書》本，第 322 頁。
﹝註75﹞黃達《一樓集》卷十七，清乾隆刻本。

其為人，乃設文會於家塾，寓書走幣，締交於當世之鴻才駿生，而東南名士亦翕然從之。於是開北海之尊、下南州之榻，一時杯盤縞紵之勝幾遍大江南北，而雲間之聲氣亦駸駸乎復古矣。家故多藏書，湘簾棐几，校理不倦。一字之疑，群書比櫛，必疏通證明而後止，於排類比纂尤為專門。子嘗論之文人相輕今古一轍，矜才筆者以廚麗為拙；資故實者又以剽賊相詆，兩家之論皆不足憑。至如偶拾詞華，侈談藝苑，乃對魯壺則無能數典，考羽觴而未讀逸詩，籍談摯虞之流往往而是。然則先生之學一以博聞多識為宗，其殆力矯末學之弊哉。性極友愛，太孺人歿後，則析其家為二，而己則減產以讓伯兄，以兄多子女累也，宗黨義焉。尤慷慨任氣，故賓至雜沓，客座恒滿。或有病之者，先生曰：「昔劉惔、謝譓史皆稱其不妄交，接門無雜賓。而鄭莊誠門下：『客至忘貴賤，執賓主之禮。』由是聲聞梁楚間，人之為通為介，亦適其性而已。」然卒以是受困，中歷憂患，晚而家益落，乃其讀書詠歌則終始如一日也。生平著述不名一家，自著有《松桂堂詩文全集》，若《左傳杜注》《通鑑綱目節抄》《類腋》諸書，博覽子史，穿穴義疏，尤為一生心力所萃云。先生生於康熙三十二年癸酉，歿於乾隆三十一年丙戌，享年七十有四。娶（著者案：此處單字墨黑，當為：陸）氏先歿，子（案：此處兩字墨黑，當為：鐘鳴）太學生。先生之易簀也，余不獲別，而治命其孤以此傳為請。予與先生中表弟也，少日過從，留連文酒，豈意尺波電謝，音聲蔑然。今日過山陽之舊廬，撫人琴而追悼，能無泚筆而重慨哉。乃為撰次，還以遙質先生於九原也。孫中溫、汝幹謹校字〔註76〕。

3. 嘉慶刊《松江府志》：姚培謙，字平山，松江府婁縣人，諸生。好交遊，名滿江左。雍正七年保舉，以居喪不赴。後數年，尚書沈德潛還朝，奏培謙閉戶讀書不求聞達，以其所著《〈御製樂善堂賦〉注》四卷、《增輯〈左傳〉杜注》三十卷、《經史臆見》二卷代為進呈，王編修嘉曾以為《通鑑綱目節鈔》及《類腋》雖未經進，尤其一生心力所萃云。所著有《松桂堂集》，卒年七十有餘〔註77〕。

〔註76〕王嘉曾《聞音室遺文附刻》，《續修四庫全書》本，集部第 1447 冊，第 265 頁。
〔註77〕宋如林，孫星，莫晉，張吉安等修纂《松江府志》卷五十九，清嘉慶二十二年刻本。

第五章　姚培謙對杜甫的接受

　　據《周甲錄》記載，姚培謙六歲入塾，受句讀之學。二十二歲應金陵鄉試之前，轉益多師，先後受業於張友仙、陸端士、莊安汝、陸南村諸位先生，誦習四書五經、八股文、史傳等，以科舉應試為職志。十九歲起，舉業餘暇，方接觸詩賦，並學習作詩〔註1〕。而培謙初學詩，即取法乎上，誦讀杜詩，可謂入門也正。其晚年撰《陶謝詩集序》時，仍情動於衷：「憶年十九，避暑南村小築，讀少陵《江止》詩，曰『焉得思如陶謝手，令渠述作與同遊。』輒神往不止，課餘手抄二編，計日而讀之。」〔註2〕

　　至於對杜詩的系統學習，則遲至金陵鄉試落敗的次年，《周甲錄》對此有明確的記載：「乙未，五十四年，二十三歲。正月，就婚平湖陸氏。……涉獵諸經，兼讀《文選》、李杜詩，有疑義，輒質諸坡星。」〔註3〕坡星，陸奎勳其號，年長培謙三十歲，堪稱兩代人。康熙五十四年（1715），兩人因姻親而結交，陸氏為培謙《自知集》所撰序文中，對此有追述：「平山為中舍息園先生（案：即姚弘度）仲子，就婚來湖（案：即平湖），余以中表僚婿披衽論交。」〔註4〕《自

〔註1〕 事見《周甲錄》載：「辛卯，五十年，十九歲。受業於陸南村先生，習時文外，兼讀詩賦，學作詩。」

〔註2〕 姚培謙編《陶謝詩集》卷首，清乾隆刻本。

〔註3〕 按：坡星，陸奎勳（1663～1738）其號，字聚緱，平湖（今浙江嘉興）人。康熙六十年進士，改庶吉士，散館授編修，充《明史》纂修官。後因病歸里，開館講學，學者稱陸堂先生，「浙西四子」之一，其詩明麗，學義山體而益之以疏宕。有《陸堂易學》、《陸堂文集》、《陸堂詩集》等，《清史列傳》卷六十七有傳。

〔註4〕 姚培謙《松桂讀書堂集》，《四庫全書存目叢書》本，第61頁。

知集》，為培謙所著第二部詩集〔註5〕，刻於雍正二年（1724），囑杜詔〔註6〕選定並序。此事之本末，杜詔所撰《自知集序》中也有交代：「（仲春）過茸城，信宿平山之北垞，因出其所著近詩《自知集》若干卷，囑予點次並為之序。……今吾平山以名家子年富而才嚴，《特妙集》〔註7〕中諸詩可見一斑。其所至者，足以雄示今人而有餘。然一章之成、一字之下，反覆沉吟，常焰然不自足。其以《自知》名集〔註8〕，蓋深有得乎少陵家法矣。」〔註9〕結語「深有得乎少陵家法」，從根本上，揭示了姚培謙和杜甫之間的淵源關係。而這一關係的清晰呈現，則是自康熙五十四年至雍正二年的九年間，培謙天分加勤奮所換來的。陸奎勳對《自知集》的評論，亦可佐證姚詩已得少陵家法，陸氏云：「讀所著《自知集》若干卷，大抵五七言古體以李杜為宗，而參以眉山氣韻。其近體則清辭麗句，玉貫珠聯，兼有玉溪、八叉之能事。」〔註10〕陸評詳細闡釋了姚培謙的詩歌風貌和詩學淵源，僅就古體而言，其詩以李白、杜甫為宗，而濟以蘇軾氣韻。眾所周知，李白、蘇軾二人的詩歌特點是飄逸放曠，「波瀾富而句律疏」〔註11〕，濟以杜詩的雄正謹重，則文質彬彬，可免於「句律疏」之累。至於近體何以宗法李商隱，培謙實有夫子自道：「余素喜讀詩，顧自少陵以後，最喜讀義山詩。……有唐一代之詩，不易解者莫如少陵，而惟義山一人最得少陵家法」、「（義山）七言律體瓣香少陵，獨探秘鑰，晚唐人罕有其敵。少陵七律格法精深，而取勢最多奇變，此秘惟義山得之。」（《例言》）〔註12〕又培謙著有《李義山七律會意》《李義山詩集箋注》，對李商隱詩歌傾心又會心。其宗義山體，有因杜而及之（愛屋及烏）的味道。

〔註5〕按：其首部詩集，名《春帆集》，顧嗣立作序，成書於康熙五十九年，事見《周甲錄》是年所載。

〔註6〕按：雲川，杜詔（1666～1736）其號，字紫綸，學者稱半樓先生，無錫人，康熙五十一年進士，改庶吉士。雍正十三年舉博學鴻辭，不就。少得顧貞觀指授，工於填詞，論詩主性靈，緣情綺靡，出入溫李之間。有《雲川閣集》、《蓉湖漁笛譜》等，《清史列傳》卷七十一有傳。

〔註7〕案：味其意，《特妙集》似為培謙早年詩集，但培謙本人的各種著述中從未提及，或自悔少作而諱言。或他故，而難詳。

〔註8〕案：培謙以《自知》名集，或有兩意，一取為詩有「自知之明」意，乃謙稱；二取佛典「如人飲水，冷暖自知」意，示創作之甘苦。

〔註9〕姚培謙《松桂讀書堂集》，《四庫全書存目叢書》本，第61頁。

〔註10〕姚培謙《松桂讀書堂集》，《四庫全書存目叢書》本，第61頁。

〔註11〕劉克莊《後村詩話》，北京：中華書局，1983，第26頁。

〔註12〕姚培謙《李義山七律會意》卷首，清雍正五年刻本。

中國古典詩歌，鼎盛於唐，杜詩則為之冠。其千匯萬狀，茹古涵今，「盡得古人之體勢，而兼今人之所獨專」（元稹撰《唐故檢校工部員外郎杜君墓係銘》）〔註13〕，極具藝術張力，而成為豐沛的詩學資源，開後世無數法門，清人葉燮即云：「自甫以後，在唐如韓愈、李賀之奇橫，劉禹錫、杜牧之雄傑，劉長卿之流利，溫庭筠、李商隱之輕豔，以至宋金元明之詩家稱巨擘者無慮數十百人，各自炫奇翻異，而甫無一不為之開先。」〔註14〕若培謙，其二十三歲初涉杜詩，奉誦終老，其《松桂讀書堂集》中詠及杜甫者凡十餘首，禮讚其人，效法其詩，如《秋興用老杜韻》組詩八首，前呼後應，貫以鬱結感傷，蓋脫胎於杜之《秋興八首》；五言排律《述懷一百韻》追憶平生閱歷，信筆書之，感慨並集，一唱三歎，而「別有幽愁暗恨生」，則充分吸收了杜甫《自京赴奉先縣詠懷五百字》的技法和精神；所著四十八則《詩話》，其中有十則論及杜甫，占比冠歷代詩人之首，且俱為正面評論。……凡此皆可證明姚培謙對杜甫的推崇與師法。

概括而言，培謙對杜甫的接受，主要體現在詩史精神、忠愛品格和詩歌境界三個方面，而這一淵源關係的形成，乃家風濡染、個人秉性際遇，以及當時文教政策的交相影響所致。

一、繼承詩史精神

杜甫（712～770），字子美，生於河南鞏縣，身歷唐玄宗、肅宗、代宗三朝，一生中絕大部分時間，處於史家所謂的「開天盛世」。人生最後十餘年，則是在戰亂和漂泊中度過，飢餓窮山，流離道路，親眼見證了大唐帝國的盛極而衰。其對時勢的清醒判斷，對亂離的深切同情，對瘡痍的痛苦悲鳴，對國家的滿腔忠忱，一一寓諸詩歌，不虛美，不隱惡，治亂之跡可與國史相證，時稱「詩史」〔註15〕。清代杜詩學家楊倫對此有評論云：「杜公一生憂國，故其詩多及時事。」（《杜詩鏡銓·凡例》）〔註16〕詩史精神的核心，即是直陳時事，有強烈的現實關懷和民本思想。培謙對此亦有讚美：「許身比稷契，甫也不云

〔註13〕楊倫《杜詩鏡銓》，上海：上海古籍出版社，1981，第 1138 頁。
〔註14〕葉燮《原詩》，北京：人民文學出版社，1979，第 8 頁。
〔註15〕按：「詩史」之說，最早見於唐人孟棨的《本事詩·高逸》：「杜所贈二十韻，備敘其事。讀其文，盡得其故跡。杜逢祿山之難，流離隴蜀，畢陳於詩，推見至隱，殆無遺事，故當時號為詩史。」
〔註16〕楊倫《杜詩鏡銓》，上海：上海古籍出版社，1981，第 11 頁。

狂。詩人有實學，終古示周行。自從騷雅來，六代逞淫荒。枵然無一物，風月徒撐腸。憂時見經濟，亂世資舟航。一字一血淚，哀鳴孤鳳凰。丹心炳詩史，日月齊輝光。」（《覽古詩》）〔註17〕此詩首句，化自杜甫《自京赴奉先縣詠懷五百字》之「杜陵有布衣，老大意轉拙。許身一何愚，竊比稷與契。」〔註18〕稷、契乃古代兩大賢臣，杜甫以身擬之，所表達的是以天下為己任的歷史擔當。即便潦倒至連家人的溫飽都難以保障，他也始終不曾放棄對國家對人民的責任感，這種崇高的人格操守，是其被尊為「詩聖」的重要原因。姚詩首句即禮讚了杜甫的偉大人格，認為即便自比稷契兩位聖賢，杜甫也非輕狂自大之人，因其有實學（按：主要指經術文章）、周行（按：主要指儒家品格）支撐。緊接著，培謙從詩歌發展史的角度，肯定了杜詩的價值，指出杜詩摒棄風花雪月、空洞無物等創作魔障，而出之以憂時念亂，字字血淚，有深重的歷史責任感。杜甫如同一隻孤高的鳳凰，詩以哀鳴，為國警示，這是培謙對其詩史精神的深刻認識。

　　杜甫一生幾無功業可言，時常居處民間，自號「杜陵布衣」，蓋副其沉淪之實。儘管如此，他卻位卑未敢忘憂國，而「窮年憂黎元，歎息腸內熱」（《自京赴奉先縣詠懷五百字》）〔註19〕，有鮮明的儒家品格。清人吳喬說：「有子美之人，而後有子美之詩。」〔註20〕培謙生活於清代的全盛時期，卻諸生終老，無事功榮身，晚年淪落到「笑為兒女累，憂逐歲時煎。……二頃田無獲，三間屋欲穿」（《述懷一百韻》）〔註21〕的地步，一度乞米過活，卻固窮守節，葆有杜甫般的淑世情懷，蒿目民生，繫懷君國，自謂「生平懷古心，閉戶猶慷慨。」（《鍾山》）〔註22〕如其《苦雨》二首云：

　　　　皇天一雨連五月，水雲沉沉日車沒。中庭群蛙聲嘈嘈，鄰樹饑鳥愁兀兀。腐儒環堵真蕭然，乞米難仗顏公箋。調和陰陽大臣責，鯫生底事常憂煎。

　　　　去年蟲荒盡無粟，今年種圃食無菖。老農告訴不忍聞，悍吏追呼方陸續。愁來短歌不能長，殘書支枕午夢涼。慶雲景星照戶牖，

〔註17〕姚培謙《松桂讀書堂集》，《四庫全書存目叢書》本，第91頁。
〔註18〕楊倫《杜詩鏡銓》，上海：上海古籍出版社，1981，第108頁。
〔註19〕楊倫《杜詩鏡銓》，上海：上海古籍出版社，1981，第109頁。
〔註20〕吳喬《圍爐詩話》，上海：上海古籍出版社，1983，第583頁。
〔註21〕姚培謙《松桂讀書堂集》，《四庫全書存目叢書》本，第110頁。
〔註22〕姚培謙《松桂讀書堂集》，《四庫全書存目叢書》本，第78頁。

　　　天下彷彿如虞唐。〔註23〕

去歲蟲荒，今年淫雨，農業生產連遭大破壞，百姓家無餘糧，園乏菜蔬，無食果腹，「腐儒」〔註24〕培謙家中亦是環堵蕭然，難以聊生，官府卻視而不見，仍驅遣悍吏催租再三，絲毫不顧百姓之死活。天災人禍，詩人短歌當哭，殆同實錄，一把扯掉了乾隆盛世的遮羞布。結句「慶雲景星照戶牖，天下彷彿如虞唐」明褒暗貶，諷刺辛辣，繼承了杜甫的詩史精神。清人陳崿對姚詩有如是之評論：「文中子謂書、詩、春秋，古之三史。……昌黎懼作史，而自成為詩。少陵專工詩，而群稱為史。酌古宜今，可謂通人矣。吾友平山篤守家學，以經史為根柢。舉業餘暇，揚風扢雅，詩名久著四方。茲鋟行全集，中有《覽古》百餘篇，余得而讀之，其人事則二十一史列傳。……夫如是，可與誦詩，可與論史，不待目窺全豹，而杜詩韓筆不即此見一斑哉！」（《覽古詩序》）〔註25〕即指出培謙詩繼承了古之詩史精神。

　　培謙家境尚好時，面對百姓的苦難，則不願停留在文學層面的詩以紀事，「冷眼旁觀」，而是量己捐物，散財紓困，給災民以實際的物質幫助，據《周甲錄》雍正十一年（1733）載：「十一月。因往歲秋收歉薄，民食艱難，謙與郡中紳士設法賑濟，量捐粟米。總督高公其倬令有司齎送『惠濟桑梓』匾額。」〔註26〕又《周甲錄》乾隆十七年（1752）載：「秋，焚燒書札契券。謙平生熱腸，於知交不能漠視，以致祖業消磨。一切緩急有本身及子孫貧窘而力不能償還者悉行焚燒，亦一快事也。」〔註27〕惻隱之心，仁之端也。培謙在祖業消磨的境況下，仍古道熱腸，體恤弱者，以助人為樂，是對杜甫詩史精神的發展。

二、發揚忠愛品格

　　儒家尚德行，儒教盛行以後，此教化作用更為世人所推尊。姚培謙即以為：「儒者以忠孝道德仁義為教」（《對問》）〔註28〕。杜甫身際亂離，坎坷沉淪，「朝扣富兒門，暮隨肥馬塵」（《奉贈韋左丞丈二十二韻》）〔註29〕的悲辛，「床

〔註23〕姚培謙《松桂讀書堂集》，《四庫全書存目叢書》本，第98頁。
〔註24〕按：杜甫於《江漢》中自嘲為「乾坤一腐儒」，姚氏自嘲，蓋因之。
〔註25〕姚培謙《松桂讀書堂集》，《四庫全書存目叢書》本，第63頁。
〔註26〕姚培謙《周甲錄》，清乾隆二十七年刻本。
〔註27〕姚培謙《周甲錄》，清乾隆二十七年刻本。
〔註28〕姚培謙《松桂讀書堂集》，《四庫全書存目叢書》本，第55頁。
〔註29〕楊倫《杜詩鏡銓》，上海：上海古籍出版社，1981，第25頁。

頭屋漏無干處」(《茅屋為秋風所破歌》)〔註30〕的窘迫,「負薪採橡栗自給」(《新唐書·杜甫傳》)〔註31〕的困頓,都無法動搖其「葵藿傾太陽,物性固莫奪」(《自京赴奉先縣詠懷五百字》)〔註32〕的忠愛秉性,蘇軾尊崇杜甫的重要原因即在於此,其云:「古今詩人眾矣,而杜子美為首。豈非以其流落飢寒,終身不用,而一飯未嘗忘君也歟!」〔註33〕杜甫篤於忠義,深於經術,即便生活千難萬苦,也始終出以倔強的面目,推己及人,同情人民的疾苦,發而為詩,則詞氣磊落雄正,斯文不墜,乃「窮而後工」的典範,楊倫即云:「自昔稱詩者,無不服膺少陵,以其原本忠孝,有志士仁人之大節。」(《杜詩鏡銓·自序》)〔註34〕一部「杜詩」,堪稱一部愛國主義教材。亦以忠孝世其家的姚培謙即以為:「以少陵之詩言之,其標準百代處,豈非以每飯不忘君父。要其至性流露,萬象畢陳,固不在逐章逐事而比合之。」〔註35〕故其由衷地表白:「安得盡祛塵俗累,騷壇尸祝杜陵翁。」(《秋興用老杜韻》其七)〔註36〕

　　培謙中年以後,潦倒落魄,以文章報國世家的忠愛思想卻一如從前。其四十一歲時因科場案牽連繫獄〔註37〕,獄中詩所謂「簪笏傳家身實忝,文章報國願常違」(《獄中雜詩》其七)〔註38〕、「無限悲涼成獨笑,杜鵑啼血太多言」(《春窗雜詠》)〔註39〕,只是一時的牢騷,「境到窮時守更牢」(《獄中雜詩》其二)〔註40〕、「梁獄書難達,昆岡玉自堅」(《述懷一百韻》)〔註41〕、「飽經霜雪未曾渝」(《歲暮雜感》)〔註42〕,才是其一貫的品格宣言。其未因鄉試的一再敗北、無辜繫獄等人生重大挫折而頹廢遊世,轉而專意著述,文章報國的

〔註30〕楊倫《杜詩鏡銓》,上海:上海古籍出版社,1981,第364頁。
〔註31〕楊倫《杜詩鏡銓》,上海:上海古籍出版社,1981,第1134頁。
〔註32〕楊倫《杜詩鏡銓》,上海:上海古籍出版社,1981,第109頁。
〔註33〕蘇軾《蘇軾文集》,北京:中華書局,1986,第318頁。
〔註34〕楊倫《杜詩鏡銓》,上海:上海古籍出版社,1981,第7頁。
〔註35〕姚培謙編著《李義山七律會意》卷首《自序》,清雍正刻本。
〔註36〕姚培謙《松桂讀書堂集》,《四庫全書存目叢書》本,第120頁。
〔註37〕按:《周甲錄》雍正十一年載「八月,撫軍山東喬公世臣列款參郡守吳公節民。內一款『府試童生』稱謙在署閱卷,合署領案共九名通同得賄,於十四日繫獄。……總督趙公弘恩察謙無辜,檄放,於十二年八月十九日歸家,在獄一載有餘。」
〔註38〕姚培謙《松桂讀書堂集》,《四庫全書存目叢書》本,第119頁。
〔註39〕姚培謙《松桂讀書堂集》,《四庫全書存目叢書》本,第131頁。
〔註40〕姚培謙《松桂讀書堂集》,《四庫全書存目叢書》本,第118頁。
〔註41〕姚培謙《松桂讀書堂集》,《四庫全書存目叢書》本,第110頁。
〔註42〕姚培謙《松桂讀書堂集》,《四庫全書存目叢書》本,第115頁。

信念歷劫而彌篤。培謙自四十七歲始，為乾隆皇帝所著《樂善堂集》作注疏，寒暑三易，方克成其業。其跋語中有思想告白：「臣培謙從康熙甲午入膠庠，試棘闈，得而復失者再。柳宗元云『思報國恩，獨惟文章。』是以經年閉戶，一以課子讀書為事。」〔註43〕乾隆五年（1740）夏，陸奎勳撰《松桂讀書堂集序》，論及姚氏時，即稱其文章「皆有關於世道，有益於經濟，以視徒事浮華與夫是非得失茫然莫辨而人云亦云者，相去天淵矣。」〔註44〕乾隆六年（1741），培謙自為《松桂讀書堂集序》，再次重申自己的公忠體國之心，文云：「方今聖人在上，崇實學，黜浮華，草野之士咸仰昭回之光，以朝夕磨礱，如培謙者所謂有志而未逮者也。矜其愚而教之，則厚幸矣。」〔註45〕

　　培謙的忠愛思想，既是對偶像杜甫的學習，也是對政府文教思想的順應。文教，某種角度而言，是政治、道德雙重標準施諸文學的產物，因其能涵植士大夫的心性操守，故統治者莫不重視。乾隆帝即曰：「詩者何？忠孝而已耳。離忠孝而言詩，吾不知其為詩也。」（清高宗撰《沈德潛傳》）〔註46〕此與儒家所謂「溫柔敦厚詩教也」〔註47〕的主張是一致的。杜詩深婉和平，乃個中典範。姚培謙即有評論云：「李、杜二公詩篇皆原本忠愛，若以溫柔敦厚論之，則李不及杜！即如『明皇幸蜀』一事，二公皆反覆致意。李之《遠別離》、杜之《哀江頭》無可議矣。其有詞意皆同而神理迥別者，若李太白《上皇西巡南京歌》其七章曰『誰道君王行路難，六龍西幸萬人歡。地轉錦江成渭水，天迴玉壘作長安。』子美則云『錦江春色來天地，玉壘浮雲變古今。』同一錦江玉壘也，而李之意揚而竭、杜之意渾而厚矣。要之，自其骨性中帶來，不可強也。」〔註48〕責重廟謀，卻詞不迫切，有含蓄之美，這是杜詩高過李詩之處。如清人朱庭珍所謂「有溫柔敦厚之性情，乃有溫柔敦厚之詩。」〔註49〕杜之渾厚「自其骨性中帶來」，乃天性，自然深婉。楊倫也以為「詩教主於溫柔敦厚，況杜公一飯不忘，忠誠出於天性。」（《杜詩鏡銓·凡例》）〔註50〕李杜二公雖皆為培謙所膜拜，但以忠愛論，培謙心中仍有高下之別。

〔註43〕愛新覺羅·弘曆《御製樂善堂集》卷末，清乾隆刻本。
〔註44〕姚培謙《松桂讀書堂集》，《四庫全書存目叢書》本，第1頁。
〔註45〕姚培謙《松桂讀書堂集》，《四庫全書存目叢書》本，第2頁。
〔註46〕王鍾翰《清史列傳》，北京：中華書局，1987，第5冊，第1457頁。
〔註47〕鄭玄注、孔穎達正義《禮記正義》，北京：中華書局，1980，第1609頁。
〔註48〕姚培謙《松桂讀書堂集》，《四庫全書存目叢書》本，第53頁。
〔註49〕朱庭珍《筱園詩話》，上海：上海古籍出版社，1983，第2391頁。
〔註50〕楊倫《杜詩鏡銓》，上海：上海古籍出版社，1981，第12頁。

　　清代康熙以迄乾隆，以儒立國，倡行文教。培謙對杜甫忠愛品格的推揚，不僅關乎詩學趣向，也關乎政治站位。作為一個幾度受到乾隆帝垂愛的文人，培謙仰體聖意、潤色鴻業，乃合乎情理之舉，它並非孤立的現象，而折射出當時的政治思潮。康熙五十二年（1713），聖祖御選唐詩，明令：「是編所取雖風格不一，要皆以溫柔敦厚為宗，其憂思感憤倩麗纖巧之作雖工不錄，使覽者得宣志達情范於和平。」（《御選唐詩序》）〔註51〕雍正十年（1732），世宗提醒考官：「所拔之文，務令清真雅正、理法兼備。」〔註52〕乾隆三年（1738），高宗詔諭：「凡歲科兩試以及鄉會衡文，務取清真雅正、法不詭於先型、辭不背於經義者」〔註53〕。祖孫三代，詩教思想一以貫之，故今人鄔國平指出：「清代前期形成並對後來產生長遠影響的文學批評中的清醇雅正論，本質上體現了清統治者的文化政策。」〔註54〕培謙出身於詩禮傳家的名門望族，沐祖德，叨國恩，為時代風氣所化，實順理成章之事。

三、宣揚詩歌藝術

　　姚培謙對杜甫詩歌藝術的宣揚，既有宏觀層面的，也有微觀層面的。

　　從宏觀層面來說，培謙以為詩歌創作的最高境界是含蓄蘊藉，有言外之意，其眼裏的典範即杜詩，其云：「言在此而意卻在彼，最是詩家妙境。如老杜《夏日李公見訪》一章云『遠林暑氣薄，公子過我遊。貧居類村塢，僻近城南樓。旁舍頗淳樸，所需亦易求。隔屋喚西家，借問有酒否？牆頭過濁醪，展席俯長流。清風左右至，客意已驚秋。巢多眾鳥喧，葉密鳴蟬稠。苦遭此物聒，孰謂吾廬幽？水花晚色淨，庶足充淹留。預恐樽中盡，更起為君謀。』通篇順文讀去，不過寫新涼留客借酒不足，更復謀添之耳。不知其寫暑氣薄、寫近村塢、寫長流、寫清風、寫水花，總不是寫眼前景物，只寫好客到來、無酒飲客、又惟恐客去一段情事。夫貧居無可遊，而公子肯來，想因地僻暑薄故耶。既來矣，客見四壁蕭然，竟匆匆告別，如何則慰之曰鄰居淳樸、西家之酒易借也。酒既借矣，客知所借有限，略飲幾杯，又將告別，如何則又款之曰鳥鬥蟬鳴、水花到晚更佳也。客既肯留矣，便好起身再去覓酒。若使早露窘色，客既不安，哪肯久住耶？公之以朋友為性命如此，讀者

〔註51〕愛新覺羅‧玄燁《御選唐詩》，《四庫全書》本。
〔註52〕托津等《欽定大清會典事例》，北京：中國藏學出版社，2006，第1649頁。
〔註53〕托津等《欽定大清會典事例》，北京：中國藏學出版社，2006，第2113頁。
〔註54〕鄔國平、王鎮遠《清代文學批評史》，上海：上海古籍出版社，1996，第4頁。

往往不覺。」〔註55〕杜甫《夏日李公見訪》一詩，一唱三歎，情事宛然。培謙在條分縷析其頓挫雋永的寫法之後，著重強調了詩人的重情重義，即結語所謂「公之以朋友為性命如此，讀者往往不覺。」此即言外之意。清人畢沅對杜詩寄託之深亦有契賞，稱其「氣格超絕處，全在寄託遙深，醞釀淳厚。其味淵然以長，其光油然以深，言在此而意在彼，欲令後之讀詩者，深思而自得之。」（畢沅撰《杜詩鏡銓序》）〔註56〕

姚培謙對杜甫含蓄蘊藉、沉鬱頓挫的詩風極其讚賞，其評柳宗元《送薛存義之任序》云：「圓轉如走盤之珠。作痛快文，每慮一往易盡。於痛快中具蘊藉，方是作手。」〔註57〕所謂「於痛快中具蘊藉」，即是沉鬱頓挫的一種表達。培謙為詩，亦是寄託遙深，有感而發，陸奎勳論其樂府詩，即云：「平山頻年境遇坎壈，爰借古樂府，題抒其不平之鳴。予洛誦數過，竊歎左徒之美人香草，均屬騷情；中郎之海水枯桑，亦自寫其流離急遽之況。中有寄託，非無病而漫為呻吟也。」（《樂府序》）〔註58〕培謙嘗感慨「詩未窮人豈是工」（《新秋書感》）〔註59〕，聯繫其《松桂讀書堂集自序》中「詩有別才，其工不工，不關學問」〔註60〕之論，則知其眼中的「詩工」關乎時運際遇，杜詩、姚詩之工皆契合此道。

從微觀層面來說，杜甫作詩嘔心瀝血，慘淡經營，注重鍊字鍊句，所謂「為人性僻耽佳句，語不驚人死不休。」（《江上值水如海勢聊短述》）〔註61〕苦吟作風，已內化為杜甫的創作自覺，此與其追求詩境的渾融乃一體之兩面。培謙對杜甫鍊字境界極為推崇，屢稱其為「神手」，如云：「古人詩中妙句，必親歷方知。『細動迎風燕，輕隨逐浪鷗』，杜句也。余嘗以荒秋八月中泊舟浦上，忽風起雨來，此境現前方。知『細』字、『動』字、『輕』字、『隨』字，不但為鷗燕傳神，而四方上下迷離蕭瑟之況俱現，豈非神手」〔註62〕、「每愛古人形容雨勢語，老杜云『行雲遞崇高，飛雨藹而至。』十字中，字字有意，卻如探喉而出，雖神工妙手圖畫不來」〔註63〕、「劉舍人云『富於萬篇，貧於一字』。

〔註55〕姚培謙《松桂讀書堂集》，《四庫全書存目叢書》本，第53～54頁。
〔註56〕楊倫《杜詩鏡銓》，上海：上海古籍出版社，1981，第1～2頁。
〔註57〕姚培謙《古文斫》，清乾隆三十九年重訂本。
〔註58〕姚培謙《松桂讀書堂集》，《四庫全書存目叢書》本，第62頁。
〔註59〕姚培謙《松桂讀書堂集》，《四庫全書存目叢書》本，第114頁。
〔註60〕姚培謙《松桂讀書堂集》，《四庫全書存目叢書》本，第64頁。
〔註61〕楊倫《杜詩鏡銓》，上海：上海古籍出版社，1981，第345頁。
〔註62〕姚培謙《松桂讀書堂集》，《四庫全書存目叢書》本，第49頁。
〔註63〕姚培謙《松桂讀書堂集》，《四庫全書存目叢書》本，第50頁。

凡一字難下處，不但如老杜『身輕一鳥過』過字、『瘦鶴病頭閣』閣字之類，人不能道。即本分當用字，偶有遺忘，便足困人」〔註64〕等。

培謙所生活的時代，唐宋詩之爭愈演愈烈。世人祧唐祖宋，入主出奴，紛爭不斷。對此，姚氏的態度是兼採唐宋，主張真性情，如云：「山川草木，原只在人眼前，但須要自己性靈去對付它」〔註65〕、「性情不足，而後求之思致；思致不足，而後求之事類，所以愈趨愈遠。作詩以氣貫為主，氣貫則無論長篇短什，自然句句字字照應」〔註66〕、「詩主言情，文主言道，固也。其實情到極真處，即是道六經言道無一語涉腐爛者」〔註67〕、「古人詩浩浩落落，字字從胸臆中流出」〔註68〕等。當然，論及性情詩，杜詩同樣是典範，楊倫即云：「少陵詩，憲章漢魏，取材六朝，正無一語不自真性情流出；無論義篤君臣，不忘忠愛，凡關及兄弟夫婦朋友諸作，無不切摯動人，所以能繼跡風雅，知此方可與讀杜詩。」（《杜詩鏡銓·凡例》）〔註69〕姚培謙論詩不拘一格，通達開明一如杜甫。其悼念從祖，所謂「自古作者傷沉淪，嗚呼！簞瓢陋巷自有樂，幽韻清芬殊不惡。功名富貴總等閒，詩卷長留天地間」（《題從祖懶迂先生〈吟豔編〉後》）〔註70〕，其實也是自明心志。

杜甫出身於「奉儒守官，未墜素業」（《進雕賦表》）〔註71〕的家庭，其十三世祖杜預為西晉著名的儒將，曾為《左傳》作注，開杜氏宗風。其祖父杜審言則「修文於中宗之朝，高視於藏書之府。故天下學士，到於今而師之。」（《進雕賦表》）〔註72〕故杜甫自豪地說：「吾祖詩冠古」（《贈蜀僧閭丘師兄》）〔註73〕、「詩是吾家事」（《宗武生日》）〔註74〕。他是把「奉儒」和寫詩當作自己終生大事而孜孜以求的（即所謂「素業」的一部分），故而成為中國古典詩歌發展史上詩品人品合一的傑出代表，儒家傳統觀念當中忠君愛國的典範。其崇

〔註64〕姚培謙《松桂讀書堂集》，《四庫全書存目叢書》本，第 52 頁。
〔註65〕姚培謙《松桂讀書堂集》，《四庫全書存目叢書》本，第 58 頁。
〔註66〕姚培謙《松桂讀書堂集》，《四庫全書存目叢書》本，第 53 頁。
〔註67〕姚培謙《松桂讀書堂集》，《四庫全書存目叢書》本，第 53 頁。
〔註68〕姚培謙《松桂讀書堂集》，《四庫全書存目叢書》本，第 48 頁。
〔註69〕楊倫《杜詩鏡銓》，上海：上海古籍出版社，1981，第 14 頁。
〔註70〕姚培謙《松桂讀書堂集》，《四庫全書存目叢書》本，第 98 頁。
〔註71〕楊倫《杜詩鏡銓》，上海：上海古籍出版社，1981，第 1040 頁。
〔註72〕楊倫《杜詩鏡銓》，上海：上海古籍出版社，1981，第 1040 頁。
〔註73〕楊倫《杜詩鏡銓》，上海：上海古籍出版社，1981，第 332 頁。
〔註74〕楊倫《杜詩鏡銓》，上海：上海古籍出版社，1981，第 413 頁。

高的人格修養、憂國憂民的淑世情懷、善陳時事的詩史精神、精益求精的創作態度，素為後世文人所景仰所師範。

　　姚培謙家族自宋室南渡以後，數百年間，雖未曾出現杜預、杜審言這樣牽動一時的人物，卻也「代有傳人，科第蟬聯，子孫椒衍，江浙推為望族。」（姚弘圖撰《姚氏世譜序》）〔註75〕姚氏家族文化的核心是「傳經傳笏」（《周甲錄》序）〔註76〕、「尚學立志」〔註77〕，此與杜甫「奉儒守官」的家風一樣，皆為典型的儒家文化範式。而這種家風孕育出來的文人，有很多不謀而合的精神特質和價值追求。姚培謙根柢厚而閱歷深，又兼理想現實之間落差大，與杜甫的生平遭際產生了巨大的異代共鳴，故其對杜甫的選擇和接受是極其自然的。

〔註75〕姚弘圖《姚氏世譜》卷首，清雍正三年平湖姚氏本。
〔註76〕姚培謙《周甲錄》，清乾隆二十七年刻本。
〔註77〕吳默《姚氏世譜序》載：「怡善公（姚璋）隱居尚志，其於古帝王將相儒者之略無所不窺。嘗曰『人生須立志』，諸子恪遵庭訓，是用崛興，若怡善公者可為姚氏之一人也。」

第六章　姚培謙詩文編年

　　如前文所述，清康熙五十年（1711），姚培謙時年十九，方學作詩。乾隆五年（1740），培謙四十八歲，其自行擇汰，彙編其三十年來所著詩歌，刻於家坊松桂讀書堂，析為八卷，名曰《松桂讀書堂集》，並自為序。培謙序文中交代了此書編輯之始末，文云：「余少即為詩，自以不工，隨手棄去，不復一再刪改。去年秋冬間，掇拾叢殘，有所謂《春帆集》《自知集》，合近作可二寸許，則且試以己意去取，不逾時，味如嚼蠟，心曰『奚以竟事為！』以語友人能詩者，咸目之而笑，乃曰『若且休矣，吾為若竟之。』於是重為去之取之，竟，則又附以平日所謂雜著也者，共若干卷，總錄如左。夫以其不工，業棄之矣。抑又不能盡棄，非緘石享帚也，徇友也，暇則滋愧焉。」〔註1〕此書之成，亦得其密友王永祺之襄助。事見《周甲錄》乾隆五年（1740）所載：「（乾隆）庚申，五年，四十八歲。匯刻《詩集》八卷，屬延之（按：永祺其字）選定。」〔註2〕由上述兩則史料可知，《松桂讀書堂集》為姚培謙自選集，最後囑託王永祺編定。詩乃心血灌注之晶，向被舊時文人視為生命，清人即有「作詩如生子，有賢者固可喜，其愚者亦不忍逐而棄之也」之謂。培謙囑王永祺選定其書，足見對王氏其人其學之信重。

　　培謙所作詩文，主要載錄於《松桂讀書堂集》〔註3〕。乾隆五年（1740），八卷本《松桂讀書堂詩集》付梓。稍後，培謙即著手文集的編輯，並邀請平湖陸奎勳為其文集撰序。乾隆八年（1743），詩文兼收的《松桂讀書堂集》問世，

〔註1〕姚培謙《松桂讀書堂集》，《四庫全書存目叢書》本，第 64 頁。
〔註2〕姚培謙《周甲錄》，清乾隆二十七年刻本。
〔註3〕案：含詩集、文集，先編刻詩集、後文集。

凡十五卷，其中文七卷，卷首有陸奎勳乾隆五年所撰《松桂讀書堂集序》、姚培謙乾隆六年所撰《松桂讀書堂集序》、姚培謙乾隆八年所撰《對問序》，正文編排情況為：卷一讀經，七十一條；卷二讀經，六十二條；卷三讀經，五十三條；卷四讀史，五十一條；卷五讀史，七十七條；卷六詩話，四十八條；卷七對問，六十條。另詩八卷，沿用了乾隆五年初刊本，卷首有長洲顧嗣立康熙五十九年所撰《春帆集序》、錫山杜詔雍正二年所撰《自知集序》、平湖陸奎勳乾隆二年所撰《樂府序》以及海陽汪福乾隆五年所撰《樂府古詩序》。具體編排情況為：卷一樂府，一百二十首；卷二五言古，四十三首；卷三五言覽古，一百零四首；卷四七言古，二十八首；卷五五言律，九十一首；卷六五言排律，六首；卷七七言律，一百十三首；卷八五言絕三十首，七言絕一百三十七首；總計六百七十四首，樂府、古近體詩兼收。

乾隆修《四庫全書》時，姚培謙《松桂讀書堂集》〔註4〕被收錄其中，所採底本則為江蘇周厚堉〔註5〕家藏本，四庫館臣為是書所撰《提要》對其版本源流有交代，其文云：「《松桂讀書堂集》八卷，國朝姚培謙撰。培謙字平山，華亭人。喜刻巾箱小本，亦好事之士。所著有《春帆集》，刻於康熙庚子；《自知集》，刻於雍正甲辰；《樂府》及《覽古詩》，刻於乾隆己未。此本，乃乾隆庚申裒合諸編，刪為一集，培謙自為之《序》，其諸集《序》亦仍列之於卷端。」〔註6〕乾隆庚申，即乾隆五年。《提要》中所交代的編輯情況，與乾隆八年刊《松桂讀書堂詩集》的編輯情況是一致的。今《四庫全書存目叢書》收錄了十五卷本《松桂讀書堂集》，較之《四庫全書》，則補錄了七卷《松桂讀書堂文集》，其所據底本，為吉林大學所藏清乾隆八年刻本〔註7〕。

詩文兼收的《松桂讀書堂集》成書於清乾隆八年（1743），時距姚培謙去世尚有二十餘年，故姚氏後出之詩文皆不見載於是書〔註8〕。即便乾隆八年以

〔註4〕案：《四庫全書》所收錄《松桂讀書堂集》，僅為詩集，這與姚培謙乾隆五年自編自刻時的名稱和範圍是一致的，尚不及文集。

〔註5〕周厚堉，字仲育，婁縣（今屬上海市）人。乾隆間諸生，家富藏書，且多精善之本。祖父周士彬，字介文，號愛蓮，有「山丹堂」藏書樓。乾隆間四庫館徵書，周氏進書三百餘種，朝廷嘉賜《佩文韻府》一部及御題石刻。

〔註6〕永瑢等《欽定四庫全書總目》，北京：中華書局，1997，第2368頁。

〔註7〕案：寧波市天一閣博物館古籍部，亦藏有清乾隆八年刻本《松桂讀書堂集》，其體例、版式一如初刻，與吉林大學所藏為同一版本，但可以補吉林大學藏本之缺漏。

〔註8〕案：姚培謙壽享七十四歲，其四十八歲以後所著詩文，因《松桂讀書堂集》刊

前之詩文也有隨作隨輟，或因他故而未曾收錄於其中者。下文所編述的姚培謙詩文，或出於《松桂讀書堂集》（案：所收錄詩文多未繫年），或收錄於其自撰年譜《周甲錄》《甲餘錄》，或為其所撰著述之序跋（案：《松桂讀書堂集》未錄者），其中已明確創作時間的，直接係諸當年；沒有明確繫年，但可以推知的，則以按語注明繫年的依據。

康熙五十九年

《登鄧尉山望太湖》：看遍梅花入翠屏，上方心眼劃空靈。旒林近接千村白，銀界遙涵數點青。香瓣欲隨沙鳥去，梵聲應有蟄龍聽。風塵何以漁樵樂，領略風光兩洞庭。

《錫山客舍，奉寄總戎趙額駙》二首

其一：戟門春日正遲遲，海宇風清此一時。自愧薄遊仍拜貺，更叨雅誼許論詩。麒麟圖畫誰先者，裘帶風流信有之。遙想繡旗披拂處，三眠細柳已成絲。

其二：九龍山憶九峰青，幕府春來幾吐萱。地望舊傳詩禮將，天文原接羽林星。凝香燕寢應飛藻，簪筆書生未勒銘。最喜魚鱗三十六，心隨江水過郵亭。

《顧編修俠君招飲秀野草堂賦贈》：吳閶有堂名秀野，珠盤玉敦走天下。天為斯文出異人，先生豈是悠悠者。先生少年賈董徒，鳳毛麟角一代無。雄才壯氣凌京都，余子愕眙順風趨。讀盡中秘未見書，卿雲爛漫隨卷舒。衣被草木分華勇，龍門蘭臺望久孚。願為霖雨心猶紆，翩翩逸思不可拘。等身著述計未迂，坐擁百城陋三車。博綜六藝味其腴，酉山宛委簡策殊。編劃抉剔惠世儒，縱橫千載搜奧區。眼明寶月胸慧珠，豐神奕奕照五湖。齒頰所及榮朽枯，余也款啟守菰蘆。駑駘安敢追龍駒，傳家綈裹愁荒蕪。十年作賦徒呻吾。春風若肯分噢於，振奮或得希修途。

按：《周甲錄》是年載：庚子，五十九年，二十八歲。二月，探梅鄧尉，遊錫山，常州別駕趙淵如弘本署錫邑事。招閱試卷，盤桓兩月而返，得詩數十首，長洲顧編修俠君嗣立作序，題曰《春帆集》。夏，錫山華君豫原希閔過訪。相得甚歡，隨偕至錫山，下榻劍光閣數日。

刻較早之故，為是書所不載。而以姚培謙的創作能力和生活方式推測，乾隆八年以後的二十餘年間，所作詩文必不在少數，遺珠之憾實難以補全。

康熙六十年

《錫山杜太史雲川過訪，贈詩依韻奉答》二首

其一：素心那肯混浮塵，風雨相期意最真。何日忘之能顧我，深慚壯也不如人。寒催冰雪回舟懶，晴獻溪山發興新。濁酒尚能為地主，未須遠憶玉堂春。

其二：敢向青雲步後塵，聊從吐屬見清真。天教水色山光秀，總付班香宋豔人。不獨懸書千遍讀，曾參疑義幾番新。留賓卻喜連宵雨，斗室居然日日春。

按：《周甲錄》康熙六十年載：冬，錫山杜太史雲川詔艤舟相訪，商刻顧梁汾先生《彈指詞》。

又按：杜詔《姚平山留宿遂安堂，次韻奉酬令兄心求暨朱耕方、董弘輔、張玉田、徐景予諸君見和之作》作於同時，詩云：「半生空染素衣塵，歸隱多慚賀季真。每到貧來思作客，劇憐老去怕依人。夜闌擁絮寒尤重，兩隙窺簾月又新。才子雲間驚絕豔，況教三十少年春。（詩中自注：平山時以三十自壽詩索和）」〔註9〕

康熙六十一年

《三十生朝》（七律，存二）

其一：吳山越水舊經過，無那騰騰歲月何。楊柳春堤行樂遍，芙蓉秋浦漾愁多。酒因小戶飛觥怯，詩未成家側帽哦。卻悔少豪情未滅，半從花月得蹉跎。

其二：敢向詞壇問鼓旗，最憐風雨寄相思。十年燈檠蕉窗夢，千里梅花驛路詩。幽意每從懷舊結，素心惟恃淡交知。雲霄各有飛騰志，應笑卑棲分一枝。

《北垞詩》（五古）序：通波門外，循河北岸，行二百步許，折而西行數步，門臨溪水，繚以周垣，為北垞。門內文杏二株，皆百年物，有小堂名雙杏堂。後循東偏長廊入，竹木怪石環澄潭竦立，潭上為天光雲影閣。閣下三楹為賓朋憩息之所。後有小池，菡萏文魚充牣，弄珠檻也。登閣而望，前眺城邑，後則九峰環其西北隅，閣之西為招鶴樓，村煙野潦，一望無際。有馴鶴朝放之，暮必傃此樓而歸，故名。閣前少折而西，有屋架水上，扁曰小杯湖，沿湖岸而南，過石樑，為松吹亭。亭左奇峰列峙，石勢如踴躍而出，古木蒼藤翳如，則構丈室為鷦棲。自閣以南，少土而多石，閣後列小房為庖湢，庖湢之後皆平田。有溪水環池，可一畝餘，架曲梁渡之構室廣數笏，種梅三十樹繞焉，香雪坪也。

〔註9〕杜詔《雲川閣集》，《清代詩文集彙編》第218冊，影雍正九年刻本，第588頁。據杜詩內容及韻腳，以及杜詩自注，可知姚詩二首，為是年次杜詩韻所作。

坪右為抱香庵，左為蓮生庵，皆幽勝，可跬步至，地自前明萬曆中為倪氏園，余從他氏得之，遂於暇日稍葺廢圯，願與世之有道而能文者詠歌遊息其間，以裨余之蕪陋，庶幾古人開徑之意，因不辭鄙俚而繫以詩。

雙杏堂：雙杏何年種，古幹高且直。密葉排天風，蟠根資地力。想見浣溪堂，檀樹借顏色。

天光雲影閣：上矚蔚藍開，下鑒清漣止。遊雲蕩其間，窗牖絕塵滓。忽憶紫陽詩，源頭來活水。

弄珠檻：涼雨颯然至，翠葉搖風紈。亭亭採珠人，玩弄不盈簞。側想彼姝意，無去亦無還。

招鶴樓：西樓何所見，野盡數峰碧。薄暮自飛回，青天鶴一隻。牛背牧童眠，翻訝歸雲迫。

小杯湖：杯湖無一畝，竹木自圍繞。怪石參其間，靜影益娟好。但得杯湖趣，莫謂杯湖小。

松吹亭：小亭日欲午，孤坐轉虛清。微飆入長松，漸作笙竽鳴。此聲滿幽壑，風雨誰同聽。

鷦棲：苔徑沿石壁，結構當其凹。佳樹繚繞之，有鳥鳴咬咬。相窺幸弗疑，我亦營其巢。

香雪坪：曾聞婆律香，遙想嶀山雪。誰言北垞淺，貯此兩奇絕。荊扉寒不局，夜夜羅浮月。

按：《周甲錄》康熙六十一年載：買倪園故址，築北垞。園為朱氏世業，相傳前明董思翁、陳眉公皆曾居此。一切水石咸二公布置，後歸潘姓。榛莽圮毀，重加修葺，頗費經營。每於夏秋二季與二三知己，樽酒論文其中。

《元詩自攜集》序：自《宋詩鈔》一書行世，而學者靡然宗之。一切流連景物、披寫情愫無非是也，而元詩無聞焉。不知宋亦宗唐者也，唐人之格調既衰，而宋人裁以理致。元亦宗唐者也，宋人之面目已厭，而元人復瀋以雋才。法乳本同，家風頓別。若宗宋而不知有元，與宗唐而不知有宋何異！譬則蠶叢已闢，而錦江玉壘之勝，謂非前此所有而不必窮覽乎！余家頗有元人遺稿，每恨網羅不廣。既讀顧太史俠君先生所抄十集，歎為巨觀。顧卷帙浩繁，卒業未易。而諸體並陳，猝欲尋其涯涘，望洋者往往致歎。至於七言近體，古今作者所難，尤為學者諷誦所急。則於顧本中撮其精華，並篋中所錄咿唔舊本，縮成一編，名曰《自攜》，匪敢云《選》，備行笈中物而已。昔昌黎云：「雄觀快

新獲」。少陵云：「佳處領其要」。夫千門萬戶，遊者一時未能遍歷。而層樓飛閣，一二最勝處能啟鑰而入。大勢既得，不盡歷其閫奧，不止從此流連景物、披寫情愫，或不難更進一格，而元人一代之詩庶不至為宗唐宗宋者所庋置弗習也夫。康熙六十一年二月花生日，華亭姚廷謙平山氏題於臥雲草堂西偏之花嶼。

《元詩自攜集》發凡：

元詩各體雖斷然自成一家，要其精能獨擅處，七言近體為尤。茲集意在探奇，殊多割愛。然元人之聲情格調已可以望而得之，莫謂一斑可知全豹已。

此集自遺山、靜修而下，若虞、楊、范、揭以迄鐵崖、雲林諸大家，悉從全稿中摘抄。至幽人畸士一鱗片甲奇雋亦所必登，不忍以集小棄遺也。

凡一題連章而詞意起訖連貫者，必全錄。蓋連章猶一章也，余即摘抄。

古人詩多自注處。若杜、蘇兩集非自注，後人固無由得解。非若今人動輒牽連也。集中悉依原本刻入。

元人作詩用韻多雜，雖律詩往往不免。明興有正韻之作，想以此要之，不可為訓。集中不及一一指駁，在詩壇自有明鑒也。

是集手抄時，與玉田張子、家孟宅安心求沾扶丹黃各歷數次，仍細加評騭。付梓時，盡從削去。存各家之本末，憑後人之擊賞，不欲以成見障讀者靈府耳。

七言截句，元人尤多膾炙人口者，別有數卷即出。

是集後隨有《唐宋八大家詩抄》之刻，因諸家自韓蘇歐王而外，詩篇板行者殊少。不揣固陋，特匯抄成書，以備藝林勝覽，秋冬間當竣工。就正海內大君子也。廷謙又書。

雍正二年

《省軒考古類編》序：學者束髮讀書，輒自命通人。極其才力所至，亦各斐然有以自見。而於歷代之朝章經制，苟不一一辨其源流，則其學縱有所成，而究不足以適於用。夫欲轉無用之學為有用之學，則莫如杜氏《通典》及馬氏《通考》諸書。觀其所載，朝章經制元元本本，真可令人坐而言起而行者。特其綜百家以成集，讀者往往苦其太煩，非具穎敏過人之資，不能遍觀而辨識之。此省軒先生所以由博返約而有類編之作也。先生一代儒宗，博通今古，著書行世共有一十九種，此則其在家塾中輯以課子弟者。分類為文，匯文成卷，簡而彌該，精而可誦。從此習熟弗諼，庶幾貫穿古今，通達治體，見學問之大方。

而先生以為取便童蒙，比於小學紺珠之類，要其自言則然耳。向有刻本為當湖姜君莘農所訂，今不可得矣。余幼慕先生名，近復得交先生後人胥山徵君。因得縱觀原本，每有管窺。徵君囑余綴之篇尾，既卒業，相國高公見之，謂此後學適用之書，而非僅僅作杜氏、馬氏之功臣已也，因命令嗣希武明府、步青刺史同余重加校訂而付之剞劂氏。雍正甲辰花生日，華亭後學姚培謙拜手書。

　　殘句：他時重把臂，面目得無差。

　　按：《周甲錄》載：雍正甲辰，二年，三十二歲。春，富陽董邦達過訪。李宗潮與董君同年選拔，招遊細林山，舟中相對，董君善風鑒，諦視謙良久，徐謂：「君相若多鬚，則前程必遠大。」去後，復有書來，謙作書報之曰：「敬聞命矣」，並係以詩，末句云：「他時重把臂，面目得無差。」今董已官至侍郎，而謙霜雪盈腮，猶然故吾。〔註10〕

　　又按：董邦達（1699～1774），字孚臣，號東山，浙江富陽人，雍正十一年（1733）進士，乾隆二年（1737）散館，授編修，歷官禮部尚書、都察院左都御史等，工書畫，善風鑒。

　　又按：李坤四，字宗潮，善歌，亦詩酒風流之人，黃達《哭友絕句三十首》之《李坤四》云「才情倜儻志飛揚，籠鶴囊琴赴灌陽。棧道秋風歸不得，幾回顧曲失周郎。」（自注：君善歌）又沈大成《王香雪移尊梅園觀荷，與范瀛山、黃海查、王香浦同賦》云：「琅邪先生列仙儒，以文字飲為歡娛。閏月消丙甫信宿，指麾銀鹿移行廚。恰乘潮落放艇去，名園窈窕城南隅。今年秋早氣卻晚，翠蓋尚擁千芙蕖。酣紅嬌捧美姝面，帝青文揭浮圖盃。重臺文錦交婀娜，太一仙子來虛無（詩中自注：虞美人、密缽臺蓮，皆園中荷種也）。主人風流張思曼（詩中自注：謂園主人二銘），喜聞客至披衣趨。挹入即詠題壁句，坐久還翻堆床書。方池一頃淨若鏡，眼底瀲灧風西湖。三十六陂眇何許，轉絲菱蔓眠鷗鷺。吾昔飛鴻曾遊聘（詩中自注：園，舊為姚老敿先生飛鴻堂），重來波匼驚而籲。連局結牖耳目改，異境快拓營邱圖。其時岩桂已醃餲，涼風往往與之俱。片雲乍黑雨忽至，萬荷掀舞跳明珠。當軒施裀到觴飲，爵觚觶角散瓻壺，流蘇綷縩錯燈炬。羸痀深曲飄笙竽，轉喉車子年十四。澄波善睞冰雪膚，良友久別幸良會。有酒不飲何為乎？藏鉤卷波喧百罰。積籌如蝟膽益粗，相期三五重聚此（詩中自注：二銘約有月再集），月光瀲瀲飛蟾蜍。一杯終當屬李白（詩

　　〔註10〕姚培謙《周甲錄》，北京圖書館出版社1999年影印本，第125～126頁。

中自注：是夕遲，李坤四不至。），六萌可許近羅敷。吾老若愛花與月，不勞折簡還招呼。」〔註11〕以李白擬李坤四，可以想見其神韻。

雍正四年

《元詩自攜集》序：元人近體詩於唐宋人外，別具一種雋味。余前有《元詩自攜》一刻，僅登七律，截句未遑也。客謂余曰：「凡截句於諸體中最便吟諷而感動人亦最捷，即以雋味論，殽核以外，佐以餕飣小品，江瑤石砝，坐客流涎，不必盡麟肝腑也。」余曰然。甲辰秋冬，園居多暇，遂摭諸集中名篇刻之，凡五卷，敢質諸當世之同嗜者。雍正丙午立夏后二日。華亭姚廷謙書於鴛鴦湖舟次。

雍正五年

《丁未元日》：爆竹鬧比鄰，聲聲報好春。不知顏鬢改，但覺歲華新。把筆看兒子，披衣問老親。天倫饒樂事，懷刺懶酬人。

《李義山七律會意》序：余素喜讀詩，顧自少陵以後，最喜讀義山詩，而常苦於解者之不一其說。夫古人必意到而後有詞，後之由詞以求其意者毫釐之差，鮮不謬以千里。以故作者難，解者亦殊不易。有唐一代之詩不易解者莫如少陵，而惟義山一人最得少陵家法。顧注杜者自唐迄今不下數十百家，而義山之詩注者罕聞。長孺朱先生援引賅博，亦因釋道源綿蕝注，豈易言哉！但注家之體引事居多，會意實少。間有一二，或標新領異，蘄勝前人；或鑿淺求深，附會時事。非不自謂得驪淵之珠、探虎穴之子。第不知於作者之意果有當焉？否也。即以少陵之詩言之，其標準百代處，豈非以每飯不忘君父。要其至性流露，萬象畢陳，固不在逐章逐事而比合之，然後為善說少陵詩者。考義山之世，黨援盈朝，忠良喪氣，故其章句之間往往沉煩拂鬱，惘乎有深痛焉。若劉蕡下第、丁卯甘露之變，詞旨顯然，注家所共曉暢。若其他言情之語不必無所指，亦不必盡有所指。深人口中自無淺語。必求其事以實之，於古人微詞遠旨未免反有窒礙，所以注李之失往往與注杜等。余不揣譾劣，呫嗶之餘，偶有一得，輒復標之簡端。其七言近體尤所愛玩不釋手者錄為一帙，期於循文銷義，不敢以先入之見亂之，不敢以可疑之事斷之，反諸方寸所安，或能契合萬一，固非遂謂義山真面目在是也。夫七言律體古今所難，少陵篇什最多，注者千家，猶

〔註11〕沈大成《學福齋詩集》卷十六，《續修四庫全書》集部，第1428冊，第334頁。

苦穿穴不盡。義山既獨得心傳，篇什亦略相等，末學膚受何敢妄測前人。竊取孟夫子「以意逆志」之法讀之，見豹一斑，當世騷壇大君子肯不棄而教之，則幸甚幸甚。雍正丁未六月上浣，華亭姚培謙書於小杯湖。

《李義山七律會意》例言：唐自元和以後，五七言古體靡然不振。即義山亦非所長，至其七言律體瓣香少陵，獨探秘鑰，晚唐人罕有其敵。少陵七律，格法精深而取勢最多奇變，此秘惟義山得之，其脫胎得髓處，開出後賢多少門戶。

《唐宋八家詩》例言：往余有《東坡分體詩抄》一刻，給事王西亭先生見之，寓書勸余準毛氏《文抄》之例並及諸家。暇日因各撮全集遴選付梓，遵前輩之教也。

按：此事之本末，《周甲錄》六十年有記載：「選《唐宋八家詩》以次付梓，至雍正五年秋告竣。東坡詩先成，西亭先生勸準茅氏鹿門《文抄》例，並及七家，因取唐韓昌黎、柳柳州；宋蘇老泉、灤城、歐陽廬陵、曾南豐、王半山全集去取成帙。」

雍正六年

《楚中唐太史南軒攜梅花近詠過訪索序，留宿草堂》：三楚文章伯，當年太史官。神交從舊雨，留宿正春寒。濁酒開懷飲，梅花剪燭看。塵談聽疊疊，更漏不知殘。

按：《周甲錄》雍正六年載：「竟陵唐太史赤子建中攜近作《梅花詩》索序。假館北垞，匝月而別。」

雍正十一年

《焦孝廉南浦先生以詩相慰，卻寄》：風動高枝鵲噪清，驪珠忽捧眼增明。廿年不到滄江上，一葦空思載酒行。秋雨芙蓉頻下淚，嚴霜鴻雁不成聲。自聞長者從容語，寵辱尋常底用驚。

按：《周甲錄》雍正十一年載：「八月，撫軍山東喬公世臣列款參郡守吳公節民，內一款『府試童生』，稱謙在署閱卷，合署領案共九名，通同得賄，於十四日繫獄。南浦先生以詩相慰，曰：『人間定可哀，此事復何來。杯盞成蛇影，文章豈雉媒。飲爻占悔吝，遁甲向驚開。聽取枝頭說，餼羊未是災。』及對簿訊檢，都虛，臬司徐公士林旋檄童生面試，俱能文。後送院試，俱入泮。

總督趙公弘恩察謙無辜，檄放，於十二年八月十九日歸家。在獄一載有餘，作時文四十餘篇，名《負暄草》。又樂府百章、古今體詩數十首。」

雍正十二年

《獄中雜詩十二首》有序，存六。

序：余材同社樹，學類醢雞，撫十笏而多慚，守一經以自好。丹鉛不輟，門戶常局，何期毀譽之忽來，幾致身名之俱敗。彷徨棘木，跼蹐圜扉，投匭有心，叫閽無路，雖盛孝章難免譏評，江文通猶遭窘辱，吾何人歟？輒敢擬議誰無情也，聊寫衷懷。

其一：慘慘陰雲白日昏，波吒聲裏剩殘魂。一團朔氣常埋恨，萬里遙天莫訴冤。漫說杯蛇緣壁影，可知市虎誤人言。宵來仰面觀星象，貫索文昌共一垣。

其二：何物蜂針利似刀，遂令平陸撼風濤。乾坤高厚身還在，魑魅悠揚氣轉豪。敢恃詩書輕法律，暫拋屈宋祀皋陶。不緇不磷先師訓，境到窮時守更牢。

其三：歲月消磨荊棘中，可憐秋盡又冬窮。傳經自欲希黃霸，排難誰能似孔融。力命相持成險阻，身心無愧問虛空。深慚薄劣逢知己，擬向鸞坡一薦雄。

其四：惆悵無才答聖明，廿年偃蹇一諸生。青衫久澈應辭體，白簡無端得掛名。棘密蒼蠅聲不息，日斜鵩鳥賦初成。是非死後方能定，今日何勞費品評。

其五：日日鑽研故紙堆，窗螢案雪共徘徊。擇交每向窮愁審，悔過都從閱歷來。骨相虞翻誠忤俗，猖狂阮籍只銜杯。固知識字增憂患，蔡閣還同係夏臺。

其六：天通地絕是何方，燈影稀微吐白光。春夢已隨流水遠，寒宵偏為一人長。穿窗月想秦臺鏡，刮面風飄燕市霜。枕冷衾寒添反覆，柝聲鼓響轉彷徨。

《秋興用老杜韻》八首

其一：雨後孤蟬咽遠材，空庭獄氣正森森。人當厄裏生猶死，天到秋來晝易陰。雲掩霧迷今日恨，風清月皎百年心。囹扉有柝驚殘夢，斷續聲聲似夜砧。

其二：衣帶離披帽側斜，飄零兩鬢漸生華。仙源欲訪支機石，人世難逢浮海槎。已斷雄心看越絕，未除幽恨讀胡笳。疏櫺敗壁凄涼甚，一穗空懸燈上花。

其三：消受朝暾與夕暉，自憐憔悴此生微。途窮那禁臨岐哭，天遠空思插翅飛。簪笏傳家身實忝，文章報國願常違。眼前景物江鄉好，雪片鱸魚一尺肥。

其四：歲尾年頭一局棋，茲晨蕭索壯心悲。懵騰不省短長夜，愁悶平添十二時。階畔寒蛩鳴獨早，塞垣客雁信何遲。蒼茫身世今如此，搔首空窗無限思。

其五：經年偃息一房山，圖史周遭坐臥間。骨似虞翻誠不媚，門如陶令鎮常關。塵中魑魅偏成祟，天外風霜忽損顏。回首長安車笠伴，幾人詞賦動清班。

其六：庸庸四十過平頭，萬木號風又一秋。已似崔駰常不樂，何堪庾信復多愁。憑誰有眼分牛馬，許我無心狎鷺鷗。遙想蒼葭白露外，數聲新雁冷神州。

其七：編蒲緝柳竟何功，埋沒書生習氣中。一字得來枕上月，數篇吟就竹間風。菊花開晚全鋪錦，楓葉飄遲小綴紅。安得盡祛塵俗累，騷壇尸祝杜陵翁。

其八：秋江渺渺浪池池，容與扁舟泛月陂。三載一尋桃葉渡，曩年屢負桂花枝。駑駘曾荷九方識，弱植幾為眾口移。千古華陽遺跡在，愛看嶺上白雲垂。

按：據組詩內容，及詩中「獄氣正森森」、「囹扉」、「庸庸四十過平頭」等詞句，可推知《秋興用老杜韻》八首為雍正十一、十二年繫獄時所作。

雍正十三年

《春窗雜詠》（三十首）有序：花笑一林，鶯啼百囀。東風又到，難回指日之戈。上苑終迷，莫遂懷仙之夢。勞生荊棘，遵坦道以何年。屈首詩書，撫良辰而增慨。春窗捉筆，百感中來。午夜耽吟，寸腸欲斷，假長歌以當哭。拈三十韻以成章。

濕雲靉靆蔽長空，剪剪清寒側側風。春入小園猶寂寞，梅花獨自笑牆東。
當庭夭矯一株松，來自黃山卅六峰。雪壓霜欺知幾載，凌雲意氣似虯龍。
春來簷溜瀉奔瀧，二月寒威未肯降。獨對爐香消永晝，撩人燕子話雙雙。
此身已似黏泥絮，漸老還如墮地絲。幾陣好風吹不起，小紅開遍隔牆枝。
卻怪謀生事事非，漫同高士掩柴扉。前林花發知何用，自愛行畦菜甲肥。
陽和欻復過吾廬，濩落浮生志願虛。半世塵埃三尺劍，千秋心事一床書。
歷歷家山在水隅，三年不掃徑荒蕪。白雲一去青天闊，羨煞林間反哺烏。
壁間遺掛動愁悽，洞口桃花路易迷。塵世百年真夢幻，春窗喚醒一聲雞。
逢春樂事足安排，獨我年來無好懷。商榷奇文誰與共，求羊渺渺隔天涯。
依稀玉雪積蒼苔，林下難尋詠絮才。偶向春暉堂〔註12〕上坐，清風簌簌落殘梅。

一卷《離騷》永夜親，藥爐茗椀證前因。淈淪雨露乾坤裏，潦倒衣冠江海濱。

煙霧含愁籠曉日，花枝帶恨鎖青雲。無才哪敢尋詩敵，排悶還須仗酒軍。
巨床坐久膝餘痕，看破機關合杜門。無限悲涼成獨笑，杜鵑啼血太多言。
一編硯北幾回看，喚作書淫亦可歡。病起窗留周子草，貧來龕乏伯陽丹。

〔註12〕按：詩中小字自注曰「月浦妹讀書處」。

望裏模糊九點山，攜筇何日一躋攀。常年蘭槳嬉春去，最愛西佘玉筍班。
新栽綠竹亦嫋娟，雨後枝條發翠妍。明月照來清影亂，夭然一笑夜窗前。
淒淒風雨到花朝，脈脈閒愁未得消。我正燈前吟苦句，誰家樓上學吹簫。
梨雨成冰炙硯坳，畏寒不敢啟書巢。沉思默坐參《周易》，一日還能讀一爻。
風塵何處識人豪，秋水光沉七寶刀。偶向平蕪開望眼，紙鳶得勢雲時高。
浮生對酒信當歌，古往今來感慨多。欲化春江作春酒，醉教珠袖拂雲和。
空庭老樹噪棲鴉，孤鶴無依且莫嗟。好在吹笙王子晉，相攜碧嶺踏春霞。
牡丹貴重覓姚黃，新種盆蘭亦放香。日日問晴兼課雨，愛花人只為花忙。
不逃名亦不求名，混跡漁樵詠太平。自是疏慵當世棄，敢云人濁我偏清。
北垞小築嗟荒落，基址空餘松吹亭。不見當年舊顏色，夜來風雨是花刑。
去去長依苦行僧，春山松石可為朋。莊周道眼能齊物，多事垂天說大鵬。
虛窗寥落獨淹留，海外三山夢裏遊。見說上林花滿樹，煙霞痼疾可能瘳。
光陰分寸抵千金，善哭唐衢有苦心。三萬六千容易過，不堪愁病兩相侵。
茂林修竹未曾探，愁坐春風三月三。豈是江城無好景，門前淺水已拖藍。
幾番新雨透疏簾，忽聽雷聲震短簷。臥覺虛衾寒氣重，竹窗初日下紅暹。
懶從世味競酸鹹，無藥能醫骨格凡。綠樹紅泉空畫裏，結廬可許傍松杉。

按：此三十首絕句，主要述科舉案之後的反思與心境，故繫於此年。

乾隆三年

《濟南藩署侍北平黃年伯夜話有感，賦呈》：不信齊吳道阻修，官齋夜話
值深秋。已同十日平原飲，不負孤蹤歷下遊。人世迷陽能刺足，高天紅日忽當
頭。公今依舊登雲路，猶自心閒對白鷗。

按：北平黃年伯，為黃叔琳。詩之背景，《周甲錄》乾隆三年有載：七月，
遊江寧。八月，張子古愚秉植偕往揚州，逗留數日。乘興遊泰山。時昆圃先生
為山東方伯。在署盤桓，堅留過歲。適張子今涪弈樞自京還，繞道歷下，遂以
十月同歸，一路唱酬，得詩數十首。

又按《黃侍郎公（叔琳）年譜》乾隆三年載：「九月，刻《文心雕龍輯注》，
時陳祖範來署，因將校定《雕龍》本復與論訂，而雲間姚平山廷謙適至，請付
諸梓。」〔註13〕

〔註13〕顧鎮編《黃侍郎公年譜》，陳祖武選《乾嘉名儒年譜》第1冊，北京圖書館出
版社，2006，第223頁。

《趵突泉》：伏泉忽噴湧，其勢劇震盪。洶洶互爭雄，三派同一狀。青天聞雷車，白雪翻地上。頃刻萬珠跳，龍女開寶藏。素光自相照，飛沫或遠颺。流波有餘怒，澎濞學冥漲。是誰考尾閭，迸出莫堤障。善幻由坤靈，奇觀巧相貽。儵魚若空懸，下流自搖漾。微物乘天機，與人共神王。靜思萬殊性，何得亦何喪。直作濠梁觀，薄遊忘悽愴。

乾隆五年

《松桂讀書堂詩集》序：詩有別才，其工不工，不關學問，雖然要有助焉。余少即為詩，自以不工，隨手棄去，不復一再刪改。去年秋冬間，掇拾叢殘，有所謂《春帆集》《自知集》，合近作可二寸許，則且試以己意去取，不逾時，味如嚼蠟，心曰「奚以竟事為！」以語友人能詩者，咸目之而笑，乃曰「若且休矣，吾為若竟之。」於是重為去之取之，竟，則又附以平日所謂雜著也者，共若干卷，總錄如左。夫以其不工，業棄之矣。抑又不能盡棄，非緘石享帚也，徇友也，暇則滋愧焉。不學不問，以日以年，石者真石，帚者真帚矣！學不余助耶，余不求助於學，以至此。然則人皆玉而我獨石，人皆虹以為梁、金以為所，而我獨帚，天乎，人也何尤！其他雜著，夫何著哉？著以臆也。著以臆者，之真不學也，且妄希當世忠厚博達君子肯俯而詔之，故亦泰然輒附於後也。乾隆庚申二月，鱸香姚培謙書。

《御製樂善堂賦》跋：顧自乾隆戊午秋鹽水伏誦，以至於今，寒暑三易。男臣鐘鳴又時從考究出處，爰別錄副本，識引用典故於下方以示之，久而成帙。庚申春日，集中賦共五十八篇先行。卒業恐有疏訛，敬梓問世，余則現在續成。（中略）臣培謙從康熙甲午入膠庠，試棘闈，得而復失者再。柳宗元云「思報國恩，獨惟文章。」是以經年閉戶，一以課子讀書為事。

　　按：《周甲錄》載：「己未，四年，四十七歲。恭注《御製樂善堂賦》，至明年夏成。」

乾隆六年

《文心雕龍輯注》序：此書向乏佳刻，少宰北平先生因舊注之闕略為之補輯，穿穴百家，剪裁一手，既博既精，誠足以為功於前哲、嘉惠乎來茲矣。培謙於先生為年家子，屢辱以文字教督。午秋過山左藩署，蒙出全帙見示，並命攜歸校勘付之棗梨，謂劣無能為役，又良工難得，遷延歲月而後告成。匪苟遲

之，蓋重之，而不敢輕云爾。乾隆六年辛酉仲秋，華亭姚培謙謹識。

《松桂讀書堂詩集》序：培謙資性鈍劣，聞見又極寡。知經史為學問之根柢，竊有志焉。管窺所及，不能自定其是非也。則裒為小冊，以求世之知言君子抉擇指迷。方今聖人在上，崇實學，黜浮華，草野之士咸仰昭回之光，以朝夕碬厲，如培謙者所謂有志而未逮者也。矜其愚而教之，則厚幸矣。乾隆辛酉桂月，姚培謙書於松桂讀書堂。

乾隆七年

《類腋》天部序：生值文明之世，婆娑藝林，畝宮環堵，怡然適也。捨誦讀之外，無好焉。暇則竊學為詩賦諸體，往往即景抒情，不無撏扯，而腹笥非富，深愧博雅。每覽古人排類之書，自歐陽氏《藝文》、虞氏《書抄》而下，無慮百十家，彼此相沿，漸成訛舛。一展卷間，見天文諸門所載便已不能釋然無憾，旋撿近世專記歲時如《日涉編》《古今類傳》等，博而不精，徒以多為貴耳。不揣愚昧，恒擬別撰一集，遇一事必求其出處，毋但以前後類書為憑，庶幾事事探原，不失本來真面目。懷此頗有年，翻閱之下，隨手箚記，久之則天文一門已稍稍完備，芟汰其不切於用者，而名之曰《腋》，蓋深鑒其不精者而欲求其精，亦未知果可以為《腋》乎？否也。夫雕蟲小技，壯夫不為，矧茲飣餖更何足道！惜其頗費日力，有如楊德祖之言「雞肋」者，梓以問世，或以為賢於博弈，或以為玩物喪志，大雅君子其必當有以教之。乾隆壬戌子月，華亭姚培謙書

乾隆八年

《對問序》：鑪香居士家於松江之通波門外，栽松種竹，誦詩讀書，陶然有以自樂也。一日有客詣其室，揖而謂曰：「方今聖人在上，野無遺賢，以子之才，獻策金門，翱翔王路，行有日矣。何掩關裹足，屏絕交遊，一似無意於人世者？」居士笑而不對，客又曰：「子少年入學舍，應秋賦，幾得而失之。往歲名列薦賢之中，世亦曾有意子矣，今何心同死灰，視富貴若等閒？此閱歷所致耶？抑學養之功與？」居士曰：「子蓋未之思也。《傳》〔註14〕曰『太上有立德，其次有立功，其次有立言。』東坡詩『人生三萬六千日』，余賦資拙劣，遭遇又坎坷，年逾知命，三者無一能焉。況人壽幾何，若復薾然疲役，而不知

〔註14〕案：即《左傳》。

所歸，不有負造物者之假我以年乎？」客聞居士言而頷之。乃出床頭斗酒，相與劇談，客無心而問，居士無心而對。莊生〔註15〕曰：「果有言耶？抑未嘗有言耶？其以為異於鷇音，亦有辨乎？其無辨乎？」客去，因錄其一時所往復者，名曰《對問》。姚培謙書於鱸香詩屋，時乾隆癸亥嘉平月。

《述懷一百韻》：家世吳興舊，科名九葉聯。丹霄曾綴籍，白屋滯先鞭。仰首鵬程迥，摧心鶂路偏。菰蘆荒徑外，霜雪古城邊。伏枕迴腸繞，挑燈萬慮牽。昔塵奔駭駟，幽恨寫長川。曩在兒童日，頻遭災疾纏。諸兄紛握手，弱冠始隨肩。問字同趨席，臨文互接筵。乘閒猶好戲，把卷輒思眠。泮水春風起，雲衢藻鑒懸。顧予下裏曲，謬應伯牙弦。逸氣凌千仞，雄心隘八埏。不知才拙劣，厭說命迍邅。旭日鳴雛雁，當湖刺畫船。綠油春漲滑，雕玉霽雲鮮。琴韻中閨葉，蟾輝天上圓。東床憑嘯傲，甥館久流連。外舅憐如子，師資喜得賢。橫經勤往復，捧手快周旋。帙展香芸古，屏圍孔雀妍。幽探忘寢饋，高興寄蘭荃。正爾歡情愜，誰知厄運邅。家君溘厭世，閬苑去遊仙。冷月悽椿樹，酸風哭杜鵑。從茲心惻惻，況復禍綿綿。杞陷居三徙，漂搖屋一椽。鰥魚忽失水，寡鶴怯衝天。幻影流波逝，愁端飛絮緣。空床回噩夢，錦瑟怨華年。兩女嗟猶小，悲啼絕可憐。如何銜恤日，繼以悼亡篇。同好惟朋輩，相於討簡編。無憀聊諷詠，有客盡騰騫〔註16〕。戛玉元音聚，鏘金萬籟宣。懷新規錦繢，賈勇躍刀鋋。盤敦居然設，篇章到處傳。名公都入社，雋句妙忘筌。北垞〔註17〕隨開薙，閒園獲靜便。連峰爭垬軋，一水淡淪漣。樹老形骸怪，樓高塵濁蠲。飛絲黏草帶，宿蒂點苔錢。美酒招華月，清歌落翠鈿。常留才子駐，不放俗人前。甲乙藏書滿，丹黃用力專。時時勞校勘，一一付雕鐫。瑤圃菁英列，珠林寶怪駢。持蠡醨海水，用管測星躔。犬比方臨值，清江漫溯沿。摧頹存短羽，抖擻發空拳。薄植蒙諮賞，吹毛旋棄捐。長懷十年讀，有負九方歅。僥倖元非願，疏狂卒未悛。鶯花仍伴侶，載籍更漁畋。一夜都房閉，千秋萱草萎。瓊舟誰趣駕，靈藥不持權。兩淚長流頰，霜毛欲上顛。撫躬誠恫矣，回首覺茫然。哀樂何相襲，榮枯倐遞遷。臨觴增閔然，題壁問幽玄。素幕燈生暈，虛窗兩結煙。思親雲黯黯，求士帛戔戔〔註18〕。循分宜韜跡，傷心忍慕羶。最憐新食飲，還貯舊杯棬。自顧翔蒿鷃，寧同橫海鱣。為園依苦竹，持綆汲悲泉。事外憂何與，

〔註15〕案：即莊子。所引，出自《莊子‧齊物論》。
〔註16〕詩中小字自注云：騫字依老杜葉。
〔註17〕詩中小字自注云：小園名。
〔註18〕詩中小字自注云：丁未、戊申，兩遭薦舉，因在制力辭。

泥中禍竟延。戰兢同集木，恐懼似臨淵。梁獄書難達，崑岡玉自堅。三年才解釋，一載苦拘攣。浮世嗟如此，虛名何有焉。新情投白墮，故物斥青氈。識字翻添患，敦交屢獲愆。蛾眉真短短，燕啄故翩翩。宗匠諸鴻碩，雲龍在廈旃。屯邅跡偓塞，寶筏意勤拳。枯朽邀丹飾，駑駘與錦韉。將何圖樹立，惟是愧陶丸。有妹詩能好，長愁病哪痊。綠窗今闃寂，白雪尚嬋娟。老去憐兄瘦，貧中怪子孱。笑為兒女累，憂逐歲時煎。逝欲邀崧嶽，何當友偓佺。纓縻稍脫卻，毛羽得蹁躚〔註19〕。二頃田無獲，三間屋欲穿。畏人惟卻掃，獨立或驚弦。離照開明兩，周文燭大千。春臺殊益益，王道劇平平。騃耳群逢樂，黃金高積燕。螢光不比爐，夔足少於蚿。隅泣徒哀咽，泥蟠鎮踡跼。長途濡沫鮒，短景唳枝蟬。月自當頭白，花從一笑嫣。功名厄闈木，運數逆流滇。靜處時歌驥，閒來數奔犍。徘徊風外澤，躑躅露中阡。漢上長腰米，襄陽縮項鯿。刈隨秋爽後，釣向晚霞先。侘傺迎神卜，昂藏得草跧。枯桐沉爨下，苦調託吟箋。

按：《周甲錄》乾隆六年載：「十一月，江西張真人昭麟送伊妹與侄崧完姻。先兄故後，家道中落，諸凡賴四兄心求相助料理。崧成婚後，夫婦即來郡同居。」又《周甲錄》乾隆七年載：「冬，嫁侄女於秀才衛祖謙。」又《周甲錄》乾隆八年載：「又四月，與鐘鳴續娶。媳顧氏，河南撫軍小謝公汧孫女、開建令元珠秉禮次女。」此即詩中自注所云「近多婚嫁之事」，另《述懷一百韻》中所言大事，乾隆八年之前皆已發生，於事理亦合，故繫於此年。

乾隆九年

《類腋》天部序：集天文類竟，次及地理，博稽省志郡乘歷代方輿風土諸紀述，以暨前明一統志，釐為十五卷，上溯古來郡邑之分合廢置，爰逮皇朝。無所遺漏，其山川古蹟，命名馴雅，可施於文字，則登之，例不貴多。要之，一方形勝表表著見，為遠近所指稱者，概不敢略。中年屢嬰災疾，屏跡蓬廬，名區奧壤，寡所遊歷，傳聞不同，圖籍互異，小有參訂之勞，究未知果能無誤否也。後附山水等類一卷，人物於人部詳之，故不復別為條目，學士登高而賦，臨流而詩，倘有取乎此。乾隆甲子餘月，姚培謙書於清妙軒。

《〈春秋左傳杜注〉增輯》凡例：

《春秋左傳》向宗杜氏集解，茲刻一字不遺，孔疏所以發明杜注者也，寧詳毋略。其餘諸家之說，自唐宋元明以逮本朝，罔不採錄。

〔註19〕詩中小字自注云：近多婚嫁之事。

杜注，間有未純，僅錄先儒成說，以寓折衷至是之意，其或彼此俱通，而後人說較明暢，隨文附入，不厭其繁，至管見則加按字。

杜注列於前，增入之說以一圈隔之，字音依陸氏釋文，補其未備。

讀傳必先讀經，略經而詳傳者非也。說經以程朱為準，公、谷、胡、張四傳外，有足相參例得均載經文之下。

杜注地名與今不合，證明即今某處，庶方輿瞭如指掌。

列國興廢，止載二十國，虞虢紀早亡不錄，遵依欽定傳說匯纂本也。

古本《左傳》三十卷，今仍其舊。附王朝列國興廢等說於卷首，不入卷中。

杜氏序一篇，實此書要領，詳為詮釋，俾注家大指了然，未讀其書，思過半矣。乾隆九年歲次甲子九月上澣，姚培謙識。

乾隆十七年

五言律二首：

獨有雙丸疾，堂堂自去來。吾衰行已甚，臣壯本無才。細撥爐中火，頻看雪後梅。百年難得遇，明旦恰春回。

墮地男兒命，升沉久任天。青雲渺何許，鳥幾且悠然。骯髒平生志，崢嶸周甲年。昔塵同一夢，《畸譜》愧前賢。

按：《周甲錄》載：乾隆壬申，十七年，六十歲。……歲除，編《周甲錄》竟，係以二律：「獨有雙丸疾，堂堂自去來。吾衰行已甚，臣壯本無才。細撥爐中火，頻看雪後梅。百年難得遇，明旦恰春回」、「墮地男兒命，升沉久任天。青雲渺何許，鳥幾且悠然。骯髒平生志，崢嶸周甲年。昔塵同一夢，《畸譜》愧前賢。」徐文長（渭）自敘年譜，名《畸譜》。

又按：培謙《甲餘錄》序言，可逆測二詩之創作心境，文云：乾隆壬申冬，謙六十生辰，偶為《周甲錄》以自敘，今轉瞬又十年。生逢盛世，不能努力振奮，上以報國恩，下以承祖德。偃息蓬門，以飲以食，沒齒而已。平生行止一無足書，惟是景光遞嬗，回思往事，年愈加則可愧愈多。續自敘之以志警，此《甲餘錄》之所以繼《周甲錄》而成也。世之君子諒必有嗤我者，有憐我者。嗤我者，嗤其既不能謀道，又不能謀食。有子不能教，有家不能贍。鑽研故紙，消磨歲月，大丈夫豈如是耶。憐我者，憐其安於愚鈍，甘於飢寒，身如槁木，心如死灰，委時運以待盡，與人世而無爭，或不至目為天地間不祥之物耳。

乾隆十八年

五言古詩一首：淡日下窗櫺，梅影移素壁。徘徊短暑間，寒颸淒以惻。我身如石頑，終朝坐虛白。盛氣自掃除，狂懷付蕭寂。浪竊文字娛，浮名不中食。昨歲甲巳周，今年除又逼。顏容知若何，怕見鏡中色。緬想古之人，仕隱各有適。鍾鼎與山林，無妨並竹帛。今我獨何為，程功乏寸尺。撫已實茫然，何以報帝德。急景不可追，羲和奔西極。一詩紀一年，聊以餞過客。

按：《甲餘錄》載：乾隆癸酉，十八年，六十一歲。余稟性迂拙，運復極蹇。兼之衰疾時作，一切酬應久謝絕。日坐斗室中，料簡陳編，對景回思，百端交集。偶成五言古詩一首（原文見上，略）。

乾隆二十二年

五言律詩十首：

斗室餘何物，殘書堆滿床。偶拋思得誤，三復味來長。送送天邊日，勞勞隙裏光。敢云修綆在，汲古意難忘。

撲筆寒窗下，青燈照白頭。長宵無好夢，短日有閒愁。寥落盟鷗散，淒涼病鶴留。相依形共影，身世若為謀。

憶走金陵道，秋山桂屢黃。看人白衣脫，笑我秀才康。控地鳩難起，搖林風轉狂。從茲焚筆硯，涕灑蓼莪章。

牢守香山句，安居直萬金。曝鰓真是命，躍冶更何心。白日管寧榻，清風陶令琴。此中有妙理，門外即嶇嶔。

栗烈寒風深，徂年會將盡。橫空鴨陣來，入夜松風引。閱世心自平，安貧步未窘。早悟遜前賢，嗟餘良不敏。

勿訝苦寒人，摧頹志不壯。熱腸鎮有餘，冷面將誰向。窮來被世嗤，老去得天放。粗喜小菀裘〔註20〕，泉石故無恙。

被褐常不完，聞有東方士。幸無饑凍憂，何須卑賤恥。從人呼馬牛，且自儕鹿豕。白雪灑空林，素心正如此。

雪中鴻印爪，雪後有還無。往日多來日，今吾非故吾。鹿蕉夢易失，露電語非誣。待養不材木，扶疏當鳳梧。

男兒一墜地，幾日得開顏。困阪有赤驥，泳波多白鷴。梅花朝已破，栢實晚堪攀。屈指風光暖，芳華高下間。

〔註20〕詩中自注：園名。

丹青寫病容，縱寫不生色。敝帚徒自珍，瓠瓜豈能食。詩囚似孟郊，德星愧陳寔。何當免悔尤，望古以為則。

按：《甲餘錄》載：丁丑，二十二年，六十五歲。……十二月下旬，友人以「床頭黃金盡、壯士無顏色」二句為韻作詩，屬和。余讀之反覆，覺有味乎其言，效顰十首（原文見上，略）。

乾隆二十七年

四言古詩：歲華不居，俄然七十。俯仰我生，愧不自立。壯盛摧頹，老復何及。後顧茫然，感慨並集。蠹簡埋頭，惟日不給。一笑置之，定自不急。脫卻儒冠，戴此僧笠。而今而後，庶尠覊繫。

按：《甲餘錄》載：壬午，二十七年，七十歲。……冬，十一月十八日，為培謙七十生朝，痛怙恃久失，無老萊斑衣之樂，而膝下只一幼孫相依，之無初識，成立難期，處境最不堪矣。惟念有生以來，精神稟賦本薄，又半為人事凋耗，書策之外，日與藥裹作緣，二毛早於潘岳，帶圍減於隱候，今竟得為七十老翁，亦何憾哉！友人贈詩云：「一生幾易管寧榻，午夜頻然太乙燈。」其為岑寂可知，然閒中趣味，亦頗能領略一二云。自生朝為始，改服僧衣，自名曰適可。自可適可者，謂散材幸獲老壽，適可託於在家頭陀，以藏其拙，以終其年耳，有何顏面列於儒林乎。偶成四言數句曰（原文見上，略）。

《甲餘錄》序：乾隆壬申冬，謙六十生辰，偶為《周甲錄》以自敍，今轉瞬又十年。生逢盛世，不能努力振奮，上以報國恩，下以承祖德。偃息蓬門，以飲以食，沒齒而已。平生行止一無足書，惟是景光遞嬗，回思往事，年愈加則可愧愈多。續自敍之以志警，此《甲餘錄》之所以繼《周甲錄》而成也。世之君子諒必有嗤我者，有憐我者。嗤我者，嗤其既不能謀道，又不能謀食。有子不能教，有家不能贍。鑽研故紙，消磨歲月，大丈夫豈如是耶。憐我者，憐其安於愚鈍，甘於飢寒，身如槁木，心如死灰，委時運以待盡，與人世而無爭，或不至目為天地間不祥之物耳。

《自題小像》：坦率者其性，疏野者其容，伴陳編以白首，忘休戚與窮通。鱸魚之鄉，一丘一壑，雲水空濛，是童子時所鈞遊也。故自呼曰「鱸香老人」，而願終老乎其中。乾隆壬午閏月，培謙自題。

乾隆二十八年

《類腋》物部序：人、物分類較天、地二部更為繁瑣，年來精力困倦，纂輯之事幾欲中輟矣。會同學棲靜張司馬不鄙雕蟲，助之卒業，往復參訂，由是《類腋》遂為完書。余第一序中所謂「事求其源，毋但以前後類書為憑」者，今之用意猶夫初也。惜乎殺青方半，司馬遽游道山。人、物部本一時授梓，物部已竟，輒先印行。深感素心晨夕，渺焉莫蹤，而賢嗣輩能捐稿以述遵先志，風雅繼承，良在茲乎，爰復序而識之。乾隆癸未嘉平月，姚培謙書，時年七十有二。

乾隆二十九年

《陶謝詩集序》：憶年十九，避暑南村小築，讀少陵《江止》詩，曰「焉得思如陶謝手，令渠述作與同遊。」輒神往不止，課餘手抄二編，計日而讀之，謂是少陵所宗尚爾。至其風旨沖淡，神明逸麗，則茫未有得也。夫過江而後，篤生淵明，雅音卓絕，趾美阮公，藉以維典午之末流，而掩當塗之盛軌，論者要莫敢以時代拘墟矣。若夫諸謝蜚英於宋世，元暉獨步於蕭齊，奕奕菁菁，迭相映蔚，實足抗聲顏范，俯睨江何。讀是編後，次第以盡六朝諸制，極之沈范徐庾無難，各第其淄澠流別耳。馬齒就衰，而詩學不加進，欲如文通仿古諸作，且未必肖其貌，況求神似耶。顧少時肄業所及，皮篋宛然，不忍零散，因偕王子條山羅列舊本，重為編訂，授剞劂氏，公同好云。乾隆甲申秋七月姚培謙書，時年七十有二。

乾隆三十年

《類腋》人部序：余纂《類腋》一書，部以天、地、人、物，自始迄今歷數十年，人物一部最後成。同時鳩工鋟梓，工人作輟無常。人部告竣，又居最後，及此而乃為完書也。一部頭緒繁多，來易該據。晦日以次搜輯，凡古今類書所列門目，或本分者合之，或本合者分之，或補足未備，或汰其過冗，螢窗雪案，與友人張司馬削稿再足續刻，緣起已具詳《物部敘》中矣。夫士之處世，立德立功立言，斯堪不朽。立言而務於散華落藻，末矣。況其為兔園冊子，掇拾叢殘，通人所不屑道者耶。獨念役役鉛刊，歲月如馳，回首數十年中事，都為陳跡，不可復留。是書幸良友助余，雖遲之久之，終不致以缺略未全為憾。自今飛鴻之爪，無遽泯於雪泥乎，所不敢知，而成書之難如此。要不可以弗志

也，於是乎書。時乾隆乙酉中秋日，鑪香老人姚培謙書。

　　另，姚培謙年譜中提及詩文創作之事，卻未附載原文，其《松桂讀書堂集》中又未收錄者亦不少見。如《周甲錄》康熙五十三年載：「二月，與姜子條本立、自芸耕、秦龍光宮璧、金軼東門詔、王漢階步青、任翼聖啟運、吳方來綬、元起煜立、荊其章琢、周紹濂欽、儲之盤又銘、束聚五昌霖、楊簡在名寧、葉召南棠、龔植岩麟玉諸先生及一時名宿訂交於澄江朱君淡中沖飲香亭上，作古詩一章以紀其事。」此紀事古詩一章即不詳所云。

　　又如《甲餘錄》乾隆十九年載：「二月，汪司馬格齋萃宗自西泠過訪。方文輈桼如、金江聲志章、杭菫浦世駿、舒雲亭瞻、周穆門京、汪西顥沆、施竹田安、翟晴江顥各以著述寄贈。諸先生俱詩文哲匠，余神交有年。不能扁舟造訪，非懶也，病也。瑤章遠惠，披讀快然，各題四韻報之。」此八首奉酬詩，《甲餘錄》亦未隨文載錄。